关键信息基础设施安全保护丛书

电动汽车储能系统关键技术

申永鹏 著

电子工业出版社

Publishing House of Electronics Industry

北京·BEIJING

内 容 简 介

"纯电驱动"是我国新能源汽车发展的主要战略取向，车载储能系统是各类电动汽车的核心，对其展开深入系统的研究与探索对于掌握电动汽车核心关键技术、促进我国汽车产业战略化转型具有重要意义。本书重点论述了电动汽车储能系统的相关原理、理论和方法。本书共 8 章，主要介绍了电动汽车动力系统、电动汽车储能系统、电池管理系统、动力电池组主动均衡控制方法、电动汽车混合储能系统、电流特征对锂离子电池性能的影响、混合储能系统三端口功率变换器设计、混合储能系统的小波功率分流方法。

本书可以作为相关领域技术人员的参考书，也可以作为电气工程、车辆工程等相关专业高年级本科生和研究生的参考书。

未经许可，不得以任何方式复制或抄袭本书之部分或全部内容。
版权所有，侵权必究。

图书在版编目（CIP）数据

电动汽车储能系统关键技术 / 申永鹏著. —北京：电子工业出版社，2022.11
（关键信息基础设施安全保护丛书）
ISBN 978-7-121-44527-9

Ⅰ. ①电… Ⅱ. ①申… Ⅲ. ①电动汽车－动力系统－研究 Ⅳ. ①U469.72

中国版本图书馆 CIP 数据核字（2022）第 213593 号

责任编辑：邓茗幻
文字编辑：冯　琦
印　　刷：三河市龙林印务有限公司
装　　订：三河市龙林印务有限公司
出版发行：电子工业出版社
　　　　　北京市海淀区万寿路 173 信箱　　邮编 100036
开　　本：787×1 092　1/16　印张：18.25　字数：300 千字
版　　次：2022 年 11 月第 1 版
印　　次：2022 年 11 月第 1 次印刷
定　　价：110.00 元

凡所购买电子工业出版社图书有缺损问题，请向购买书店调换。若书店售缺，请与本社发行部联系，联系及邮购电话：（010）88254888，88258888。

质量投诉请发邮件至 zlts@phei.com.cn，盗版侵权举报请发邮件至 dbqq@phei.com.cn。

本书咨询联系方式：010-88254434 或 fengq@phei.com.cn。

前　言

　　发展以纯电动汽车为主的新能源汽车是我国汽车产业转型升级的战略选择，也是必然选择。世界范围内的汽车电动化战略已经初步启动，在未来十年内将处于加速推进阶段。从市场规模、技术水平等方面来看，中国在电动汽车领域已处于全球第一梯队，未来将围绕电动化、智能化和网联化目标持续推进。

　　2020 年 10 月，国务院办公厅印发《新能源汽车产业发展规划（2021—2035 年）》，指出坚持电动化、网联化、智能化发展方向，深入实施发展新能源汽车国家战略，以融合创新为重点，突破关键核心技术，提升产业基础能力，构建新型产业生态，完善基础设施体系，优化产业发展环境，推动我国新能源汽车产业高质量可持续发展，加快建设汽车强国。《新能源汽车产业发展规划（2021—2035 年）》中提出了以动力电池与管理系统、驱动电机与电力电子、网联化与智能化技术为"三横"的关键零部件技术供给体系。

　　以动力电池与管理系统为核心的储能系统是电动汽车的能量来源，在成本、技术和安全 3 个方面扮演着重要角色，对其展开深入系统的研究与探索对于掌握电动汽车核心关键技术、促进我国汽车产业战略化转型具有重要意义。

　　本书包含笔者在完成"复杂运行条件下智能网联电动汽车综合节能优化控制研究""增程式电动汽车辅助动力单元综合效率模型与优化方法研究""增程式电动汽车功率分流与运行优化方法研究""电动汽车混合储能系统多端口变换器协调控制方法研究""混合储能装置多维建模与协调控制方法研究""混合动力客车镍氢电池管理系统""乘用车三元锂电池分

布式电池管理系统"等项目的过程中，总结的研究实践经验。

本书共 8 章，第 1 章介绍了电动汽车发展背景及现状，以及新能源汽车结构；第 2 章阐述了电动汽车储能装置的分类和工作原理，并对电池和超级电容器的结构和特性进行了介绍；第 3 章对 BMS 功能、结构、充电控制导引、绝缘电阻检测等进行了分析；第 4 章提出了"单体解耦—分布式控制器串联"的分布式主动均衡控制系统；第 5 章对混合储能系统发展背景、拓扑结构和控制策略进行了介绍；第 6 章揭示了电流特征对镍钴锰酸锂离子电池、镍钴铝酸锂离子电池、磷酸铁锂离子电池、钛酸锂离子电池可用能量和温度的影响；第 7 章开发了集成能量型储能装置端口、功率型储能装置端口、负载端口的三端口功率变换器及其控制系统；第 8 章在分析 Haar 小波基本理论的基础上，提出了 Haar 及 sym3 小波功率分流方法。

参与本书资料整理、插图绘制、部分文字撰写的研究生有葛高瑞、孙建彬、李元丰、孙嵩楠、刘迪、赫婷、谢俊超等。

本书是在郑州轻工业大学"电气装备智能制造河南省特色骨干学科建设学科（群）"、国家自然科学基金项目（62273313，61803345）、河南省重点研发与推广专项（科技攻关）（222102240005）、河南省青年骨干教师培养计划（2021GGJS089）、郑州市协同创新专项（2021ZDPY0204）的资助下完成的。笔者在开展科研工作时和在本书的编写过程中，得到了许多专家和学者的指导和帮助，他们是湖南大学王耀南教授、袁小芳教授，郑州轻工业大学王延峰教授，湖南工程学院张细政教授，湘潭大学孟步敏副教授，长沙理工大学刘东奇副教授，在此向他们表示衷心的感谢。感谢电子工业出版社冯琦老师在本书编辑和出版过程中给予的悉心指导。

由于笔者能力、研究视野有限，书中难免有疏漏和不妥之处，敬请读者批评指正。

申永鹏

2022 年 11 月

目　录

第1章　电动汽车动力系统概述 ……………………………………… 001

1.1　电动汽车发展背景及现状 ………………………………… 001

1.1.1　电动汽车发展背景 …………………………………… 001

1.1.2　电动汽车的定义与分类 ……………………………… 006

1.1.3　电动汽车发展现状 …………………………………… 008

1.2　新能源汽车结构 …………………………………………… 018

1.2.1　纯电动汽车 …………………………………………… 018

1.2.2　插电式混合动力汽车和增程式电动汽车 …………… 024

1.2.3　燃料电池汽车 ………………………………………… 029

1.3　本章小结 …………………………………………………… 033

参考文献 …………………………………………………………… 034

第2章　电动汽车储能系统概述 ……………………………………… 036

2.1　储能装置的分类和工作原理 ……………………………… 036

2.1.1　储能装置的分类 ……………………………………… 036

2.1.2　电池和超级电容器的工作原理 ……………………… 041

2.2　电池和超级电容器的结构 ………………………………… 047

2.2.1　电池单体、电池模块、电池包与电池系统 ………… 047

2.2.2　超级电容器单体、模组与系统 ……………………… 050

2.3　电池特性 …………………………………………………… 052

2.3.1　电学特性 ……………………………………………… 054

2.3.2 安全特性 ·· 063

2.3.3 其他特性 ·· 068

2.4 超级电容器特性 ·· 071

2.4.1 基本电学特性 ······································ 071

2.4.2 采用不同电流恒流放电对超级电容器放电能量的影响 ····· 076

2.4.3 恒流放电、阶跃电流放电对超级电容器放电能量的影响 ·· 078

2.5 本章小结 ··· 081

参考文献 ··· 081

第 3 章 电池管理系统 ······································ 083

3.1 概述 ··· 083

3.1.1 动力电池系统是电动汽车的核心部件 ················· 083

3.1.2 BMS 是动力电池系统的核心零部件 ·················· 085

3.2 BMS 功能 ··· 086

3.2.1 单体采集与均衡 ···································· 086

3.2.2 状态监测 ·· 088

3.2.3 电池状态分析 ······································ 088

3.2.4 安全防护和故障诊断 ································ 090

3.2.5 充放电管理 ·· 096

3.2.6 信息管理 ·· 097

3.3 BMS 结构与典型 BMS ·································· 099

3.3.1 BMS 结构 ··· 099

3.3.2 典型 BMS ··· 101

3.4 BMS 充电控制导引 ···································· 112

3.4.1 交直流充电控制导引电路要求 ······················ 112

3.4.2 交直流充电控制导引电路硬件设计 ·················· 115

3.4.3 交流充电控制导引原理 ····························· 117

3.4.4 直流充电控制导引原理 ····························· 118

3.4.5 交直流充电控制导引电路控制算法 ………………………… 119

3.5 BMS 绝缘电阻检测 ……………………………………………… 121

3.5.1 传统电桥法绝缘电阻检测分析 ……………………………… 122

3.5.2 不平衡电桥法绝缘电阻检测分析 …………………………… 123

3.5.3 绝缘电阻检测电路硬件设计 ………………………………… 127

3.5.4 绝缘电阻检测电路软件设计 ………………………………… 128

3.6 本章小结 …………………………………………………………… 130

参考文献 ………………………………………………………………… 131

第4章 动力电池组主动均衡控制方法 ……………………………… 132

4.1 动力电池组单体不一致性机理分析 …………………………… 132

4.1.1 动力电池组单体不一致性产生原因 ………………………… 132

4.1.2 动力电池组单体不一致性表现 ……………………………… 136

4.2 动力电池组单体不一致性改善方法 …………………………… 138

4.2.1 提高设备精度 ………………………………………………… 139

4.2.2 改善生产工艺 ………………………………………………… 139

4.2.3 采用分选技术 ………………………………………………… 139

4.2.4 采用均衡控制技术 …………………………………………… 140

4.3 动力电池组均衡控制方法概述 ………………………………… 142

4.3.1 动力电池组均衡控制意义 …………………………………… 142

4.3.2 动力电池组均衡控制方法 …………………………………… 144

4.4 分布式主动均衡控制系统 ……………………………………… 148

4.4.1 分布式主动均衡控制系统结构 ……………………………… 148

4.4.2 分布式主动均衡控制系统工作模式 ………………………… 149

4.4.3 单体 SOC 估算 ……………………………………………… 152

4.5 分布式主动均衡控制方法 ……………………………………… 154

4.5.1 放电速率计算 ………………………………………………… 154

4.5.2 充电速率计算 ………………………………………………… 155

　　　4.5.3　充放电模式下的动态均衡控制方法 ················ 157

　　　4.5.4　实验验证及分析 ···························· 160

　4.6　本章小结 ·································· 175

　参考文献 ····································· 176

第5章　电动汽车混合储能系统 ····················· 180

　5.1　混合储能系统发展背景 ························ 180

　5.2　混合储能系统拓扑结构 ························ 181

　　　5.2.1　双向 DC/DC 变换器 ······················ 182

　　　5.2.2　被动式拓扑 ·························· 188

　　　5.2.3　半主动拓扑 ·························· 189

　　　5.2.4　全主动拓扑 ·························· 190

　5.3　混合储能系统控制策略 ························ 191

　　　5.3.1　基于规则的控制策略 ···················· 192

　　　5.3.2　基于优化的控制策略 ···················· 197

　　　5.3.3　混合控制策略 ························ 200

　5.4　本章小结 ·································· 201

　参考文献 ····································· 202

第6章　电流特征对锂离子电池性能的影响 ·············· 210

　6.1　锂离子电池特性分析 ·························· 210

　　　6.1.1　锂离子电池外特性 ······················ 211

　　　6.1.2　4 种锂离子电池 ······················ 211

　　　6.1.3　锂离子电池的性能参数 ···················· 214

　6.2　实验装置及实验流程 ·························· 215

　　　6.2.1　实验装置 ··························· 215

　　　6.2.2　恒流、阶跃电流放电对可用能量的影响实验 ·········· 216

　　　6.2.3　不同倍率恒流放电对可用能量的影响实验 ··········· 219

　　　　6.2.4　平均电流相等的不同周期放电对可用能量的影响实验 ······ 222

　　　　6.2.5　不同温度放电对可用能量的影响实验 ············· 224

　　　　6.2.6　恒流、阶跃电流放电对电池温升的影响实验 ·········· 227

　　6.3　实验结果分析 ···························· 230

　　　　6.3.1　恒流、阶跃电流放电对可用能量的影响 ·········· 230

　　　　6.3.2　不同倍率恒流放电对可用能量的影响 ··········· 230

　　　　6.3.3　平均电流相等的不同周期放电对可用能量的影响 ····· 231

　　　　6.3.4　不同温度放电对可用能量的影响 ············· 231

　　　　6.3.5　恒流、阶跃电流放电对电池温升的影响 ·········· 232

　　6.4　本章小结 ····························· 233

　　参考文献 ······························· 234

第 7 章　混合储能系统三端口功率变换器设计 ············· 235

　　7.1　三端口功率变换器的结构和工作模式 ·············· 236

　　　　7.1.1　结构 ·························· 236

　　　　7.1.2　工作模式 ······················· 237

　　7.2　状态空间模型及传递函数 ··················· 240

　　　　7.2.1　导通子电路 ······················ 240

　　　　7.2.2　状态空间模型 ····················· 241

　　　　7.2.3　传递函数 ······················· 242

　　7.3　闭环控制系统设计 ····················· 244

　　　　7.3.1　电流闭环控制器设计 ·················· 244

　　　　7.3.2　电压闭环控制器设计 ·················· 246

　　7.4　实验过程及结果 ······················ 249

　　　　7.4.1　实验装置 ······················· 249

　　　　7.4.2　模拟 HWFET 工况实验 ················· 250

　　　　7.4.3　阶跃负载实验 ····················· 252

　　　　7.4.4　三端口功率变换器效率实验 ··············· 253

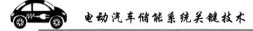
7.5　本章小结 ·· 255

参考文献 ·· 255

第 8 章　混合储能系统的小波功率分流方法 ······················ 257

8.1　系统结构 ·· 258

8.2　基于 Haar 小波变换的功率分流方法 ··························· 259

8.2.1　Haar 小波基本理论 ······································ 259

8.2.2　Haar 小波功率分流方法 ·································· 264

8.3　实验过程及结果 ·· 269

8.3.1　实验装置 ·· 269

8.3.2　Haar 小波功率分流实验结果 ······························ 270

8.4　基于 Symlets 小波变换的混合储能系统能量管理方法 ··········· 273

8.4.1　Symlets 小波及 sym3 小波功率分流方法 ·················· 273

8.4.2　实验结果分析 ·· 277

8.5　本章小结 ·· 280

参考文献 ·· 281

第 1 章

电动汽车动力系统概述

1.1 电动汽车发展背景及现状

1.1.1 电动汽车发展背景

1. 中国汽车产销量快速增长

随着中国经济的发展及居民收入的持续稳定增长，人们的汽车需求量呈现加速增长态势。中国汽车工业协会发布的数据显示，2009 年，我国汽车产量为 1379.1 万辆、销量为 1364.5 万辆。2009 年以来，中国汽车年产销量继续保持大幅增长态势。2017 年，中国汽车产量高达 2902 万辆、销量高达 2888 万辆。2001—2020 年，中国汽车产销量及同比增长率如图 1-1 所示。2001—2020 年，中国汽车产量和销量的年平均增长率分别高达 14.25% 和 14.13%。国家统计局发布的数据显示，截至 2020 年年底，中国汽车保有量达 27338.56 万辆。

2018 年以来，受部分地区机动车限购限行、新能源汽车补贴退坡及整体经济贸易环境变化的影响，中国汽车产销量出现了结构性下降。2019 年部分国家千人汽车拥有量如图 1-2 所示。随着居民消费结构逐步升级、城乡道路建设日益完善及中西部地区经济发展速度的加快，中国汽车市场将继续保持稳定增长态势。

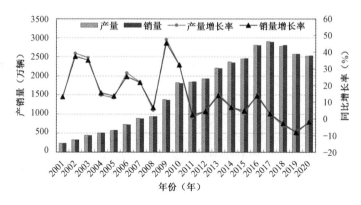

图 1-1　2001—2020 年，中国汽车产销量及同比增长率

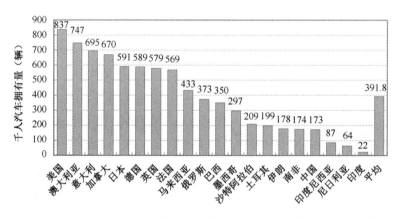

图 1-2　2019 年部分国家千人汽车拥有量

2. 实现交通能源结构调整和环境可持续发展是汽车产业发展的巨大挑战

高速发展的汽车产业给人们的生活带来了快捷与便利，带动了周边产业的发展、增加了就业岗位，但是也给石油供应和环境保护带来了挑战。石油是现代经济社会发展的"血液"，是事关国计民生的战略性资源。中国人均石油资源相对匮乏，是世界第二大石油消费国和第一大石油进口国。2013 年中国超越美国，成为全球第一大石油进口国，对外依存度达 57.40%；2020 年，中国石油对外依存度达 73.00%。2017 年中国各行业石油消费占比如图 1-3 所示。由图 1-3 可知，交通运输业是第一大石油消费行业，2017

年，其石油消费占比为 57.70%，其中道路交通领域的石油消费占交通运输业石油消费总量的 83.00%[1]。在汽车保有量持续快速增长的情况下，我国仍处于能源需求（特别是石油需求）的快速增长期，石油资源的短缺和能源对外依存度的提高，使国家能源和经济面临的风险增大。因此，只有在能源约束下实现汽车消费结构和汽车动力系统变革，才能从根本上解决汽车消费量增长和石油资源供给紧张之间的矛盾。

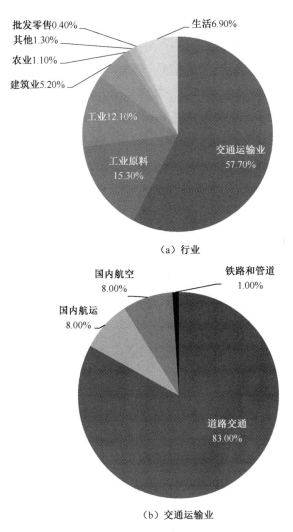

（a）行业

（b）交通运输业

图 1-3　2017 年中国各行业石油消费占比

在城市大气中，一氧化碳的 82%、氮氧化物的 48%、碳氢化合物的 58% 和可吸入颗粒物的 8% 来自汽车尾气。此外，汽车排放的大量二氧化碳加剧了温室效应，汽车噪声是城市环境噪声污染的主要来源之一。在 2009 年的哥本哈根世界气候大会上，中国向世界做出承诺，到 2020 年中国单位国内生产总值二氧化碳排放比 2005 年下降 40%～50%；2020 年 9 月 22 日，国家主席习近平在第七十五届联合国大会一般性辩论上发布重要讲话，指出中国二氧化碳排放力争于 2030 年前达到峰值，努力争取 2060 年前实现碳中和；2020 年 12 月 12 日，国家主席习近平在气候雄心峰会上进一步提出中国提高国家自主贡献力度的新举措，到 2030 年，中国单位国内生产总值二氧化碳排放将比 2005 年下降 65% 以上，非化石能源资源占一次能源消费比重将达到 25% 左右。国际汽车制造商协会发布的数据显示，全球二氧化碳排放中超过 15% 来自道路交通领域[2]。我国交通方面的碳排放仍处于快速增长阶段，2018 年直接碳排放为 9.8 亿吨，占比约为 10%，是继电热、工业之后的第三大碳排放源[3][4]。通过优化汽车动力系统减少汽车消费环节的碳排放，是推动交通产业绿色转型、助力碳中和目标实现、促进环境可持续发展的关键。

3. 转型是汽车产业亟待解决的问题

交通能源动力系统的变革一直处于技术革命和经济转型的核心位置。煤和蒸汽机引起了 18 世纪的工业革命，推动产生了工业经济和工业文明；20 世纪，石油和内燃机促进了美国的经济腾飞，将人类带入了基于石油经济体系的物质繁荣场景；进入 21 世纪，以混合动力和替代燃料为代表的各种新型汽车动力系统技术的迅猛发展为中国交通能源动力系统的转型提供了宝贵的战略机遇期[5]。当前，全球汽车产业格局正发生重大变革，世界汽车制造和研发格局也不断发生重大调整，发达国家均将发展新能源汽车作为实施新能源战略、巩固和提高本国汽车产业全球竞争力的重要途径。作为全球最大的汽车生产和消费市场，解决汽车消费需求快速扩张与资源、环境及城市发展之间日益突出的矛盾，成为中国汽车产业发展的重要课题。在能源和环境两大约束下，实现汽车产业转型和跨越式发展已成为中国汽车产业亟待解决的问题[6]。

4. 新一轮科技革命驱动汽车产业重构

当前，全球新一轮科技革命和产业变革蓬勃兴起，汽车与能源、交通、通信等领域的相关技术加速融合，电动化、网联化、智能化成为汽车产业的发展潮流和趋势。能源、互联和智能三大革命驱动汽车产业重构，依托动力电池与管理系统、驱动电机与电力电子、网联化与智能化三大新核心技术，新能源汽车融汇新能源、互联网、大数据、人工智能等多种变革性技术，带动充换电设备设施、氢能生产/储运及加氢、智能路网/通信设施升级，推动汽车从单纯的交通工具向移动智能终端、储能/供能单元和数字空间转变，推动形成智能制造、共享出行、智能交通等新产业链条，促进能源消费结构优化、交通体系和城市运行智能化水平提高，实现汽车产业重构。三大革命驱动汽车产业重构如图 1-4 所示。

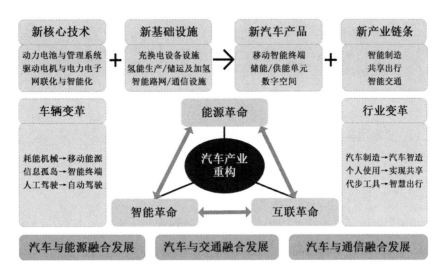

图 1-4　三大革命驱动汽车产业重构

能源、互联和智能三大革命为全球汽车产业转型发展指明了方向，并成为促进世界经济持续增长的重要引擎[7]。

1.1.2 电动汽车的定义与分类

电动汽车的定义与分类不仅是技术问题，还涉及政策、市场等多种因素，并随时间变化而动态调整。在我国，节能汽车、新能源汽车、广义电动汽车的定义与分类如图 1-5 所示。

				广义电动汽车							
两用燃料汽车	双燃料汽车	天然气汽车	节能汽油/柴油汽车	压缩空气/飞轮储能混合动力汽车	串联式混合动力汽车	并联式混合动力汽车	混联式混合动力汽车	复合式混合动力汽车	纯电动汽车	插电式混合动力汽车	增程式电动汽车	燃料电池汽车
替代燃料汽车				非插电式混合动力汽车							
节能汽车									新能源汽车		

图 1-5　节能汽车、新能源汽车、广义电动汽车的定义与分类

1. 节能汽车

节能汽车指以内燃机为主要动力系统，综合工况燃料消耗量低于特定值的汽车，包含替代燃料汽车和非插电式混合动力汽车两大类。

替代燃料汽车包括两用燃料汽车、双燃料汽车、天然气汽车，以及综合工况燃料消耗量低于特定值的节能汽油/柴油汽车。两用燃料汽车指具有两套相互独立的燃料供给系统，可以分别供给燃料但不可以共同供给燃料的汽车，如汽油/压缩天然气两用燃料汽车、汽油/液化石油气两用燃料汽车等；双燃料汽车指两套燃料供给系统按预定的配比向燃烧室供给燃料，

并在气缸内混合燃烧的汽车，如柴油/压缩天然气双燃料汽车、柴油/液化石油气双燃料汽车等。

非插电式混合动力汽车指除插电式混合动力汽车之外的混合动力汽车，包括压缩空气/飞轮储能混合动力汽车、串联式混合动力汽车、并联式混合动力汽车、混联式混合动力汽车和复合式混合动力汽车。对于混合动力汽车来说，唯一外部能量来自车载燃料（通常为汽油或柴油），在内燃机以可能的最高效率将燃料的化学能转化为机械能后，将驱动车轮后剩余的部分机械能存储在压缩空气、飞轮、动力电池、超级电容器等介质中，并在汽车需要峰值动力时重新转化为机械能，进而起到提高内燃机运行效率的目的。

2. 新能源汽车

新能源汽车指采用新型动力系统，主要或完全依靠新能源驱动的汽车，包括纯电动汽车、插电式混合动力汽车（Plug-in Hybrid Electric Vehicle，PHEV）、增程式电动汽车（Range Extended Electric Vehicle，REEV）及燃料电池汽车（Fuel Cell Vehicle，FCV）。新能源汽车具有以下特征。

（1）外部能量部分或全部来自新能源，现阶段应用于汽车的新能源主要为电力、氢能。

（2）现阶段，新能源汽车均具有电能存储装置、电机控制器和驱动电机，所产生的动力部分或全部参与驱动车轮。

3. 广义电动汽车

从广义上讲，电动汽车指以车载电源为动力、用电机驱动车轮的符合道路交通安全要求的车辆。串联式混合动力汽车、并联式混合动力汽车、混联式混合动力汽车、复合式混合动力汽车、纯电动汽车、插电式混合动力汽车、增程式电动汽车和燃料电池汽车均以车载电源为能量源，且电机全部或部分参与驱动车轮，因此均属于广义电动汽车。

1.1.3 电动汽车发展现状

1. 汽车电动化的 3 次浪潮

电动汽车的历史比燃油汽车悠久，在内燃机汽车诞生之前，美国发明家 T. Davenport 于 1834 年发明了世界上第一辆电动汽车，采用了不可充电电池，速度仅为 6km/h；经过 40 多年的沉淀和发展，Gustave Trouve 于 1881 年发明了由铅酸蓄电池供电的纯电动汽车，速度为 15km/h，续驶里程为 16km。随后的数十年是电动汽车和内燃机汽车相互竞争的时期。但是，随着内燃机技术逐渐成熟，电动汽车有限的续驶里程和较差的动力性能使它的竞争力下降。1905 年，电动汽 车逐渐淡出商业市场[8]。19 世纪中后期至 20 世纪初期是汽车电动化的第 1 次浪潮，主要特征是采用不可充电电池或铅酸电池及直流电动机。较低的电池能量密度、较高的成本，以及较小的电机功率制约了该时期电动汽车的发展。

1947 年，贝尔实验室发明了晶体管，引发了全球电学和电子学革命；1956 年，贝尔实验室又发明了晶闸管，标志着电力电子技术的诞生。晶闸管凭借其优越的电气性能和控制性能,快速取代了水银整流器和旋转变流机组，其应用范围迅速扩大，实现了交流电机的变频供电和高效运行。1966 年，通用汽车公司制造了由晶闸管变频器供电、由异步电机驱动的电动汽车 Electronvan，掀起了汽车电动化的第 2 次浪潮。20 世纪 80 年代，通用汽车公司和法国雪铁龙公司分别推出了标志性车型 EV1 和 106 Electric[8]。在这个时期，电动汽车普遍采用交流电机，将镍镉、铅酸、镍氢等类型的电池作为储能装置，能量密度逐渐提高，平均能量密度达 50W·h/kg。然而，在动力电池能量密度的限制下，该时期的纯电动汽车续驶里程很难超过 200km，使其进一步发展受阻。

当认识到纯电动汽车不能在续驶里程和性能方面与内燃机汽车竞争时，人们对混合动力汽车产生了极大的兴趣。在美国，道奇品牌制造了 Intrepid ESX-1、ESX-2 和 ESX-3 等混合动力汽车；福特汽车公司研制了并联式混合动力汽车 Prodigy，通用汽车公司研制了并联式混合动力汽

Precept，这两款汽车均满足了美国新一代汽车合作伙伴计划（PNGV）的 80mile/gal 燃油经济性目标，但未量产。法国的雷诺汽车公司研制了并联式混合动力汽车 Next，燃油经济性达 3.4L/100km；德国的大众汽车集团研制了串联式混合动力汽车 Chico，其平均能耗为 1.4L/100km 燃油和 13kW·h 电能。最成功的混合动力汽车商品化案例出现在日本，丰田汽车公司推出了混合动力汽车 Prius，本田汽车公司推出了混合动力汽车 Insight，在全球范围内实现了大规模量产和销售，有效提高了燃油经济性，实现了混合动力汽车的商品化[8]。

21 世纪，为了应对日益突出的石化能源危机和环境污染问题，随着锂离子电池的应用逐渐成熟，世界主要汽车生产国纷纷加快部署，将发展新能源汽车作为国家战略，加快推进技术研发和产业化，掀起了汽车电动化的第 3 次浪潮。2020 年，全球电动汽车销量约为 312.5 万辆，市场份额达 4.0%。其中，纯电动汽车的市场份额为 2.8%，插电式混合动力汽车的市场份额为 1.2%。锂离子电池的发展和应用如图 1-6 所示。

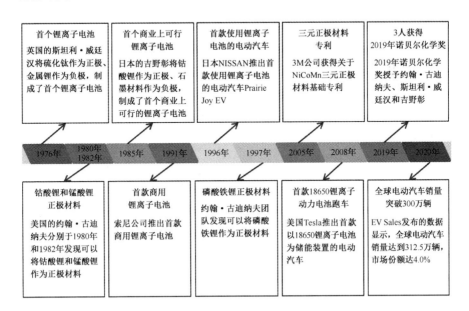

图 1-6　锂离子电池的发展和应用

2. 各国加速推进汽车电动化进程

经过 20 多年的技术积累和市场培育，全球新能源汽车产业进入快速发展期，各国从供需两侧发力，共同推进汽车电动化进程。

一方面，设定严格的节能减排目标，推动企业加速转型。2019 年 6 月，日本公布新一轮乘用车新车油耗法规，要求到 2030 年降至 3.94L/100km；2019 年，欧盟正式通过新一轮碳排放法规，要求乘用车新车平均碳排放到 2025 年和 2030 年分别比 2021 年减少 15% 和 37.5%[9]。另一方面，通过加大财税政策支持力度，引导消费者选购新能源汽车。2019 年 11 月，德国宣布将新能源汽车补贴政策延期至 2025 年年底，并从 2021 年起提高新能源汽车单车补贴金额。美国、德国、英国、法国、挪威、荷兰、日本等国继续大幅减免新能源汽车购置及保有环节税收。同时，税收优惠并非短期阶段性实施，而是将节能减排指标作为计税依据，从而使新能源汽车可长期享受比传统燃油车更低的税额。

各大型车企也通过制定新能源汽车销售目标、加快新能源汽车研发等，加速实现汽车电动化。

比亚迪坚守电动化战略，除了积极布局新能源整车项目，还在动力电池、电机及控制器等核心零部件方面积累了全球领先的关键技术，在车用 IGBT 等方面也有涉足，是全球电动汽车制造商中技术布局全面、技术实力雄厚的车企之一。

大众汽车集团计划 2025 年在中国销售 150 万辆新能源汽车；戴姆勒计划 2030 年插电式混合动力汽车或纯电动汽车占新车销量的 50% 以上；宝马计划于 2023 年前推出 25 款新能源汽车，并在 2025 年实现 40 万～70 万辆的新能源汽车销量目标；丰田汽车公司计划 2025 年在全球的电动汽车年销量达 550 万辆，其中纯电动汽车和燃料电池电动汽车超过 100 万辆。

2013—2020 年全球新能源汽车销量及市场渗透率如图 1-7 所示。

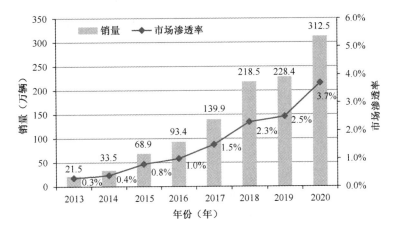

图 1-7　2013—2020 年全球新能源汽车销量及市场渗透率

3. 中国新能源汽车迈入新阶段

在环境污染与能源危机等外部压力与汽车产业升级等内部刺激的共同作用下，中国政府、企业及相关科研机构将发展节能汽车与新能源汽车作为实现汽车产业转型的突破口。1991 年，电动汽车研发首次列入"八五"重点科技攻关项目，国家科技计划持续重点支持该领域研发，做出了发展节能汽车与新能源汽车的初步尝试。

"九五"期间，中国在新能源汽车技术研发和产业化方面，呈现各有侧重、并行推进的格局。1996 年发布了《中国节能技术政策大纲》，鼓励开发电动汽车；1999 年，由中国科学技术部等十几个部委组成的全国清洁汽车协调小组召开了"空气净化工程，清洁汽车行动"工作会议，在污染严重或有资源优势的大中城市和地区重点推广清洁能源汽车[10]。受限于当时的技术条件和产业环境条件，推广工作的重点仍放在燃气汽车及燃油汽车的经济性提高方面。

"十五"期间，中国科学技术部提出了我国发展新能源汽车的实施方案，初步确立了以燃料电池汽车、混合动力汽车和纯电动汽车技术为重点，以多能源动力总成系统、驱动电机、动力电池 3 种关键技术为主要研究内容的研发框架，初步形成了以电动汽车为重点的研发布局。

"十一五"期间，随着《中华人民共和国国民经济和社会发展第十一个五年规划纲要》《国家中长期科学和技术发展规划纲要（2006—2020 年）》《中国应对气候变化国家方案》《高技术产业化"十一五"规划》及《节能减排综合性工作方案》等一系列重要文件的发布，国家对节能减排的要求日益提高，推动了节能汽车和新能源汽车的发展。2006 年，"十一五" 863 计划节能与新能源汽车重大项目启动，在该项目的积极推动下，逐步确立了我国电动汽车"三纵三横"的研发布局，研发布局如图 1-8 所示。"十一五"期间，我国新能源汽车技术研发取得重大进展，基本掌握了电动汽车的核心技术，建立了具有自主知识产权的新能源汽车技术平台、形成了比较完善的关键零部件体系，部分企业相继推出具有自主知识产权的新能源汽车产品，具备了小批量生产能力和局部商业化示范运行能力。"十一五"后期，以磷酸铁锂为正极材料的动力电池技术获得了突破性进展，带动了纯电动汽车和插电式混合动力汽车的快速发展。在此背景下，我国逐渐确立了以电动汽车为重点的发展方向。2009 年发布的《汽车产业调整和振兴规划》指出，在规划期（2009—2011 年）内，改造现有生产能力，形成 50 万辆纯电动、充电式混合动力和普通型混合动力等新能源汽车产能，新能源汽车销量占乘用车销售总量的 5%左右。

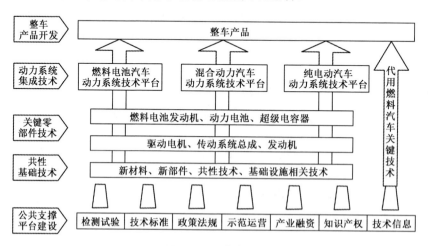

图 1-8　研发布局

"十二五"期间，我国进一步明确了纯电动汽车发展方向。2012 年，中国科学技术部印发《电动汽车科技发展"十二五"专项规划》，指出要确立"纯电驱动"的技术转型战略、坚持"三纵三横"的研发布局。紧紧把握汽车动力系统电气化的战略转型方向，重点突破电池、电机、电控等关键核心技术，以及电动汽车整车关键技术和商业化瓶颈。发展途径具体可概括为 3 点：技术平台"一体化"，紧紧抓住"电池、电机、电控"三大共性关键技术，以关键零部件模块化为基础，推进动力总成模块化，促进动力系统平台化，实现电动汽车技术平台"一体化"；车型开发"两头挤"，在城市公共用大客车和私人小型轿车上优先发展"纯电驱动"电动汽车，然后逐步从两端向中间发展，形成"两头挤"格局，启动大规模市场，并滚动发展，逐步挤占中高档燃油轿车这一市场空间；产业化推进"三步走"，结合不同阶段的技术进步程度和市场需求状况，把握节奏，分步实施。

2012 年，国务院印发《节能与新能源汽车产业发展规划（2012—2020年）》，指出以纯电驱动为新能源汽车发展和汽车工业转型的主要战略取向，当前重点推进纯电动汽车和插电式混合动力汽车产业化，推广普及非插电式混合动力汽车、节能内燃机汽车，提升我国汽车产业整体技术水平。主要目标之一是产业化取得重大进展。到 2015 年，纯电动汽车和插电式混合动力汽车累计产销量力争达到 50 万辆；到 2020 年，纯电动汽车和插电式混合动力汽车生产能力达 200 万辆、累计产销量超过 500 万辆，燃料电池汽车、车用氢能源产业与国际同步发展。

2014 年，国务院办公厅印发《关于加快新能源汽车推广应用的指导意见》，指导思想是贯彻落实发展新能源汽车的国家战略，以纯电驱动为新能源汽车发展的主要战略取向，重点发展纯电动汽车、插电式（含增程式）混合动力汽车和燃料电池汽车，以市场主导和政府扶持相结合，建立长期稳定的新能源汽车发展政策体系，创造良好发展环境，加快培育市场，促进新能源汽车产业健康快速发展。

"十三五"期间,面对全球智能化发展新趋势,国家重点研发计划新能源汽车重点专项提出了升级新能源汽车动力系统技术平台的目标。全面提升纯电动汽车电气化、轻量化、智能化、网联化水平。"三电"核心技术的内涵进一步丰富,"电池"更强调电池系统,"电机"更强调电力电子,"电控"更新为电动汽车智能化技术。同时,根据全创新链设计原则,将重点任务设置为基础科学问题、共性核心技术、动力系统技术、集成开发与示范四个层次。共十二个模块:三大科学基础问题(面向电动化的能源科学、面向轻量化的材料科学、面向智能化的信息科学);"三横"共性核心技术(动力电池与电池管理、电机驱动与电力电子、电子控制与智能技术);"三纵"动力系统技术(纯电动力系统、插电/增程式混合动力系统、燃料电池动力系统);三大支撑平台(基础设施平台、集成示范平台、国际合作平台)。

2020年10月,国务院办公厅印发《新能源汽车产业发展规划(2021—2035年)》,指出坚持电动化、网联化、智能化发展方向,深入实施发展新能源汽车国家战略,以融合创新为重点,突破关键核心技术,提升产业基础能力,构建新型产业生态,完善基础设施体系,优化产业发展环境,推动我国新能源汽车产业高质量可持续发展,加快建设汽车强国。发展愿景是到2025年,我国新能源汽车市场竞争力明显增强,动力电池、驱动电机、车用操作系统等关键技术取得重大突破,安全水平全面提升。纯电动乘用车新车平均电耗降至12.0千瓦时/百公里,新能源汽车新车销售量达到汽车新车销售总量的20%左右,高度自动驾驶汽车实现限定区域和特定场景商业化应用,充换电服务便利性显著提高。

新能源汽车产业发展规划总体布局如图1-9所示。

纵观我国的新能源汽车产业发展政策,"电动化"始终是我国新能源汽车产业发展的重要导向,受动力电池功率密度和能量密度等的限制,在发展过程中出现了燃气汽车、混合动力汽车等补充性过渡方案。我国新能源汽车技术路线如图1-10所示。

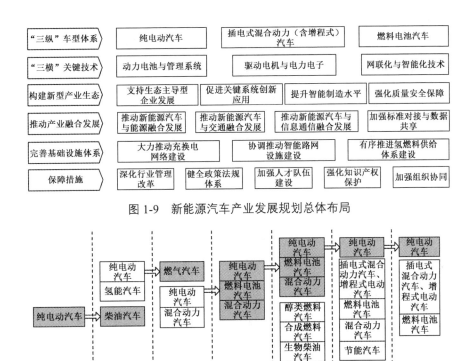

图 1-9　新能源汽车产业发展规划总体布局

图 1-10　我国新能源汽车技术路线

经过多年努力，我国新能源汽车产业技术水平显著提升、产业体系日趋完善、企业竞争力大幅提高。2015 年以来，我国新能源汽车产销量连续 7 年位居全球首位。2018 年，我国新能源汽车销量迈入百万辆时代。截至 2020 年 7 月，我国累计推广新能源汽车超过 450 万辆，占全球市场的 50% 以上；累计建设各类充电桩 130 万个，已建和在建加氢站超过 100 座，成为全球新能源汽车最大市场[7]。2013—2020 年我国新能源汽车销量及全球占比如图 1-11 所示。

在整车方面，国产纯电动轿车平均续驶里程从 2016 年的 190km 提升至 2019 年的 360km，典型 A 级纯电动乘用车电耗降至 11～13kW·h/100km；典型高性能 B 级纯电动汽车电耗为 16～17kW·h/100km；典型纯电动客车电耗为 3～3.45kW·h/(100km·t)，提前实现 2020 年整车电耗小于 3.5kW·h/(100km·t) 的目标。插电式混合动力乘用车 B 状态燃料消耗量

（不含电能转化的燃料消耗量）达 4.3L/100km，与整体油耗水平相比，节油 25.9%。燃料电池客车氢耗从 8.5kg/100km 降至 7.0kg/100km[7]。

图 1-11 2013—2020 年我国新能源汽车销量及全球占比

在动力电池方面，2019 年，三元锂离子电池装机量为 40.5GW·h，占比 65.2%；磷酸铁锂离子电池装机量为 20.2GW·h，占比 32.5%。量产三元正极材料电池单体能量密度达 275W·h/kg，系统能量密度达 170W·h/kg，系统成本降至 1 元/(W·h)左右[7]。与传统磷酸铁锂电池相比，基于"刀片"结构的磷酸铁锂电池的体积能量密度提高了 50%，成本降低了 20%～30%。

在驱动电机及电力电子方面，2019 年，我国量产驱动电机重量比功率达 4.0kW/kg。多家企业推出了自主开发的车用 IGBT 芯片、双面冷却 IGBT 模块和高功率密度电机控制器，功率密度达 16～20kW/L。相关企业还推出了 SiC 宽禁带电力电子半导体器件和基于 SiC 器件的高密度电机控制器[7]。

在充电网络方面，截至 2019 年 12 月，全国公共充电设施已覆盖 404 个城市，建成了"十纵十横"高速公路快充网络，充电设施规模达 122 万个，充电站规模达 3.5 万个，换电站超过 300 个，均位居全球第一。公共领域充电设施车桩互操作性测评的充电一次成功率高于 98%，用户充电体验明显改善。充换电站的建成规模远远超过 2020 年 1.2 万个的目标。在充电技术方面，智能有序充电技术、大功率充电技术、换电技术得到不同程度的应用，无线充电技术、车网互动（V2G）等前瞻充电技术进入示范测试阶段[7]。

面向未来,文献[7]指出,我国汽车产业的总体发展目标是:中国汽车产业碳排放总量于 2028 年左右先于国家碳减排承诺提前达峰,到 2035 年,碳排放总量较峰值下降20%以上;新能源汽车逐渐成为主流产品,汽车产业基本实现电动化转型;中国方案智能网联汽车核心技术国际领先,产品大规模应用;关键核心技术自主化水平显著提升,形成协同高效、安全可控的产业链;建立汽车智慧出行体系,形成汽车、交通、能源、城市深度融合生态;技术创新体系基本成熟,具备引领全球的原始创新能力。我国汽车技术总体发展目标如图 1-12 所示。

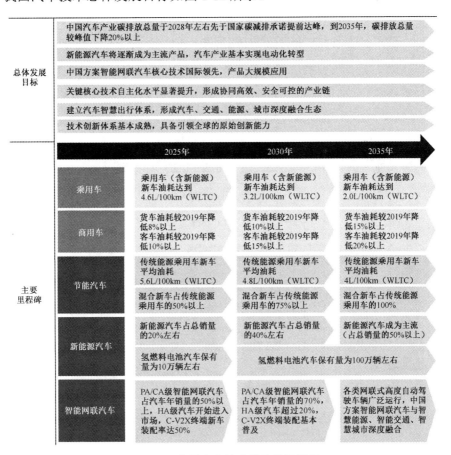

图 1-12　我国汽车技术总体发展目标

1.2 新能源汽车结构

1.2.1 纯电动汽车

纯电动汽车结构如图 1-13 所示，纯电动汽车主要由动力电池组、BMS（Battery Management System）采集单元、BMS 主控单元、高压配电盒、电池预热系统、车载充电机、DC/DC 变换器与铅酸电池、电动空调系统、电机控制器（Motor Control Unit，MCU）与驱动电机、机械传动机构与 TCU、整车控制器（Vehicle Control Unit，VCU）等组成。由于低压车身电器、电子助力转向机构等与传统燃油汽车中并无差异，因此图 1-13 中未显示。

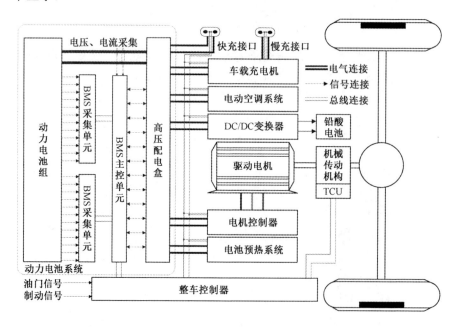

图 1-13　纯电动汽车结构

1. 动力电池组

动力电池组是整车的能量源，通常由多个三元锂离子动力电池、磷酸铁锂离子动力电池单体组成。多个单体通常先并联构成"电池模块"，以增大容量，多个"电池模块"再以串联形式连接，以提高电压。例如，在某车型中，动力电池组由 45 并 90 串共 4050 个三元锂离子动力电池单体组成，单体标称电压为 3.7V、容量为 2600mAh，所组成的动力电池组标称电压为 333V、容量为 117Ah。

2. BMS 采集单元

由于动力电池组由多个串联的"电池模块"构成，不同"电池模块"的温度、内阻、初始荷电状态（State of Charge，SOC）的差异会导致在使用过程中"电池模块"间 SOC 和单体电压差异不断变大，进而降低动力电池组的实际使用效能。因此，必须通过 BMS 采集单元对"电池模块"的电压、温度和 SOC 等进行采集，以实时监测"电池模块"的工作状态，并进行单体均衡管理。

3. BMS 主控单元

BMS 主控单元是整个车辆储能系统的管理中心，其主要功能包括直流母线电压和电流采集、绝缘电阻检测、充电控制导引、高压配电管理、电池历史信息存储、总线通信，以及 SOC、SOP（State of Power，功率状态）、SOH（State of Health，健康状态）等电池状态分析，过温、过流、过充等故障诊断及安全预警。通常将由动力电池组、BMS 采集单元、BMS 主控单元和高压配电盒组成的系统称为动力电池系统。

4. 高压配电盒

高压配电盒是整车能量的分配中心，一般由直流母线正极继电器、直流母线负极继电器、预充电控制继电器、快充控制继电器、慢充控制继电器、电池预热控制继电器、电动空调控制继电器、DC/DC 控制继电器、预充电阻及相关熔断器构成。高压配电盒接收 BMS 主控单元的相关控制指令，通过控制相关继电器实现对相应用电部分的供电控制。在一些车型中，高压配电盒控制由整车控制器完成。

5. 电池预热系统

作为电化学储能装置，动力电池的性能与温度密切相关。在低温下，锂离子动力电池的充放电容量和功率大幅降低，内阻急剧增加，导致电动汽车出现续驶里程缩短、动力不足和充电困难等问题。另外，低温下电池负极的析锂现象更加明显，负极表面锂枝晶的生长引起电池寿命缩短并有潜在的安全隐患[10]。当动力电池温度低于设定阈值时，电池预热系统通过薄膜加热、液体加热等方式对动力电池进行预热，预热所需的电能通常源于动力电池组或充电桩。目前，也有部分学者探索通过对电池放电或在电池两端施加交流电，利用电池内阻直接加热电池，以及采用改变电池结构、在电池内部加入产热元件等内部加热方式实现电池预热[10]。

过高的温度也会影响动力电池的使用效能。当电池温度过高时，需要采用风冷、液冷等方式对电池降温。不过，散热风扇或循环泵均采用 12V 或 24V 低压电，因此图 1-13 中未显示。

6. 车载充电机

车载充电机将从车辆慢充接口输入的单相交流电变换为与动力电池组电压等级相匹配的直流电，进而向动力电池组充电。车载充电机的功率通常为 5kW 左右。同时，车载充电机还需要根据相应的接口标准完成与慢充充电桩的控制导引，国家标准为《电动汽车传导充电系统》（GB/T 18487.x—2015）。

7. DC/DC 变换器与铅酸电池

DC/DC 变换器将高压配电盒输出的高压直流电变换为低压直流电，并采用恒压/恒流充电策略对 12V 或 24V 铅酸电池进行充电管理，进而为车身电器、电子助力转向、电子液压制动等低压用电设备及 BMS 和整车控制器供电。通常采用全桥推挽式隔离 DC/DC 变换器。

8. 电动空调系统

电动空调系统与传统燃油汽车空调系统的原理基本相同。在传统燃油汽车中，发动机通过电磁离合器带动压缩机；而电动汽车采用电动压缩机，由动力电池提供直流电，并由电动压缩机控制器实现对电动压缩机的驱动与控制。

9. 电机控制器与驱动电机

电机控制器与驱动电机是整车的动力中心。电机控制器是可以实现直流—交流逆变和交流—直流整流变换的电力电子装置，接受整车控制器的控制，将高压配电盒输出的直流电变换为频率、电压均可调的三相交流电，控制交流电机的转矩或转速。同时，在车辆制动时，电机控制器还控制电机产生相应的制动转矩，并将电机发出的电能回馈至动力电池组。用于车辆驱动的电机一般为三相永磁同步电机、三相异步电机或开关磁阻电机。

10. 机械传动机构与 TCU

转速 n、转矩 T 与功率 P 满足

$$P = T\omega = T\frac{2\pi n}{60} = \frac{T\pi n}{30} \tag{1-1}$$

车辆牵引动力装置的理想运行特性是在全车速范围内为恒功率输出，由式（1-1）中的转速、转矩和功率的关系可知，其转矩应随车速呈双曲线变化。另外，由于车辆低速时应限制牵引动力装置的输出转矩，使其不超过轮胎与路面之间的最大附着力，因此车辆牵引动力装置的理想外特性变为低速恒转矩、高速恒功率，如图 1-14 所示[8]。

对于由 FOC 矢量电机控制器驱动的永磁同步电机，典型的电机外特性如图 1-15 所示。当转速低于基速时，磁通保持恒定，电压增至额定值，

电机保持恒定转矩。当转速高于基速时，电压保持恒定，电机控制器通过弱磁实现转速的持续增大，电机保持恒功率输出，最大转矩随转速下降。可见，电机的典型外特性非常接近图 1-14 中的车辆牵引动力装置的理想外特性。因此，电动汽车的机械传动机构通常采用固定减速比的单挡传动装置[8]。变速箱控制单元（Transmission Control Unit，TCU）用于接收整车控制器或驾驶员的相关控制指令，控制变速箱处于驻车、倒车或行车状态。

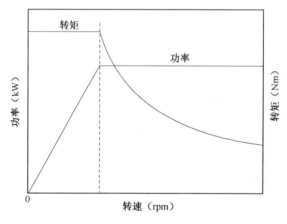

图 1-14　车辆牵引动力装置的理想外特性

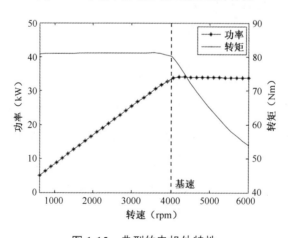

图 1-15　典型的电机外特性

需要指出的是，典型的内燃机外特性（节气门全开）如图 1-16 所示。

其输出转矩通常从怠速开始缓慢增大,当达到中间转速时,输出最大转矩。进一步增大转速时,由于进气管损耗和机械摩擦增大等,输出转矩减小。可见,典型的内燃机外特性与图 1-14 中的车辆牵引动力装置的理想外特性相差较大。同时,由于内燃机存在怠速,必须采用多挡传动装置或无级变速器来改善其特性。

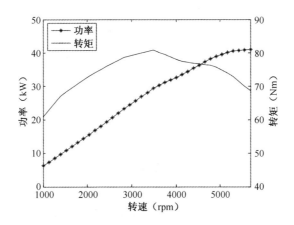

图 1-16 典型的内燃机外特性（节气门全开）

11. 整车控制器

整车控制器是电动汽车动力系统的控制核心,负责对驾驶员输入的油门、制动、挡位及工作模式等信息进行解析。同时,根据动力电池 SOC、车速、直流母线电压、直流母线电流等车辆状态信息,以及相应的能量管理策略,控制动力电池的输出功率及驱动电机的工作状态。此外,整车控制器通常还充当整车动力系统的 CAN 总线网关,负责 BMS CAN 总线、车载充电机 CAN 总线及充电桩 CAN 总线之间的数据转发。

纯电动汽车是我国发展新能源汽车的重点支持车型。虽然受限于动力电池的能量密度、充电时间、充电便捷性等因素,纯电动汽车尚不能满足消费者对理想新能源汽车的预期,但是其具有以下优点。

（1）作为二次能源,电能的来源较广,包括风力、光伏、核能、潮汐能等,纯电动汽车的推广应用可消耗清洁能源,避免了对石油资源的依赖,对于优化我国能源消费结构、降低碳排放具有战略意义。

（2）纯电动汽车可以作为储能设施，充分发挥夜间充电对电网的"削峰填谷"作用，促进夜间风电消纳，提高电网运行效率和可靠性。

（3）纯电动汽车结构简单，可避开内燃机、复杂传动机构等技术短板。同时，经过 20 多年的技术积累，我国已经在动力电池与管理系统、驱动电机与电力电子等核心技术方面积聚了足够的技术优势，可以实现纯电动汽车关键核心零部件的完全自主化。

（4）我国锂矿资源较丰富，可支持以锂离子电池为主要储能装置的纯电动汽车的大规模推广，避免关键资源受制于人。

1.2.2 插电式混合动力汽车和增程式电动汽车

1. 插电式混合动力汽车和增程式电动汽车的诞生背景

经过近 20 年的发展，尽管纯电动汽车在续驶里程和充电时间方面均取得了很大进步，市场上涌现了一批续驶里程大于 600km、最大充电功率为 250kW 的高性能纯电动汽车，但是由于充电基础设施尚未实现普及，续驶里程和充电时间仍然是限制纯电动汽车大规模推广的主要因素[11]。

德勤（Deloitte）的调查结果显示，在中国，对电动汽车感兴趣的消费者比重最高（约为 93%），但是只有少数人每天实际行驶里程超过 80km，在美国、日本等国家也是如此。中国、美国、日本，以及欧洲的日均行驶里程统计情况如图 1-17 所示。尽管消费者日均行驶里程不长，但是消费者对电动汽车的行驶里程期望值较大。中国、美国、日本，以及欧洲消费者的期望行驶里程如图 1-18 所示[11]。

由此可见，消费者对续驶里程的担忧阻碍了纯电动汽车的大规模推广。在这种情况下，插电式混合动力汽车和增程式电动汽车应运而生，两者的技术思路分别为：①通过增大现有混合动力汽车的电池容量来满足部分纯电动行驶需求；②在现有纯电动汽车的基础上增加由发动机和发电机构成的辅助充电装置，以获得较长的里程。

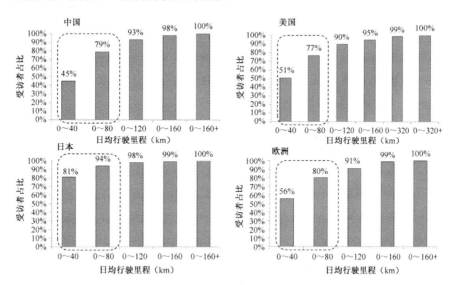

图 1-17　中国、美国、日本，以及欧洲的日均行驶里程统计情况

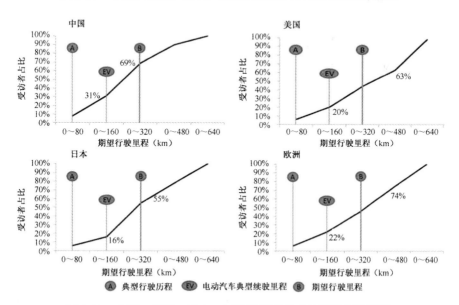

图 1-18　中国、美国、日本，以及欧洲消费者的期望行驶里程

2. 插电式混合动力汽车和增程式电动汽车的定义及结构

插电式混合动力汽车指具有可外接充电功能且具有一定纯电动续驶里程的混合动力汽车。增程式电动汽车是一台配置了较小容量动力电池的纯电动汽车，动力电池容量一般能够满足一定的纯电动续驶里程，当动力电池 SOC 降至某值时，启动由小容量发动机和发电机构成的增程器，以延长车辆的续驶里程[11]。

由定义可知，插电式混合动力汽车和增程式电动汽车的共性为：①均可外接充电，且有发动机；②均有一定的纯电动续驶里程，且在纯电驱动模式下有全面的动力性能。

两者的差异为：①插电式混合动力汽车本质上是混合动力汽车，其发动机和驱动电机具有动力环节的耦合。即在某些工况下，发动机输出的动力部分或全部参与驱动车辆；②增程式电动汽车本质上是纯电动汽车，发动机和驱动电机无动力环节的耦合，发动机仅在动力电池 SOC 降至某值时驱动发电机为车辆供电。

需要注意的是，上述对插电式混合动力汽车和增程式电动汽车共性和差异的描述仅在技术层面，在某些情况下市场对两者并无严格区分。例如，对于通用汽车公司推出的沃蓝达（Volt）增程式电动汽车，其 Voltec 电力驱动系统中的发动机部分参与了对车辆的驱动。

此外，需要强调的是，尽管从动力系统结构来看，增程式电动汽车与串联式混合动力汽车非常接近，但是两者存在本质区别：①串联式混合动力汽车不需要外接充电，其所有能量最终来自油箱，设计思路是通过优化发动机的工作点来提高燃油效率，本质上属于节能汽车；②增程式电动汽车本质上是纯电动汽车，设计思路是通过由小容量发动机和发电机构成的增程器延长车辆的续驶里程。

由于插电式混合动力汽车和增程式电动汽车既有技术上的共性，又有明显区别，因此当出现相关名词时，一般会做特殊说明。例如，《插电式混合动力电动乘用车 技术条件》（GB/T 32694—2021）的适用范围为插电式（含增程式）混合动力电动乘用车；《新能源汽车产业发展规划（2021—2035 年）》指出插电式混合动力（含增程式）汽车是我国新能源汽车整车布局"三纵"之一。

插电式混合动力汽车和增程式电动汽车的动力系统结构类似，如图 1-19 所示。主要区别在于机械传动机构，插电式混合动力汽车的机械传动机构较为复杂，通常需要提供发动机、ISG（Integrated Starter and Generator）、主驱动电机及车辆驱动轴之间的复杂动力分配，以适应各种工况。当采用增程式电动汽车动力系统时，机械传动机构通常较为简单，一般主驱动电机直接通过单挡传动装置与驱动轴连接；ISG 与发动机直接连接，与主驱动电机之间不存在机械连接，ISG 仅作为发动机启动时的起动机及发动机运行时的发电机。

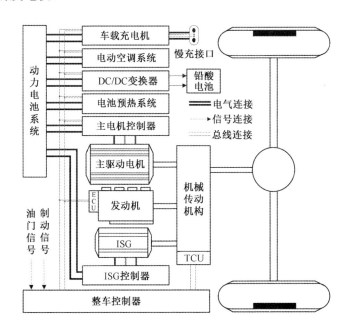

图 1-19　插电式混合动力汽车和增程式电动汽车的动力系统结构

此外，由于插电式混合动力汽车和增程式电动汽车的电池容量一般较小，两者通常不配备快充接口。但是，市面上也有一些增程式电动汽车由于电池容量较大而配备了快充接口，如理想 ONE 配备了 40.5kW·h 的三元锂离子动力电池和快充接口；塞力斯 SF5 配备了 35.0kW·h 的三元锂离子动力电池和快充接口。

与纯电动汽车相比，插电式混合动力汽车和增程式电动汽车增加了发动机、ISG 和 ISG 控制器及较为复杂的机械传动机构。因此，整车控制器必须依据相应的能量管理与运行优化策略，对上述部件进行优化管理，以达到充分挖掘动力系统潜力、提高运行效率的目的。

由于插电式混合动力汽车和增程式电动汽车基本实现了发动机转速和转矩与驱动轮的解耦，且主驱动电机在整个工况内具有较高的运行效率。因此，可以通过优化发动机的工作点来提高整车驱动效率。典型的电机和发动机转速—转矩—效率特性分别如图 1-20 和图 1-21 所示。可见电机最高效率达 93.0%，且在整个工况内效率较高；发动机最高效率为 33.0%，低转矩时效率仅为 12.0%。插电式混合动力汽车和增程式电动汽车的整车控制系统可以通过控制发动机工作在其高效率区域来提高整车驱动效率。

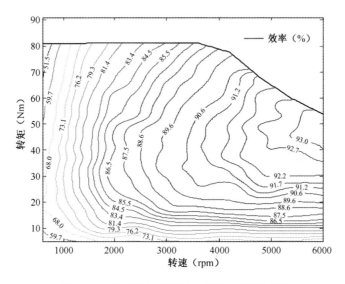

图 1-20　典型的电机转速—转矩—效率特性

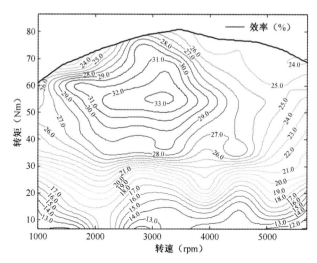

图 1-21　典型的发动机转速—转矩—效率特性

插电式混合动力汽车和增程式电动汽车仍然需要加油，且会排放一氧化碳、氮氧化物、碳氢化合物等污染物，并非完全意义上的清洁能源汽车，但现阶段其具有以下优点。

（1）由于配备的动力电池容量较小，整车成本比同型的纯电动汽车低，有助于提高消费者对电动汽车的接受度，有利于其市场推广。

（2）既可以满足消费者日常的短距离清洁高效出行需要，又可以免除长距离行驶时消费者对续驶里程的担忧，同时降低了消费者对充电时间的要求。

（3）当短距离日常出行时，车辆完全由动力电池提供能量，具有零排放的环保优势；当行驶距离超出其纯电动续驶里程时，可以通过优化发动机的工作点来提高燃油经济性。

（4）可以充分利用现有的加油和电力基础设施，避免了纯电动汽车用户猛增对电网造成的负荷冲击。

1.2.3　燃料电池汽车

燃料电池汽车指以燃料电池系统为动力源或主动力源的汽车。由于最终作用于车辆驱动装置的所有能量均来自燃料电池，因此又称燃料电池电动汽车。

需要强调的是，虽然名称中包含"电池"，但与其他化学储能装置不同，燃料电池不具备储能功能。燃料电池是通过电化学反应将外部供应的燃料和氧化剂中的化学能直接转化为电能、热能和其他反应物的发电装置。根据燃料电池电解质类型，可以将燃料电池分为碱性燃料电池（Alkaline Fuel Cell，AFC）、磷酸燃料电池（Phosphorous Acid Fuel Cell，PAFC）、熔融碳酸盐燃料电池（Molten Carbonate Fuel Cell，MCFC）、固体氧化物燃料电池（Solid Oxide Fuel Cell，SOFC）、质子交换膜燃料电池（Proton Exchange Membrane Fuel Cell，PEMFC）和直接甲醇燃料电池（Direct Methanol Fuel Cell，DMFC）[12][13]。其中，以氢气为燃料、以空气为氧化剂的质子交换膜燃料电池具有启动温度低、比能量高、启动快、寿命长等优点，是车用燃料电池的首选[14]。目前，如无特殊说明，燃料电池汽车均指氢气—空气质子交换膜燃料电池汽车。

燃料电池系统由高压储氢罐、电池堆、DC/DC 变换器及相关辅助设备构成。电池堆是进行电化学反应的核心装置；DC/DC 变换器用于将电池堆输出的电能调整至与整车相匹配的电压等级；辅助设备包括空气循环泵、冷却水循环泵、氢气循环泵等辅助电池堆运行的设备。氢气—空气质子交换膜燃料电池堆的结构及工作原理如图 1-22 所示。

氢气—空气质子交换膜燃料电池堆主要包括阳极、阴极、扩散层、催化层、质子交换膜。阳极和阴极为带有气体流道的石墨或表面改性金属板；扩散层主要起收集电流的作用，也是氢气和空气的扩散通道；催化层由催化剂（一般为 Pt 金属或 Pt 合金）组成，是电化学反应的活性中心；质子交换膜紧邻催化层，是一种固态电解质，只有质子能通过，电子无法通过，主要起隔绝正、负极的作用，相当于锂离子电池中的隔膜和电解质，是电池堆的核心材料[15][16]。

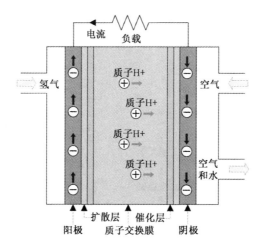

图 1-22　氢气—空气质子交换膜燃料电池堆的结构及工作原理

氢气—空气质子交换膜燃料电池堆的工作原理为电解水的逆反应，即氢气进入燃料电池的阳极流道，氢分子在阳极催化剂的作用下被解离为两个质子和两个电子，其中质子穿过质子交换膜被氧"吸引"到阴极，使阴极变成带正电的端子（正极）；电子不能通过质子交换膜到阴极，而是累积在阳极，变成带负电的端子（负极）。如果此时通过外部负载将阳极和阴极相连，由于存在电位差，电子会通过负载从阳极流向阴极，从而产生电流。同时，质子、电子及由阴极流道输送的氧气，汇集在阴极催化层，在阴极催化剂的作用下生成纯净水，并释放热量，完成电化学反应[13][16][17]。

阳极反应为

$$H_2 \rightarrow 2H^+ + 2e^- \tag{1-2}$$

阴极反应为

$$\frac{1}{2}O_2 + 2H^+ + 2e^- \rightarrow H_2O \tag{1-3}$$

总反应为

$$H_2 + \frac{1}{2}O_2 \rightarrow H_2O \tag{1-4}$$

燃料电池汽车动力系统结构如图 1-23 所示,主要由作为基本电源的燃料电池系统、峰值电源系统、功率分配装置、整车控制器、电机控制器与驱动电机(与纯电动汽车中的完全相同)、DC/DC 变换器与铅酸电池、电动空调系统、机械传动机构与 TCU 等组成。

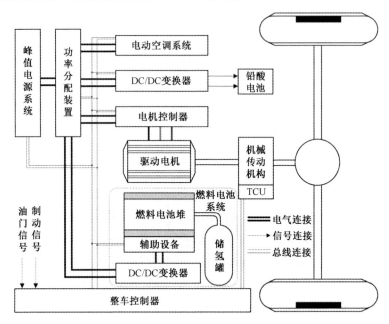

图 1-23 燃料电池汽车动力系统结构

从动力系统结构来看,燃料电池汽车与串联式混合动力汽车类似,只是将串联式混合动力汽车中的发动机、发电机系统替换为燃料电池系统。同样,由于燃料电池系统的功率响应较慢,且在燃料电池系统升温启动之前,输出功率有限,因此必须配备峰值电源系统,以实现在任何时刻都能提供足够的功率[8]。峰值电源应具备较高的功率密度,同时必须有足够的容量,以防止过度放电导致功率供应中断。峰值电源系统可以采用动力电池、超级电容器或两者结合构成的混合储能系统。

由于燃料电池汽车拥有峰值电源系统和燃料电池系统两个电能输出装置,且当汽车工作在制动回馈状态时,电机控制器也会输出电能。因此,必须安装相应的功率分配装置,对功率的流向进行管理。例如,当汽车急加速时,可以由燃料电池系统和峰值电源系统同时向电机控制器与驱动电机供电;在制动回馈状态下,电机控制器回馈的电能存储在峰值电源系统中;当负载功率小于燃料电池系统的额定功率时,燃料电池系统同时向负载和峰值电源系统供电,以使峰值电源系统的 SOC 处于合理区间。

燃料电池汽车的排放物为纯净水,且具有非常高的转化效率(可达65%),是真正意义上的清洁能源汽车。但是,现阶段燃料电池汽车存在以下不足。

(1)氢气密度仅为 0.0899kg/m³,是一种易燃易爆气体,且当其在空气中的体积浓度为 4.0%~75.6% 时,可能发生爆炸。目前,普遍采用高压气态储氢方式,压力高达 70MPa,一旦泄漏存在较大的安全风险。因此,燃料电池汽车的安全性有待进一步提升。

(2)燃料电池汽车依赖完整的制氢、储运、加氢基础设施,无法应用现有的加油、电力基础设施。创建完整的制氢、储运、加氢基础设施体系需要大量投资。在基础设施不健全的情况下,燃料电池汽车的推广面临巨大挑战。

(3)目前,燃料电池系统的成本为 1 万元/kW 左右,约占整车成本的50%,而电池堆又占燃料电池系统成本的 65% 左右,其中质子交换膜等核心材料仍以进口为主,成本和核心技术仍是燃料电池大规模推广的制约因素。此外,作为催化剂的 Pt 金属或 Pt 合金国内储量较小[18]。如果没有替代的催化剂出现,燃料电池汽车一旦大规模推广,易出现核心材料受制于人的局面。

1.3　本章小结

本章从中国汽车产销量、交通能源结构调整和环境可持续发展、汽车产业转型、新一轮科技革命驱动汽车产业重构 4 个方面阐述了电动汽车发展背景；对节能汽车、新能源汽车、广义电动汽车的定义进行了介绍；从汽车电动化的 3 次浪潮、各国加速推进汽车电动化进程、中国新能源汽车迈入新阶段 3 个方面阐述了电动汽车发展现状；并对纯电动汽车、插电式混合动力汽车和增程式电动汽车、燃料电池汽车的工作原理、结构和优缺点等进行了简单介绍。

从汽车产业的背景来看，发展以纯电动汽车为主的新能源汽车是我国汽车产业转型升级的战略选择，也是必然选择；从电动汽车的发展现状来看，世界范围内的汽车电动化进程已经初步启动，未来十年内将处于加速推进阶段；从市场规模、技术水平等方面来看，我国在电动汽车领域已处于世界第一梯队，未来将围绕电动化、智能化和网联化目标持续推进；从技术层面来看，动力电池与管理系统是所有类型电动汽车的关键核心技术，也是《新能源汽车产业发展规划（2021—2035 年）》所定义的"三横"关键技术之一。因此，对电动汽车储能系统展开深入研究具有重要意义。

参 考 文 献

[1] 中汽研（天津）汽车信息咨询有限公司. "十四五"公路交通领域石油消费达峰研究[R]. 天津：中汽研（天津）汽车信息咨询有限公司, 2020.

[2] 李晓华. 新能源汽车技术：发展的挑战、机遇和展望[M]. 北京：机械工业出版社, 2012.

[3] 袁志逸, 李振宇, 康利平, 等. 中国交通部门低碳排放措施和路径研究综述[J]. 气候变化研究进展, 2021, 17(1):27-35.

[4] 姜洋, 陈素平, 张元龄, 等. 城市交通大气污染物与温室体协同控制技术指南 2.0[R]. 北京：宇恒可持续交通研究中心, 2021.

[5] 欧阳明高. 我国节能与新能源汽车发展战略与对策[J]. 汽车工程, 2006, 28(4):317-321.

[6]　王青. 从技术跟随到战略布局：新能源汽车技术革命与中国应对战略[M]. 上海：上海远东出版社, 2012.

[7]　中国汽车工程学会. 节能与新能源汽车技术路线图 2.0[M]. 北京：机械工业出版社, 2021.

[8]　爱赛尼, 高义民, 埃玛迪. 现代电动汽车、混合动力电动汽车和燃料电池车：基本原理、理论和设计[M]. 北京：机械工业出版社, 2010.

[9]　中国汽车技术研究中心, 日产（中国）投资有限公司, 东风汽车有限公司. 中国新能源汽车产业发展报告（2020）[M]. 北京：社会科学文献出版社, 2020.

[10]　Hu X, Zheng Y, Howey D A, et al. Battery Warm-Up Methodologies at Subzero Temperatures for Automotive Applications: Recent Advances and Perspectives[J]. Progress in Energy and Combustion Science, 2020, 77.

[11]　申永鹏. 增程式电动汽车能量管理与运行优化方法研究[D]. 长沙：湖南大学, 2015.

[12]　Beriowitz P J, Darnell C P. Fuel Choices for Fuel Cell Powered Vehicles[J]. Sae Transactions, 2000, 109(4):8-18.

[13]　胡长娥, 刘琼, 周敏. 质子交换膜燃料电池的研究现状[J]. 中国能源网, 2011.

[14]　帕斯夸里·科尔沃, 福图纳托·米格莱蒂尼, 奥托里诺·维纳里. 车用氢燃料电池[M]. 张新丰, 译. 北京：机械工业出版社, 2019.

[15]　刘朝玮, 王保国, 何小荣. 质子交换膜燃料电池研究及应用现状[J]. 现代化工, 2004, 24(9): 10-13.

[16]　宁凡迪. 高比功率质子交换膜燃料电池关键材料与技术研究[D]. 合肥：中国科学技术大学, 2021.

[17]　安德鲁·迪克斯, 戴维·兰德. 燃料电池系统解析（第三版）[M]. 张新丰, 张智明, 译. 北京：机械工业出版社, 2021.

[18]　马腾, 张万益, 贾德龙. 铂资源现状与需求趋势[J]. 矿产保护与利用, 2019, 39(5):90-97.

电动汽车储能系统概述

储能装置指能够将电能转化为另一种形式的能量或直接存储起来，并能够在特定条件下向外可控输出电能的装置。根据不同的储能原理，有多种储能装置。应用于电动汽车领域的储能装置应具备高能量密度、一定的功率密度、适当的成本、良好的环境适应性、较强的安全性、较长的使用寿命，同时还应易于维护。

本章在介绍储能装置的分类、工作原理和结构的基础上，重点阐述目前电动汽车领域以锂离子电池为代表的电化学储能装置，以及以超级电容器为代表的物理储能装置的工作原理。从电学特性、安全特性、其他特性3个方面对电池特性及参数进行分析，并对超级电容器的基本电学特性进行分析。

2.1 储能装置的分类和工作原理

2.1.1 储能装置的分类

储能装置的分类如图 2-1 所示，储能装置可分为机械储能装置、电化学储能装置和电磁储能装置 3 类。

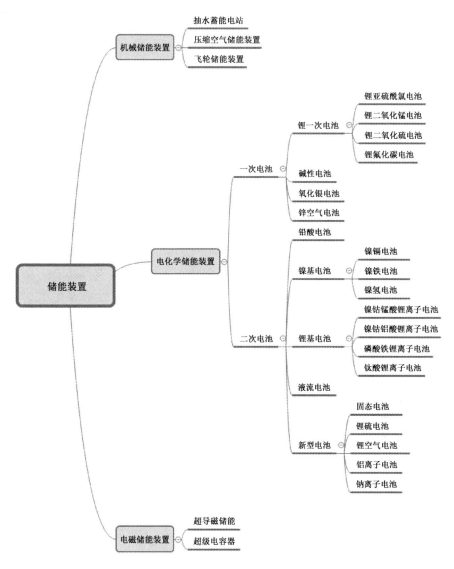

图 2-1　储能装置的分类

1. 机械储能装置

机械储能的原理是将电能转化为动能、势能或内能（从严格意义上讲，内能不属于机械能）等形式，并在需要时转化为电能进行输出。典型的机械储能装置包括抽水蓄能电站、压缩空气储能装置和飞轮储能装置，其储能介质分别是水的势能、压缩空气的内能及高速转动飞轮的动能。显然，抽水蓄能电站不适用于电动汽车，一般应用于电网的调峰；压缩空气储能装置和飞轮储能装置曾在混合动力汽车中有初步应用，但是受限于转化效率、功率、能量密度及安全性等，目前其基本淡出汽车领域[1]。

2. 电化学储能装置

电化学储能的原理是依据电化学反应，将电能转化为化学能进行存储，并在需要时转化为电能进行输出。电化学储能装置包括一次电池和二次电池。一次电池又称"原电池"，其电化学反应不可逆，不能再次充电，在内部的化学物质全部起作用后会被废弃。显然，一次电池不适用于电动汽车，一般应用于玩具、遥控器、军用设备等。二次电池可反复充电、循环使用，根据其主要化学材料，可分为铅酸电池、镍基电池、锂基电池、液流电池和新型电池。

1859 年，法国物理学家普兰特发明了铅酸电池（Lead Acid Battery），铅酸电池技术成熟、性能可靠、成本低、维护方便。其内阻较小，可满足大电流放电需要，可以作为 UPS、汽车电源、通信基站后备电源，广泛应用于电动自行车、低速电动汽车等领域。在所有电池中，铅酸电池的生产规模最大，作为汽车启动电池的铅酸电池全球年产量达 10 亿个，每年生产铅酸电池消耗的铅高达 200 万吨，占全球铅总产量的 50%以上[2]。目前，铅酸电池的能量密度为 50～70W•h/kg，循环寿命约为 500 次，阀控式密封铅酸电池的循环寿命可达 1000～1200 次，自放电率为每月 3%～20%，寿命一般不超过 5 年，难以满足电动汽车对高能量密度、低自放电率的需求，以及对循环寿命的高要求。目前铅酸电池主要应用于低速电动汽车。

镍基电池主要包含镍镉电池（Ni-Cd Battery）、镍铁电池（Ni-Fe Battery）和镍氢电池（Ni-MN Battery）。1899 年，瑞典科学家 Waldemar Jungner 发明了镍镉电池；1901 年，美国电学家爱迪生发明了镍铁电池。镍镉电池的优点是放电时电压变化不大，充电为吸热反应，内阻小。与镍氢电池和锂离子电池相比，其对轻度过充过放的容忍度较大。镍镉电池曾广泛应用于便携式电子产品、玩具，也于 20 世纪 70 年代至 80 年代作为电动汽车动力电池，其主要缺点是会产生镉的重金属污染，目前正处于逐步淘汰阶段。镍铁电池曾风靡一时（1910—1960 年），其主要作为牵引机车电源等，优点是寿命长、具有良好的抗过充过放能力；缺点是能量密度较低、低温性能差、制造成本高（与铅酸电池相比）。目前，主流的镍基电池为在镍镉电池基础上发展而来的镍氢电池。1988 年，镍氢电池进入实用化阶段，并于 1990 年在日本开始规模化生产，其特性与镍镉电池类似。在原理上，镍氢电池用金属氢化物代替镉，并作为活性负极材料。镍氢电池的优点是环境污染较轻、回收利用率较高，被称为最环保的电池。镍氢电池的能量密度为 70～95W·h/kg，功率密度为 200～300W/kg，放电电压较平坦，具有良好的低温性能和快速充电能力。除广泛应用于电子产品、电动自行车和电动工具之外，镍氢电池也是 20 世纪末期至 21 世纪初期电动汽车和混合动力汽车的重要能源选择。1993 年以来，Ovonic 公司的镍氢电池已应用于 Solectric GT Force 电动汽车，续驶里程达 206km。丰田汽车公司和本田汽车公司在混合动力汽车 Prius 和 Insight 中，也采用了镍氢电池[1]。在电动汽车应用场景下，镍氢电池最大的不足是能量密度较低，无法为纯电动汽车提供足够的续驶里程，因此一般应用于混合动力汽车。

目前，锂基电池是电动汽车领域的主流电池。需要说明的是，锂基电池包含锂一次电池和锂二次电池。锂一次电池的负极材料为金属锂，称为"锂电池"；锂二次电池依靠锂离子在正极和负极之间的移动来输出电流或充电，一般将碳作为负极材料，将含锂化合物作为正极材料，不存在金属锂，只有锂离子存在，因此称为"锂离子电池"。图 1-6 介绍了锂离子电池的发展和应用。应用于电动汽车领域的锂基电池特指锂离子电池。考虑不同的正极材料，锂离子电池主要包括镍钴锰酸锂（NCM）离子电池、镍钴铝酸锂（NCA）离子电池、磷酸铁锂（LFP）离子电池、钛酸锂（LTO）离子电池。较高的能量密度、适中的功率密度、较长的循环寿命、较好的可靠性和生产友好性，以及越来越低的成本，使得锂离子电池成为电动汽车的首选[3]。锂离子电池技术的成熟助推了汽车动力系统电动化的第三次浪潮，当前几乎所有的纯电动汽车和多数混合动力汽车都将锂离子电池作为储能装置。

1974 年，Thaller 提出了液流电池的概念，该电池通过正、负极电解液活性物质的可逆氧化还原反应实现了电能和化学能的相互转化。由于活性物质存储在可流动的电解液中，液流电池可以实现电化学反应场所和活性物质容器在空间上的分离，能满足大规模储能需求[4][5]。液流电池包括铁/铬液流电池、多硫化钠/溴液流电池、锌/溴液流电池、锌/镍液流电池、全钒液流电池等。液流电池的优点是成本低、寿命长，非常适用于电网储能等大规模储能场景。但是，由液流电池的工作原理和结构特征可知，其不适用于电动汽车。

如何开发新型电化学储能体系或结构，进一步提高能量密度和功率密度、延长循环寿命、增强安全性、降低成本，始终是电化学领域的研究热点，固态电池、锂硫电池、锂空气电池、铝离子电池[6]、钠离子电池[7]等新型电池逐渐被提出。在固态电池方面，随着高电导率和高稳定性固态电解质、高稳定性正极和负极材料、固相界面修饰调控等技术的逐步成熟，未来首先能够规模化生产的是介于液态锂离子电池和固态锂离子电池之间的电池。在此基础上，逐步减小液体或凝胶类电解质的比例，最终过渡到固态电池，能量密度有望达到 $500\sim600$ W·h/kg[3]。锂硫电池的能量密度和循环寿命仍是当前的技术难点，在解决正极多硫离子溶解穿梭问题、构建高载量和高压实硫电极、减小电解液用量、消除电池燃烧安全隐患、提升金属锂负极的电化学可靠性等方面仍需持续攻关。锂空气电池主要需要解决性能衰退问题，解决含氧中间态产物与碳材料、电解液的化学反应技术难题[3]。

3. 电磁储能装置

电磁储能装置属于直接式电能存储装置，可以直接通过电磁场将电能存储起来，无须转化为其他形式的能量[8]。电磁场主要包括磁场和静电场两种形式，超导磁储能装置采用磁场储能形式，超级电容器采用静电场储能形式。

超导磁储能装置是利用超导体的阻值为零特性制成的电能存储装置，其不仅可以在超导体电感线圈内高效存储电能，还可以通过电力电子换流器与外部系统快速交换有功功率和无功功率。超导磁储能装置一般由超导线圈、低温容器、制冷装置、变流装置和控制电路组成，具有功率大、损耗小、功率响应速度快等优点，可以进行电能质量治理，提高大电网的动态稳定性，能满足其高功率、快速响应需求。超导磁储能装置的缺点是成本高、能量密度低、需要复杂电力电子设备的支持，不适用于电动汽车应用场景。降低成本、优化超导线材的制造工艺和性能、开拓新的变流器技术和控制策略、减小超导储能线圈交流损耗、提高储能线圈稳定性、加强失超保护等，是超导磁储能装置亟待解决的问题[9]。

超级电容器利用两个多孔导电电极之间的电场存储电能。为防止电极直接接触而加入隔膜，电极和隔膜浸润在电解液中。超级电容器的优点是功率密度高，可达 58.5kW/kg，远高于电池的功率密度水平；循环寿命超长，高速深度充放电循环 50 万～100 万次后，其容量仅降低 10%～20%；温度适应性好，由于在低温状态下超级电容器中离子的吸附和脱附速度变化不大，因此其容量受温度的影响较小，商业化超级电容器的工作温度为 −40～80℃。超级电容器的缺点是能量密度较低，通常为 1～10W·h/kg[10]。基于上述特征，超级电容器一般作为混合动力汽车中的峰值电源或混合储能装置中的功率型储能装置。

2.1.2 电池和超级电容器的工作原理

1. 电池的工作原理

电化学储能装置的工作原理基本类似，下面以经典的丹尼尔电池为例，介绍其工作原理。

将 Zn（锌）置于 $ZnSO_4$（硫酸锌）溶液中，将 Cu（铜）置于 $CuSO_4$

（硫酸铜）溶液中，并用盐桥或离子膜将两种电解液连接起来，就构成了丹尼尔电池。

丹尼尔电池的工作原理如图 2-2 所示。当发生电化学反应时，Zn 失去电子，构成负极；Cu 得到电子，构成正极。在外电路中，电子从负极流出、从正极流入，电流方向则相反。

正极反应为

$$Cu^{2+} + 2e^- \rightarrow Cu \tag{2-1}$$

负极反应为

$$Zn \rightarrow Zn^{2+} + 2e^- \tag{2-2}$$

总反应为

$$Cu^{2+} + Zn \rightarrow Cu + Zn^{2+} \tag{2-3}$$

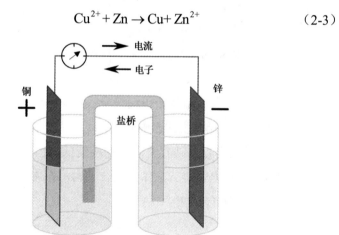

图 2-2　丹尼尔电池的工作原理

由于离子的大小及性质不同，当两种离子接触时会产生液接电势。如果不做特殊处理，液接电势将附加到电池的总电势上，从而使电池电势降低。盐桥或离子膜的作用是消除液接电势。通常盐桥由 U 形管和管内的惰性电解质组成，电解质通常使用饱和氯化钾（KCl）或硝酸铵（NH_4NO_3）。

丹尼尔电池的反应是不可逆的,因此属于一次电池。如果上述反应是可逆的,则为典型的二次电池。在丹尼尔电池中,Cu 为正极材料、Zn 为负极材料、$CuSO_4$ 和 $ZnSO_4$ 为电解液,盐桥或离子膜为隔膜。

根据丹尼尔电池的基本原理,替换相应的正极材料、负极材料、电解液和隔膜,就可以构成其他类型的电池。典型电池的工作原理如图 2-3 所示。

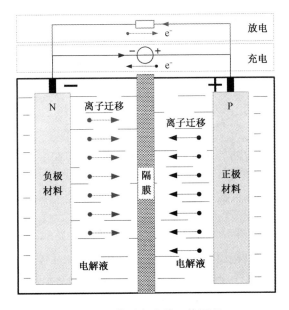

图 2-3　典型电池的工作原理

以镍钴锰酸锂离子电池为例,其正极材料由 Li_xNiO_2、Li_xCoO_2 和 $Li_xMn_2O_2$ 以一定的配比组成,通常用 NCMabc 表示三种材料的配比,常见的配比有 NCM523、NCM622 及 NCM811;负极材料为锂碳层间化合物 Li_xC_6;电解液为 $LiPF_6$、$LiAsF_6$ 等有机溶液;隔膜通常为聚烯烃隔膜材料,包括聚乙烯(PE)单层、聚乙烯多层、聚丙烯(PP)单层和 PP-PE-PP 三层材料。

当锂离子电池工作时,由 Li^+ 在正、负极间的往返嵌入和脱嵌形成充放电过程。充电时,Li^+ 正极脱嵌,经过电解液和隔膜嵌入负极,正极处于贫锂态,负极处于富锂态,同时电子的补偿电荷从外电路流入负极,保持负极的电平衡[2]；放电时，则正好相反。锂离子电池的工作原理如图 2-4 所示。

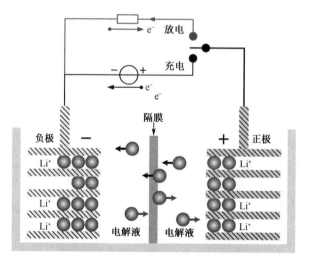

图 2-4 锂离子电池的工作原理

正常充放电时，锂离子在层状结构碳材料和层状结构氧化物的层间嵌入和脱嵌，一般只引起层面间距的变化，不会破坏晶体结构。因此，锂离子电池的充放电过程是理想的可逆过程，保障了其循环寿命[2]。

正极反应为

$$\text{LiMO}_2 \underset{\text{放电}}{\overset{\text{充电}}{\rightleftharpoons}} \text{Li}_{1-x}\text{MO}_2 + x\,\text{Li}^+ + x\text{e}^- \qquad (2\text{-}4)$$

负极反应为

$$6\text{C} + x\,\text{Li}^+ + x\text{e}^- \underset{\text{放电}}{\overset{\text{充电}}{\rightleftharpoons}} \text{Li}_x\text{C}_6 \qquad (2\text{-}5)$$

总反应为

$$\text{LiMO}_2 + 6\text{C} \underset{\text{放电}}{\overset{\text{充电}}{\rightleftharpoons}} \text{Li}_{1-x}\text{MO}_2 + \text{Li}_x\text{C}_6 \qquad (2\text{-}6)$$

由于镍钴锰酸锂离子电池有 3 种正极材料，因此，在式（2-4）、式（2-5）和式（2-6）中，用 M 表示 Ni、Co 和 Mn。

2. 超级电容器工作原理

根据能量存储机制，可将超级电容器分为双电层电容器（Electric Double Layer Capacitor，EDLC）与赝电容（Pseudocapacitance）两类[10]。双电层电容器技术是实现超级电容器的主要途径。双电层电容器的基本原理如图 2-5 所示，其主要由电极、集流体、隔膜和电解液等构成。电极一般由活性炭或碳纳米管等多孔材料制成；集流体的主要作用是汇集电流；电解液主要为硫酸、氢氧化钾等水溶液，以及碳酸丙烯酯系（PC 系）和乙腈系（AN 系）等有机电解液；隔膜位于两个电极之间，与电极一起完全浸润在电解液中，在反复充放电过程中起隔离作用，阻止电子传导，防止两极接触造成内部短路，但是隔膜能使电解液顺利通过[11]。

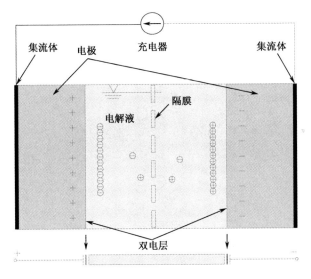

图 2-5　双电层电容器的基本原理

电极和电解液之间会自然产生一个绝缘层。当在两个电极之间施加电压进行充电时，正、负电荷便排列在绝缘层的两边，从而形成一个电容器。因为该绝缘层的内部分为两层，所以称为双电层。撤去外部电压后，电极上的正、负电荷与溶液中的相反电荷离子相吸，从而使双电层稳定，在正、负极间产生相对稳定的电位差。当两极与外电路连通时，电极上的电荷迁移，从而在外电路中产生电流。双电层电容器充放电过程如图 2-6 所示。

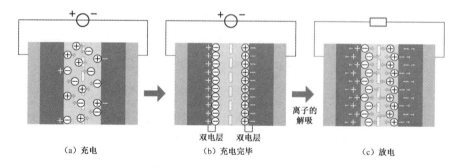

（a）充电　　　　　　　　（b）充电完毕　　　　　　　（c）放电

图 2-6　双电层电容器充放电过程

需要强调的是，双电层指在电极与电解液之间，电子和空穴彼此吸引进行排列的状态。双电层如图 2-7 所示。

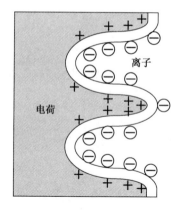

图 2-7　双电层

虽然双电层电容器的结构与电池类似，但它依靠电解液内带电离子在电极表面的电荷吸附产生的双电层实现电荷存储。该过程是电荷吸附和脱附的过程，没有任何氧化还原反应，也没有电荷穿过双电层。因此，从原理上看，双电层电容器是没有循环寿命限制的。

超级电容器中存储的能量可以表示为

$$E_{\mathrm{cap}} = \frac{1}{2}CU^2 \qquad (2\text{-}7)$$

式中，C 为超级电容器的容量，单位为 F；U 为电压，单位为 V。超级电容器的单体电压由电解质的分解电压决定，典型的单体电压为 1～3V。为获得更高电压，必须将多个单体串联。根据平板电容器的基本原理，容量与极板面积 S 成正比，与绝缘体厚度 d 成反比，即

$$C = \frac{\varepsilon S}{d} \qquad (2\text{-}8)$$

式中，ε 为绝缘体的介电常数。

由式（2-8）可知，双电层绝缘膜无法人为控制厚度，只能通过增大极板面积来增大容量。活性炭的比表面积可达 $1000\sim3000\mathrm{m}^2/\mathrm{g}$，可以大幅增大容量。假设添加了同等质量的电解液，超级电容器的容量密度可达 25F/g。即使这样，获得的超级电容器能量密度也只有 2W·h/kg。

2.2　电池和超级电容器的结构

2.2.1　电池单体、电池模块、电池包与电池系统

电池单体、电池模块、电池包与电池系统如图 2-8 所示。下面根据《电动汽车用动力蓄电池安全要求》（GB 38031—2020），对相关术语和定义进行介绍。

（1）电池单体（Battery Cell）：将化学能与电能进行相互转化的基本单元装置。电池单体又称"电芯"。通常包括电极、隔膜、电解质、外壳和端子等。电池单体如图 2-8（a）所示。

（2）电池模块（Battery Module）：将一个以上电池单体按照串联、并联或串并联方式组合，并作为电源使用的组合体。例如，汽车起动机使用的 12V 铅酸电池是由 6 个标称电压为 2V 的电池单体串联而成的。在电动汽车中，通常将多个电池单体并联构成电池模块，以增大容量。电池模

块如图 2-8（b）所示。

（3）电池包（Battery Pack）：可从外部获得电能并对外输出电能的单元。通常包括电池单体、电池管理模块（不含主控单元）、电池箱及相应附件（冷却部件、连接线缆等）。电池包如图 2-8（c）所示。

（4）电池系统（Battery System）：由一个或一个以上的电池包及相应附件（管理系统、高压电路、低压电路及机械总成等）构成的能量存储装置。电池系统如图 2-8（d）所示。

此外，某些情况下，电动汽车的动力电池系统不完全根据上述定义划分。例如，乘用车电池系统通常仅由一个电池包构成，电池包直接集成了高压电路、机械总成等附件。由多个电池包构成的电池系统通常用于动力电池容量较大的商用车。

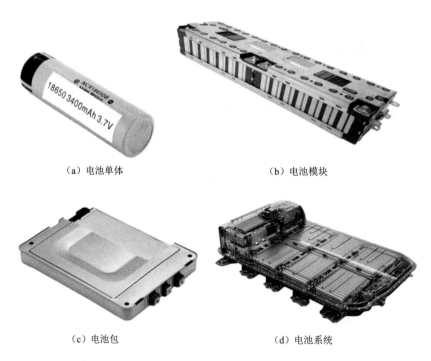

（a）电池单体　　　　　　　　　　（b）电池模块

（c）电池包　　　　　　　　　　（d）电池系统

图 2-8　电池单体、电池模块、电池包与电池系统

适用于电动汽车的电池单体通常有圆柱形、方形和软包 3 种，图 2-8 （a）为圆柱形电池单体，方形电池单体和软包电池单体如图 2-9 所示。

（a）方形电池单体　　　　　　　　　　　　（b）软包电池单体

图 2-9　方形电池单体和软包电池单体

方形电池单体和软包电池单体一般应用于大容量场合，因此能获得较高的能量密度。但由于标准结构尺寸共识度不高，不同厂家生产工艺不统一，一般应用于定制场合。圆柱形电池单体的优点包括：①卷绕工艺成熟，自动化及标准化程度高，生产效率高，一致性好，成本较低；②成组时，单体间有较大空间，易于散热，可以采用风冷等低成本冷却方式；③单体容量较小，安全性较高且成组方式灵活。圆柱形电池单体广泛适用于各类电动汽车。其缺点是能量密度较低，导致连接损耗较大、管理成本较高；径向导热差，导致温度分布不均匀。

方形电池单体、软包电池单体和圆柱形电池单体的原理完全一致，仅形状和部分材料略有不同。圆柱形电池单体结构如图 2-10 所示，主要包括正极材料、负极材料、隔膜、电解液、集流体、正极极帽、负极壳体、安全阀及 CID（Current Interrupt Device，电流切断装置）、PTC（Positive Temperature Coefficient，正温度系数）电阻等部件。正极材料、隔膜、负极材料和集流体均匀卷绕在充有电解液的圆柱形壳体内，壳体充当负极，正极通过极帽引出。

安全阀及 CID、PTC 电阻是电池单体的重要安全防线，安全阀及 CID 的工作原理为：受过充、短路等因素的影响，单体内部产生大量气体，当压力升高至一定程度时，安全阀上方的碗形铝片会向上弹起，与下方的铝片脱离接触，使电路立即断开；如果压力继续升高，安全阀将破裂，内部压力得以释放，可以避免因压力过高而导致爆炸。

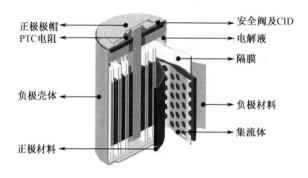

图 2-10　圆柱形电池单体结构

PTC 电阻的工作原理为：当电池充放电电流过高时，PTC 电阻发热升温；当温度达到相应阈值时，PTC 电阻会突然增大，从而切断电流。

根据《电动汽车用动力蓄电池产品规格尺寸》（GB/T 34013—2017），常见的 18650 型、21700 型圆柱形电池单体的直径分别为 18mm 和 21mm，高度分别为 65mm 和 70mm。

2.2.2　超级电容器单体、模组与系统

超级电容器单体和模组如图 2-11 所示。与电池类似，超级电容器也有单体、模组与系统的概念，下面根据国家标准《超级电容器　第 1 部分：总则》（GB/T 34870.1—2017）和汽车行业标准《车用超级电容器》（QC/T 741—2014），对相关定义进行介绍。

（1）超级电容器单体（Super Capacitor Cell）：超级电容器的基本单元，由电极、隔膜、电解质/液、引出端子和外包装构成的组装体。超级电容器单体如图2-11（a）所示。

（2）超级电容器模组（Super Capacitor Module）：由两个或两个以上超级电容器单体及其附件构成的组合体。超级电容器模组如图 2-11（b）所示。

（a）超级电容器单体　　　　　　　　　　　（b）超级电容器模组

图 2-11　超级电容器单体和模组

超级电容器的单体电压由电解质的分解电压决定，常见的单体额定电压为2.7V、3.0V，通常难以满足汽车对高电压的需求。因此需要采用串联方式提高工作电压。此外，单体容量一般为数法拉至数百法拉，当需要更大容量时，可以通过并联实现扩容。

与电池类似，多个超级电容器单体的串联可能导致单体间电压不均衡，因此需要采用单体间电压平衡电路、过压保护电路、温度监测电路等辅助电路。

（3）超级电容器系统（Super Capacitor System）：可依据相应的控制策略从外部获得电能并可对外输出电能，且具有相应的安全防护、状态监测和通信功能的完整系统。通常包括多个超级电容器模组、管理系统、箱体及相应附件（冷却部件、连接线缆等）。

超级电容器单体也有圆柱形和方形两种。圆柱形超级电容器单体结构如图 2-12 所示，典型的圆柱形超级电容器单体的正极由分布在集流体两侧的正电极构成，负极由分布在集流体两侧的负电极构成，正极和负极由隔膜分隔，都卷绕在充有电解液的铝壳体内。正极和负极分别引出至位于圆柱上端的正极端子和负极端子。

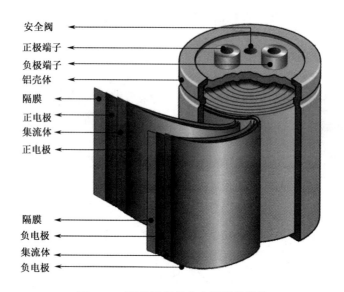

安全阀
正极端子
负极端子
铝壳体
隔膜
正电极
集流体
正电极
隔膜
负电极
集流体
负电极

图 2-12　圆柱形超级电容器单体结构

如果外部电压高于超级电容器单体额定电压，则内部的电解液会分解形成气体，当气体的压力逐渐升高并达到一定阈值时，可以通过安全阀释放压力，以防止壳体爆炸。

2.3　电池特性

电池是复杂的储能装置，电池特性包括电学特性、安全特性、其他特性。电池特性如图 2-13 所示。

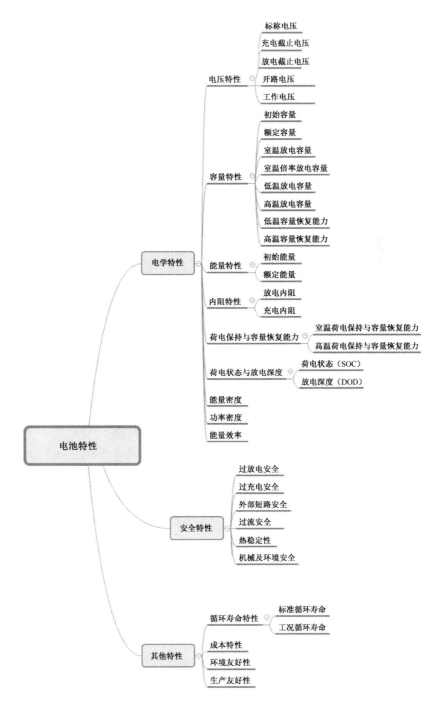

图 2-13   电池特性

2.3.1 电学特性

1. 电压特性

作为电压源，电池的电压特性是基本特性。但是，由于电池对电能的存储和输出依赖化学反应，其电压特性与温度、SOC、充放电电流密切相关。一般而言，温度越高、SOC 越高、放电电流越小，则输出电压越高；反之，温度越低、SOC 越低、放电电流越大，则输出电压越低。对于某18650 型镍钴铝酸锂离子电池，不同放电倍率下的"放电容量—电压"特性曲线如图 2-14 所示，不同温度下的"放电容量—电压"特性曲线如图 2-15 所示，不同温度下的"充电时间—电压/电流/容量"特性曲线如图 2-16 所示。

室温下，不同类型电池的"SOC—电压"特性曲线如图 2-17 所示。

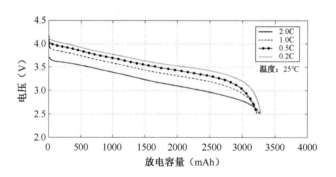

图 2-14　不同放电倍率下的"放电容量—电压"特性曲线

通常用标称电压、充电截止电压、放电截止电压、开路电压、工作电压表征电池的电压特性。

（1）标称电压（Nominal Voltage）：指在规定条件下电池的标准工作电压，不同电化学体系的电池具有不同的标称电压，常见电池的标称电压如表 2-1 所示。

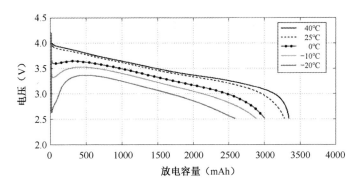

图 2-15　不同温度下的"放电容量—电压"特性曲线

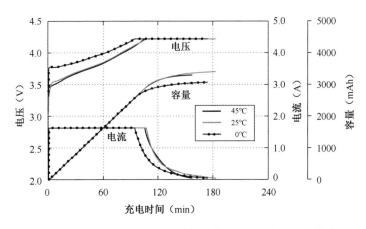

图 2-16　不同温度下的"充电时间—电压/电流/容量"特性曲线

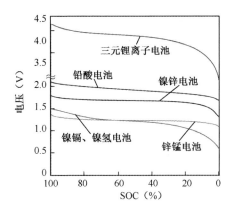

图 2-17　不同类型电池的"SOC—电压"特性曲线

表 2-1　常见电池的标称电压

电池类型	标称电压/V
镍钴锰酸锂离子电池	3.70
镍钴铝酸锂离子电池	3.60
磷酸铁锂离子电池	3.20～3.30
钛酸锂离子电池	2.40
铅酸电池	2.00
镍镉电池	1.20
镍氢电池	1.20
镍铁电池	1.20
镍锌电池	1.65
铝空气电池	1.20

（2）充电截止电压（Charge Cut Voltage）：又称充电终止电压，指在规定的恒流充电期间，电池完全充满时的电压。当达到充电截止电压时，如果继续充电，会对电池的性能和寿命造成损害[2]。典型的充电截止电压为：三元锂离子电池为 4.20V，磷酸铁锂离子电池为 3.65V，钛酸锂离子电池为 2.85V。

（3）放电截止电压（Discharge Cut Voltage）：又称放电终止电压，指电池放电时，电压下降到不宜再放电的最低工作电压。在不同的电化学体系和放电条件下，电池的放电截止电压不同。一般而言，低温或大电流放电时，放电截止电压较低；小电流长时间或间歇放电时，放电截止电压较高[2]。典型的放电截止电压为：三元锂离子电池和磷酸铁锂离子电池为 2.50V，钛酸锂离子电池为 1.80V。

（4）开路电压（Open Circuit Voltage）：指在开路状态下电池两极的电势差，开路电压与电池正极和负极材料、温度等因素有关。

（5）工作电压（Operating Voltage）：指电池接通负载后在放电过程中输出的电压。

由于存在内阻，电池的工作电压低于开路电压[2]，两者的关系为

$$U_o(t) = E - I(t)R_i \qquad (2-9)$$

式中，$U_o(t)$ 为工作电压；E 为开路电压；$I(t)$ 为工作电流；R_i 为电池内阻。

2. 容量特性

电池的容量指在规定的放电条件下所能释放的电量，单位为 mAh 或 Ah。容量特性包括初始容量、额定容量、室温放电容量、室温倍率放电容量、低温放电容量、高温放电容量、低温容量恢复能力、高温容量恢复能力。国家标准《电动汽车用动力蓄电池循环寿命要求及试验方法》（GB/T 31484—2015）、《电动汽车用锂离子动力蓄电池包和系统 第 1 部分：高功率应用测试规程》（GB/T 31467.1—2015）和《电动汽车用锂离子动力蓄电池包和系统 第 2 部分：高能量应用测试规程》（GB/T 31467.2—2015）对上述容量特性的定义及试验规程进行了详细介绍。

另外，在放电试验中，通常用时率和倍率来衡量放电速率。

（1）时率：用放电时间表示的放电速率。例如，额定容量为 50Ah 的电池放电用了 10 小时，称为"C10 放电率"或"10 小时放电率"，放电电流为 5A，称为"10 小时率放电电流"。

（2）倍率：用放电电流与额定容量数值之比表示的放电速率。例如，当额定容量为 50Ah 的蓄电池以 0.1C 放电时，放电电流为 5A。

3. 能量特性

与容量特性类似，电池的能量指在规定的放电条件下所能放出的电能，单位为 W·h 或 kW·h。

4. 内阻特性

电池不是理想电压源，可将其等效为理想电压源和等效电阻的串联，电池的内阻模型如图 2-18 所示。R_i 即内阻，电池的内阻由欧姆内阻 R_o 和极化内阻 R_p 两部分构成。

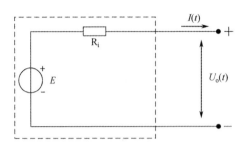

图 2-18　电池的内阻模型

欧姆内阻主要包括电极材料、电解液、隔膜电阻，以及集流体、极耳等的接触电阻，与电池的材料、尺寸、结构、连接方式等有关。当温度恒定时，欧姆内阻基本不变。

极化内阻指在电化学反应中由于极化而产生的电阻，是电池内部各种阻碍带电离子抵达目的地的趋势总和。极化包括电化学极化和浓差极化。电化学极化是由电解液中电化学反应的速度无法达到电子的移动速度导致的；浓差极化是由锂离子嵌入、脱出正极和负极材料，且在材料中移动的速度小于锂离子向电极集结的速度导致的。

极化内阻与活性物质特性、电极结构、电池制造工艺、SOC、温度及充放电电流等有关。在大电流放电时，电化学极化和浓差极化使内阻增大；在低温下，离子扩散速度变慢，极化内阻增大。

此外，对于锂离子电池而言，由于正极和负极材料的嵌锂状态不同，锂离子电池的充电内阻和放电内阻有差异。

测量电池内阻的方法有直流放电法和交流注入法两类。根据直流放电法的基本原理，工程中通常采用基于混合脉冲功率特性（Hybrid Pulse Power Characterization，HPPC）的欧姆内阻测量方法。《电动汽车用锂离子动力蓄电池包和系统 第 1 部分：高功率应用测试规程》（GB/T 31467.1—2015）和《电动汽车用锂离子动力蓄电池包和系统 第 2 部分：高能量应用测试规程》（GB/T 31467.2—2015）对车用动力电池的放电内阻和充电内阻测试方法进行了规定。对于高功率应用，测试所用的电流脉冲功率特性曲线和电压脉冲功率特性曲线分别如图 2-19 和图 2-20 所示。

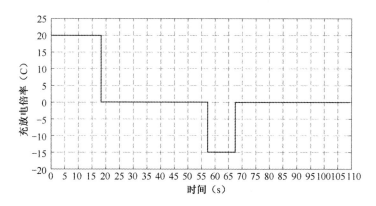

图 2-19　电流脉冲功率特性曲线

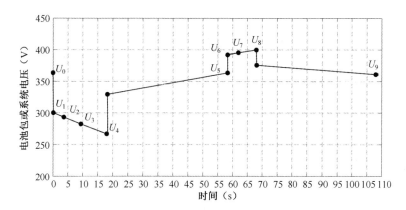

图 2-20　电压脉冲功率特性曲线

全过程放电内阻为

$$R_{\text{idis}} = \frac{U_5 - U_4}{I_4} \tag{2-10}$$

全过程充电内阻为

$$R_{\text{icha}} = \frac{U_9 - U_8}{I_8} \tag{2-11}$$

5. 荷电保持与容量恢复能力

荷电保持率指电池按规定的方式充满电,在特定温度下存储一段时间后,以规定的方式释放的电能在初始容量中所占的百分比。

容量恢复率指进行荷电保持率试验后,蓄电池再次按规定的方式充满电,所能释放的电能在初始容量中所占的百分比。

在《电动汽车用动力蓄电池电性能要求及试验方法》(GB/T 31486—2015)的室温和高温荷电保持与容量恢复能力试验中,在室温下的存储时间为 28 天,在高温(55℃±2℃)下的存储时间为 7 天。根据上述标准,以 1 小时放电率放电电流进行放电,锂离子电池的室温及高温荷电保持率应不低于初始容量的85%、容量恢复率应不低于初始容量的90%;镍氢电池室温荷电保持率应不低于初始容量的85%、高温荷电保持率应不低于初始容量的70%、室温和高温容量恢复率应不低于初始容量的95%。

6. 荷电状态与放电深度

荷电状态(State of Charge,SOC)指电池当前剩余电量与实际容量(当前放电条件下可输出 Ah)之比。t 时刻的 SOC 定义为

$$\text{SOC}(t) = \text{SOC}_0 - \int \frac{i}{Q(i)} \text{d}t \tag{2-12}$$

式中,$Q(i)$ 为在电流 i 下的电池容量,放电时 i 为正值,充电时 i 为负值。

放电深度(Depth of Discharge,DOD)也是衡量电池剩余电量的参数,指放电容量与额定容量之比,范围为0%～100%。当电池实际容量等于额定容量,且按规定放电条件进行放电时,有

$$\text{DOD}(t) = 100\% - \text{SOC}(t) \tag{2-13}$$

7. 能量密度

能量密度又称比能量,指单位质量或单位体积电池所具有的最大能量,

单位分别为 W·h/kg 和 W·h/L，分别称为"质量能量密度"和"体积能量密度"。

目前，高端 21700 型圆柱形高镍低钴的镍钴铝酸锂离子电池的质量能量密度已达 260W·h/kg；采用高镍三元正极材料（NCM811）的量产软包电池的质量能量密度已达 288W·h/kg；磷酸铁锂离子电池的质量能量密度已达 190W·h/kg。2025 年，采用固液混合电解质的锂离子电池的质量能量密度和体积能量密度有望达到 300～400W·h/kg 和 800～1000W·h/L；锂硫电池的质量能量密度和体积能量密度有望达到 500W·h/kg 和 600W·h/L[3]。

8. 功率密度

功率密度又称比功率，指在规定的放电条件（放电深度、温度等）下，单位质量或单位体积电池所能提供的最大功率，单位分别为 W/kg 和 W/L，分别称为"质量功率密度"和"体积功率密度"。典型储能装置的能量密度和功率密度如图 2-21 所示[10]。

功率密度与电池的电化学体系、设计目标有关。例如，磷酸铁锂离子电池的功率密度一般比三元锂离子电池高，可达 5600W/kg。此外，对于电化学体系相同的电池，可以根据不同的应用需求设计为具有较高功率密度的功率型电池或具有较高能量密度的能量型电池。但是，电化学体系相同的电池的功率密度和能量密度一般是互相矛盾的指标。例如，功率型三元锂离子电池的功率密度可达 4000W/kg，但能量密度仅为 108W·h/kg；能量型三元锂离子电池的能量密度可达 288W·h/kg，但功率密度低于 1500W/kg。

2030 年，高端能量型电池的质量功率密度有望达到 1200W/kg，体积功率密度有望突破 2400W/L；功率型电池的质量功率密度有望突破 6000W/kg，体积功率密度有望突破 12000W/L[3]。

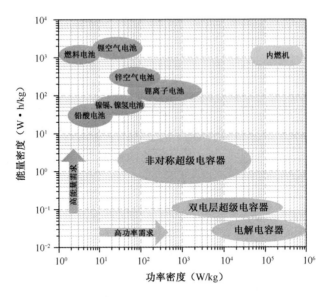

图 2-21　典型储能装置的能量密度和功率密度

9. 能量效率

电池的能量效率用于衡量电池存储和释放能量过程中的损耗特征。典型的电池充电效率、放电效率和能量效率特性曲线如图 2-22 所示。

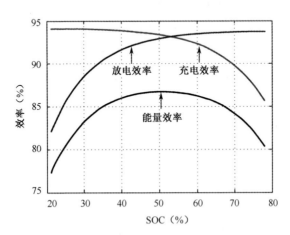

图 2-22　典型的电池充电效率、放电效率和能量效率特性曲线

能量效率定义为电池的放电能量与充电能量之比[2]，即

$$\eta = \frac{\displaystyle\int_0^{t_0} U_{\mathrm{o}}(t)I_{\mathrm{dis}}(t)\mathrm{d}t}{\displaystyle\int_0^{t_1} U_{\mathrm{o}}(t)I_{\mathrm{cha}}(t)\mathrm{d}t} \times 100\% \qquad （2\text{-}14）$$

式中，$U_{\mathrm{o}}(t)$ 为电池充放电时的实时电压；$I_{\mathrm{dis}}(t)$ 和 $I_{\mathrm{cha}}(t)$ 分别为电池放电和充电时的实时电流。

2.3.2　安全特性

如果不当使用电池，或者电池的质量、性能不符合规定，就可能导致爆炸、起火、外壳破裂、泄漏、热失控、热扩散等，并对车辆及司乘人员的安全构成威胁。因此，电池的安全特性至关重要。下面根据《电动汽车用动力蓄电池安全要求》（GB 38031—2020），对电动汽车用电池单体、电池包或系统的安全要求进行介绍。

1. 过放电安全

过放电安全包括电池单体、电池包或系统两个层面。对于满充的电池单体，按 1 小时率电流放电 90min 后，在试验环境温度下观察 1h，应不起火、不爆炸。对于电池包或系统，放电应持续进行，直至符合以下任一条件时，结束试验：①试验对象自动终止放电电流；②试验对象发出终止放电电流的信号；③当试验对象的自动中断功能未起作用，或者没有所述功能时，应继续放电，使得试验对象放电到其额定电压的 25%；④试验对象的温度稳定，温度变化在 2h 内小于 4℃。进行过放电保护试验，应无泄漏、外壳破裂、起火或爆炸现象。试验后的绝缘电阻的阻值除以电池包或系统的最大工作电压应不小于 100Ω/V。

2. 过充电安全

过充电安全包括电池单体、电池包或系统两个层面。对于电池单体，以不小于 3 小时率的电流恒流充电至充电终止电压的 1.1 倍或 115% SOC

后，在试验环境温度下观察 1h，应不起火、不爆炸；对于电池包或系统，采用电池系统厂家许可的用时最短充电策略进行充电，充电应持续进行，直至符合以下任一条件时，结束试验：①试验对象自动终止充电电流；②试验对象发出终止充电电流的信号；③当试验对象的过充电保护控制未起作用，或者没有所述功能时，应继续充电，使得试验对象温度超过电池系统制造商定义的最高工作温度加 10℃的温度值；④当充电电流未终止且试验对象温度低于最高工作温度加 10℃的温度值时，充电应持续 12h。进行过充电保护试验，应无泄漏、外壳破裂、起火或爆炸现象，且不触发异常终止条件。试验后的绝缘电阻的阻值除以电池包或系统的最大工作电压应不小于 100Ω/V。

3. 外部短路安全

外部短路安全针对电池单体，对于满充的电池单体，将正极端子和负极端子经外部短路 10min，外部线路电阻应小于 5mΩ，在试验环境温度下观察 1h，应不起火、不爆炸。

4. 过流安全

过流安全针对电池包或系统，充电时先将充电电流调整至最高正常充电电流，再将电流在 5s 内从最高正常充电电流增加至与制造商协商确定可以施加的过流水平，并继续充电。当符合以下任一条件时，结束试验：①试验对象自动终止充电电流；②试验对象发出终止充电电流的信号；③试验对象的温度稳定，温度变化在 2h 内小于 4℃。进行过流保护试验，应无泄漏、外壳破裂、起火或爆炸现象，且不触发异常终止条件。试验后的绝缘电阻的阻值除以电池包或系统的最大工作电压应不小于 100Ω/V。

5. 热稳定性

电动汽车电池单体、电池包或系统的热稳定性试验方法及要求如表 2-2 所示。

表 2-2　电动汽车电池单体、电池包或系统的热稳定性试验方法及要求

对象	类别	试验方法	要求
电池单体	加热	对于满充的锂离子电池单体，温度箱按照 5℃/min 的速率由试验环境温度升至 130℃±2℃，并保持此温度 30min 后停止加热	应不起火、不爆炸
		对于满充的镍氢电池单体，温度箱按照 5℃/min 的速率由试验环境温度升至 85℃±2℃，并保持此温度 2h 后停止加热，在试验环境温度下观察 1h	
	温度循环	对于满充的电池单体，放入温度箱中，按照规定的温度循环 5 次，在试验环境温度下观察 1h	应不起火、不爆炸
电池包或系统	湿热循环	按照 GB/T 2423.4 进行试验，最高温度是 60℃或更高温度（如果制造商要求），循环 5 次，在试验环境温度下观察 2h	应无泄漏、外壳破裂、起火或爆炸现象。试验后 30min 之内的绝缘电阻的阻值除以电池包或系统的最大工作电压应不小于 100Ω/V
	外部火烧	在规定的试验条件下，经预热、直接燃烧、间接燃烧、离开火源 4 个阶段，在试验环境温度下观察 2h 或试验对象外表温度降至 45℃以下	应不爆炸
	热扩散	在规定的试验条件下，选择电池包内靠近中心位置，或者被其他电池单体包围的电池单体，在规定位置布置温度监控点，采用针刺或加热方式触发热失控，以对热扩散乘员保护进行分析和验证	热失控引起热扩散，进而导致乘员舱发生危险之前 5min，应提供一个热事件报警信号
	温度冲击	试验对象置于（-40℃±2℃）～（-60℃±2℃）的交变温度环境中，两种极端温度的转换时间在 30min 以内。试验对象在每个极端温度环境中保持 8h，循环 5 次，在试验环境温度下观察 2h	应无泄漏、外壳破裂、起火或爆炸现象。试验后的绝缘电阻的阻值除以电池包或系统的最大工作电压应不小于 100Ω/V

续表

对象	类别	试验方法	要求
电池包或系统	过温保护	试验对象应由外部充放电设备进行连续充电和放电，室内或温度箱的温度应从0℃±10℃或更高温度（如果制造商要求）开始逐渐升高，直到达到确定的温度，然后保持在等于或高于此温度的温度。当符合以下任一条件时，结束试验：①试验对象自动终止或限制充电或放电；②试验对象发出终止或限制充电或放电的信号；③试验对象的温度稳定，温度变化在2h内小于4℃	应无泄漏、外壳破裂、起火或爆炸现象，且不触发异常终止条件，试验后的绝缘电阻的阻值除以电池包或系统的最大工作电压应不小于100Ω/V

6. 机械及环境安全

电动汽车电池单体、电池包或系统的机械及环境安全试验方法及要求如表 2-3 所示。

表 2-3　电动汽车电池单体、电池包或系统的机械及环境安全试验方法及要求

对象	类别	试验方法	要求
电池单体	挤压	对于满充的电池单体，采用规定的挤压板，垂直于电池单体极板方向施压或与电池单体在整车布局上最容易受到挤压的方向相同，以不大于2mm/s的挤压速度进行挤压，在电压达到 0V 或变形量达到 15%或挤压力达到 100kN 或 1000 倍试验对象重量后停止挤压，保持 10min，在试验环境温度下观察 1h	应不起火、不爆炸
电池包或系统	挤压	采用规定的挤压板，在汽车行驶方向（x 方向）及垂直于汽车行驶方向的水平方向（y 方向）上，以不大于 2mm/s 的挤压速度进行挤压，在挤压力达到 100kN 或挤压变形量达到挤压方向的整体尺寸的 30%时停止挤压，保持 10min，在试验环境温度下观察 2h	应不起火、不爆炸

续表

对象	类别	试验方法	要求
电池包或系统	振动	将试验对象的 SOC 调至不低于制造商规定的正常 SOC 工作范围的 50%,按照试验对象车辆安装位置和 GB/T 2423.43 的要求,按照规定的测试条件,根据 GB/T 2423.56 规定的测试过程完成试验;在试验过程中,监控试验对象内部最小监控单元的电压、温度等状态,在试验环境温度下观察 2h	应无泄漏、外壳破裂、起火或爆炸现象,且不触发异常终止条件。试验后的绝缘电阻的阻值除以电池包或系统的最大工作电压应不小于 100Ω/V
	机械冲击	对试验对象施加规定的半正弦冲击波,±z 方向各 6 次,相邻两次冲击的间隔时间以两次冲击在试验样品上造成的响应不发生相互影响为准,一般应不小于 5 倍冲击脉冲持续时间,在试验环境温度下观察 2h	应无泄漏、外壳破裂、起火或爆炸现象,试验后的绝缘电阻的阻值除以电池包或系统的最大工作电压不小于 100Ω/V
	模拟碰撞	按照试验对象车辆安装位置和 GB/T 2423.43 的要求,将试验对象水平安装在带有支架的台车上。根据试验对象的使用环境给台车施加规定的脉冲,在试验环境温度下观察 2h	应无泄漏、外壳破裂、起火或爆炸现象,试验后的绝缘电阻的阻值除以电池包或系统的最大工作电压应不小于 100Ω/V
	浸水	将通过振动试验后的电池包或系统,按照整车连接方式连接好线束、接插件等零部件,选择以下两种方式中的一种进行试验:①以实车装配方向置于质量分数为 3.5% 的氯化钠溶液中 2h;②按照 GB/T 4208—2017 中 14.2.7 所述方法和流程进行试验。水温、水位深度要符合要求。试验结束后将试验对象取出水面,在试验环境温度下静置观察 2h	按方式①应不起火、不爆炸;按方式②试验后需满足 IPX7 要求,应无泄漏、外壳破裂、起火或爆炸现象,试验后的绝缘电阻的阻值除以电池包或系统的最大工作电压应不小于 100Ω/V
	盐雾	按照 GB/T 28046.4—2011 中 5.5.2 的测试方法和 GB/T 2423.17 的测试条件进行试验,依据规定的溶液配制、循环方式进行 6 个循环	应无泄漏、外壳破裂、起火或爆炸现象,试验后的绝缘电阻的阻值除以电池包或系统的最大工作电压应不小于 100Ω/V

对象	类别	试验方法	要求
电池包或系统	高海拔	气压条件为 61.2kPa（模拟海拔高度为 4000m 的气压条件），温度为试验环境温度。搁置 5h 后，以不小于 3 小时率的电流放电至制造商规定的截止条件，在试验环境温度下观察 2h	应无泄漏、外壳破裂、起火或爆炸现象，且不触发异常终止条件。试验后的绝缘电阻的阻值除以电池包或系统的最大工作电压应不小于 100Ω/V

2.3.3 其他特性

电池的其他特性包括循环寿命特性、成本特性、环境友好性、生产友好性等，具体如下。

1. 循环寿命特性

作为电动汽车的关键部件，动力电池的使用寿命至关重要。一般用特定循环次数下的放电容量或放电容量与初始容量之比的百分数表征电池的循环寿命特性，包括标准循环寿命和工况循环寿命。

（1）标准循环寿命：以 1 小时率电流进行完全放电，至少搁置 30min，并以规定的充电方式进行完全充电，至少搁置 30min，以 1 小时率电流完全放电并记录放电容量。连续循环 500 次，如果放电容量高于初始容量的 90%，则终止实验；否则，继续循环 500 次。

《GB/T 31484—2015》要求循环次数 500 次时，放电容量不低于初始容量的 90%，或者循环次数 1000 次时，放电容量不低于初始容量的 80%。

（2）工况循环寿命：针对混合动力乘用车用功率型电池、混合动力商用车用功率型电池、纯电动乘用车用能量型电池、纯电动商用车用能量型电池、插电式和增程式电动汽车电池，分别进行特定的工况循环测试，当总放电能量与电池初始能量的比值达到 500:1 时，计量放电容量。

2. 成本特性

作为最昂贵的部件之一,低成本电池系统对电动汽车的大规模市场推广至关重要。在电池系统中,电芯成本约占总成本的一半,是降低总成本的关键突破口。

随着锂离子电池技术的逐步成熟和产能的稳步提升,其成本呈现逐步下降的趋势。2010 年,锂离子电池系统成本约为 3 元/(W·h);目前,其成本降至 1 元/(W·h),并有望于 2025 年降至 0.45 元/(W·h)、于 2030 年降至 0.40 元/(W·h)、于 2035 年降至 0.35 元/(W·h)[3]。

3. 环境友好性

作为大批量生产的工业产品,电池及其关键材料在生产制造、使用及循环利用过程中的环境友好性至关重要。

在生产制造阶段,由于铅酸电池、镍镉电池等电池的材料中富含铅、镉重金属,污染性较强。在锂离子电池中,正极材料中的钴、锰、镍重金属会使环境 pH 值升高;碳及石墨等负极材料在生产过程中易造成粉尘污染;$LiPF_6$、$LiBF_4$、$LiClO_4$、$LiAsF_6$ 等电解质的生产易造成氟污染和有毒气体污染;碳酸乙烯酯 EC、碳酸丙烯酯 PC、甲基乙基碳酸酯 EMC 等电解质溶剂易产生醛、有机酸、醇等有机物污染。但总体而言,与其他电池相比,锂离子电池的污染性较弱。

在使用过程中,铅酸电池会释放少量硫化氢、砷氢化物和锑氢化物,并带出气体酸雾,造成一定的环境污染。锂离子电池、镍氢电池在使用过程中基本无污染。

在循环利用阶段,主要涉及有价金属浸出、分离富集、萃取分离及有机电解质无害化处理等。目前,退役动力电池的回收通常包括湿法回收和火法回收两大技术路线。

湿法回收是我国动力电池循环利用的主流技术,主要包括预处理(放电、破碎、分选、正极活性物质材料与集流体分离）、浸出、净化分离和材料再生制备等步骤。对于磷酸铁锂离子电池，其回收后主要形成磷酸锂和磷酸铁，与三元锂离子电池相比，其回收价值较低，已成为制约磷酸铁锂离子电池发展的关键因素[3]。

欧洲主要采用火法回收技术，其工作原理为：将电池直接放入1200～1500℃的熔炼炉中进行高温冶炼，实现隔膜、电解液、黏结剂及负极石墨等有机物的燃烧脱除，并充分利用铝和有机材料的还原性与蕴含能量，实现有机物的集中无害化处理[3]。

4. 生产友好性

在电池的生产过程中，除了要确保对人员、环境无害，还要确保生产工艺易于大规模批量制造、一致性好、成品率高，将这些要求统称为生产友好性。

目前，国外主流动力电池企业拥有较好的自动化生产技术、工艺装备和质量控制水平，特别是智能化无人制造技术为制造具有较高一致性的动力电池提供了保障。目前，国内动力电池企业的生产多处于单机自动化和局部信息连接阶段，工序能力（CP指数）为1.33～1.67，产品直通率为92%～94%，材料利用率约为92%[3]。

目前，我国动力电池低端材料设备已全部实现国产化，但隔膜设备、正极材料设备、负极材料设备等核心高端设备仍依赖进口。现有涂布速度已突破120m/min，卷绕线速度突破3m/s，叠片效率突破600PPM，已实现制浆、涂布、辊压、分条集成一体化，以及激光模切卷绕、激光模切叠片、组装过程一体化[3]。

未来新型工艺装备主要包括预锂化设备、干法制片设备、极片隔膜复合设备、智能化成形设备。此外，在动力电池智能制造方面，核心目标是利用工业互联网平台，基于大数据、云计算和人工智能技术，提升动力电池制造质量、安全性和效率[3]。

2.4　超级电容器特性

2.4.1　基本电学特性

1. 电压特性

超级电容器的基本电压特性是额定电压和绝对最大工作电压。

（1）额定电压：又称标称电压，指设计超级电容器时所规定的最高工作电压，通常由电解质的分解电压决定，典型的额定电压为 2.7V、3.0V 等。

（2）绝对最大工作电压：超级电容器可短时、非重复承受的最高电压。所能承受的时间由制造商提供，通常略高于额定电压。

与电池不同，超级电容器一般可以放电至 0V。额定电压为 2.7V、额定容量为 1F 的超级电容器，分别以 0.03A、0.10A、0.20A 和 0.30A 电流恒流放电，得到超级电容器恒流放电时间—电压特性曲线，如图 2-23 所示。从图 2-23 中可以看出，超级电容器恒流放电时，输出电压随时间线性下降。该超级电容器以 0.05W、0.10W、0.30W 和 0.50W 功率恒功率放电，得到超级电容器恒功率放电时间—电压特性曲线，如图 2-24 所示。

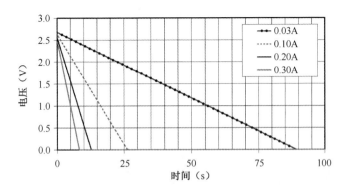

图 2-23　超级电容器恒流放电时间—电压特性曲线

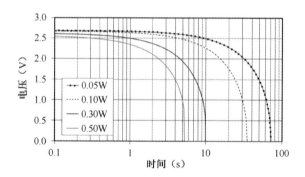

图 2-24　超级电容器恒功率放电时间—电压特性曲线

2. 容量特性

（1）额定容量：指设计超级电容器时所规定的容量。目前，超级电容器单体的容量为数法拉至数千法拉。

（2）频率—容量特性：超级电容器的时间常数远大于电解电容器，通常为 1s 左右。因此，当超级电容器在高频纹波电流下工作时，可能出现异常发热。某额定容量为 350F、额定电压为 2.7V、等效串联电阻的阻值为 3.2mΩ 的超级电容器的频率—容量特性曲线如图 2-25 所示。

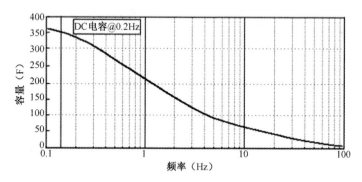

图 2-25　超级电容器的频率—容量特性曲线

（3）工作时间—容量特性：如果超级电容器长期工作在高温下，其有效容量会衰减。影响容量衰减速度的关键因素为温度和工作电压。温度越高，容量衰减越快，通常温度每升高 10℃，容量衰减速度会提高一倍；电压越高，容量衰减越快。某超级电容器在 65℃ 最高工作温度下工作，工作电压为 2.5V 和 2.7V，其工作时间—容量特性曲线如图 2-26 所示。R_C 为有效容量在额定容量中所占的百分比。

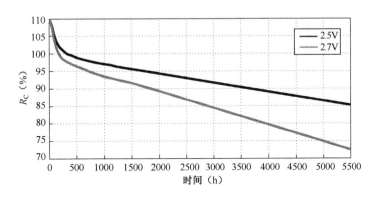

图 2-26　超级电容器的工作时间—容量特性曲线

在不间断电源（Uninterrupted Power Supply，UPS）等应用场景下，超级电容器通常需要长期处于带压工作状态，必须结合实际工作温度，评估其容量变化状态。

（4）循环次数—容量特性：通常超级电容器的循环寿命远长于锂离子电池。在室温下，某超级电容器分别从 2.5V 和 2.7V 以连续电流放电至 1.35V，再静置 15s，以此为一个循环周期，进行连续测试得到超级电容器的循环次数—容量特性曲线如图 2-27 所示。可见，从 2.7V 开始放电，在一百万次循环时，超级电容器的容量才降至额定容量的 80%。

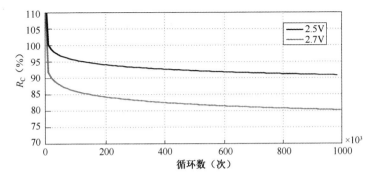

图 2-27　超级电容器的循环次数—容量特性曲线

3. ESR 特性

（1）等效串联电阻（Equivalent Series Resistance，ESR）：超级电容器并非理想无损耗装置，集流体、电极、隔膜和电解质均存在一定的电阻，当电流通过时，部分能量会转化为热能损失。因此，超级电容器可以等效为理想电容器和电阻的串联，该串联电阻即等效串联电阻。超级电容器等效串联电阻的阻值通常为数毫欧至数十毫欧，容量越大则等效串联电阻的阻值越小。

（2）频率—ESR 特性：ESR 不是定值，其取决于施加在超级电容器上的电流频率，且随频率升高而减小。超级电容器的频率—ESR 特性曲线如图 2-28 所示。

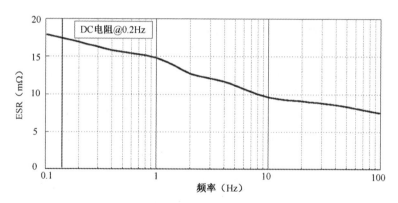

图 2-28　超级电容器的频率—ESR 特性曲线

（3）工作时间—ESR 特性：如果超级电容器长期带压工作，其 ESR 会随工作时间的推移而增大。影响 ESR 增大速度的关键因素为工作电压。某超级电容器在 65℃ 最高工作温度下工作，工作电压为 2.5V 和 2.7V，其工作时间—ESR 特性曲线如图 2-29 所示。R_E 为实时 ESR 在初始 ESR 中所占的百分比。

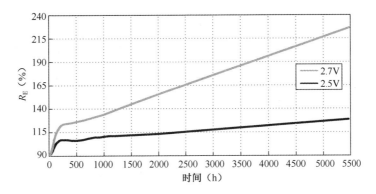

图 2-29　超级电容器的工作时间—ESR 特性曲线

4. 电流特性

（1）峰值放电电流：指超级电容器短时间内可提供的最大电流。通常定义为在 1s 内，可将超级电容器电压从额定电压降至额定电压一半的最大电流，即

$$I_{peak} = \frac{0.5U_R}{\dfrac{\Delta t}{C_R} + ESR_M} \tag{2-15}$$

式中，U_R 为额定电压；C_R 为额定容量；ESR_M 为最大 ESR；Δt 为放电时间，通常定义 $\Delta t = 1s$。例如，当 $U_R = 3.0V$、$C_R = 50F$、$ESR_M = 16m\Omega$ 时，$I_{peak} = 41.67A$。

（2）最大连续放电电流：指在容许的温升范围内，超级电容器可提供的连续放电电流，即

$$I_{max} = \sqrt{\frac{\Delta T}{R_{th}ESR_M}} \tag{2-16}$$

式中，ΔT 为容许的最大温升；R_{th} 为热阻（单位为°C/W）。例如，当 $\Delta T = 15°C$、$R_{th} = 22.89°C/W$ 时，$I_{max} = 6.4A$。

（3）漏电流：当为超级电容器施加特定的直流工作电压时，随着时间推移而逐渐变小的充电电流将最终稳定在某值，将该终值电流称为漏电流。

漏电流对温度变化非常敏感，随着温度的升高，超级电容器的漏电流将急剧增大。此外，通常容量越大，漏电流越大，范围为数十微安至数毫安。

典型的漏电流测试方法为：在 25℃ 下，对超级电容器施加额定电压，72h 后的充电电流即漏电流。

5. 功率密度和能量密度

超级电容器的功率密度和能量密度定义与电池相同。由图 2-21 可知，超级电容器的功率密度远高于电池，但其能量密度通常不超过 10W·h/kg。

2.4.2　采用不同电流恒流放电对超级电容器放电能量的影响

本节通过实验揭示在恒温条件下采用不同电流恒流放电对超级电容器（BMOD0165 P048）放电能量的影响，具体实验流程如下。

（1）将恒温箱温度设为-15℃。

（2）将超级电容器置于恒温箱中并静置 1h。

（3）将超级电容器以恒流恒压充电至 30V 后静置 1h。

（4）分别采用不同电流对超级电容器恒流放电至 2V，并记录电压、放电能量等数据。

（5）将恒温箱温度分别设为 20℃ 和 50℃，重复步骤（2）至步骤（4）。

在-15℃下，超级电容器分别采用 1A 和 6A 电流恒流放电的实验结果如图 2-30 所示。在超级电容器从 30V 放电至 2V 的过程中，采用 1A 电流时的恒流放电能量达到 18.189W·h，采用 6A 电流时的恒流放电能量达到 18.225W·h。

在 20℃下，超级电容器分别采用 1A 和 6A 电流恒流放电的实验结果如图 2-31 所示。在超级电容器从 30V 放电至 2V 的过程中，采用 1A 电流时的恒流放电能量达到 18.207W·h，采用 6A 电流时的恒流放电能量达到 18.264W·h。

　　在 50℃下，超级电容器分别采用 1A 和 6A 电流恒流放电的实验结果如图 2-32 所示。在超级电容器从 30V 放电至 2V 的过程中，采用 1A 电流时的恒流放电能量达到 18.190W·h，采用 6A 电流时的恒流放电能量达到 18.105W·h。

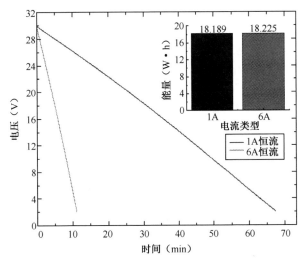

图 2-30　在-15℃下，超级电容器分别采用 1A 和 6A 电流恒流放电的实验结果

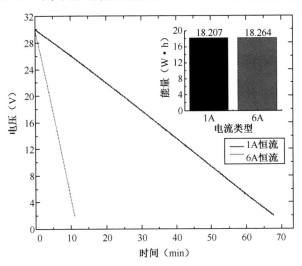

图 2-31　在 20℃下，超级电容器分别采用 1A 和 6A 电流恒流放电的实验结果

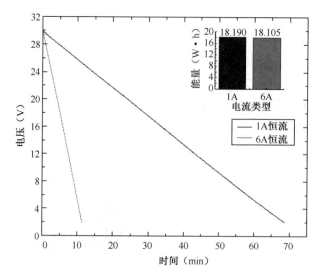

图 2-32　在 50℃下，超级电容器分别采用 1A 和 6A 电流恒流放电的实验结果

采用不同电流恒流放电对超级电容器放电能量的影响如表 2-4 所示。

表 2-4　采用不同电流恒流放电对超级电容器放电能量的影响

温度	放电能量（W·h）		偏差（%）
	1A 恒流	6A 恒流	
−15℃	18.189	18.225	0.20%
20℃	18.207	18.264	0.31%
50℃	18.190	18.105	−0.47%

由表 2-4 可知，在 3 种温度下，采用不同电流恒流放电时，超级电容器放电能量偏差在 ±0.5% 以内，且不同温度下的放电能量偏差较小。

2.4.3　恒流放电、阶跃电流放电对超级电容器放电能量的影响

本节通过实验揭示在恒温条件下恒流放电、阶跃电流放电对超级电容器放电能量的影响，具体实验流程如下。

（1）将恒温箱温度设为 30℃。

（2）将超级电容器置于恒温箱中并静置 1h。

（3）将超级电容器以恒流恒压充电至 30V 后静置 1h。

（4）超级电容器分别采用 3A 电流恒流放电、6A 阶跃电流（周期为 2s，占空比为 50%）放电至 2V，并记录电压、放电能量等数据。

（5）将恒温箱温度设为 50℃，重复步骤（2）至步骤（4）。

在 30℃下，超级电容器分别采用 3A 电流恒流放电和 6A 阶跃电流（周期为 2s，占空比为 50%）放电的实验结果如图 2-33 所示。在超级电容器从 30V 放电至 2V 的过程中，采用 3A 电流恒流放电的放电能量达到 17.880W·h，采用 6A 阶跃电流放电的放电能量达到 17.740W·h。

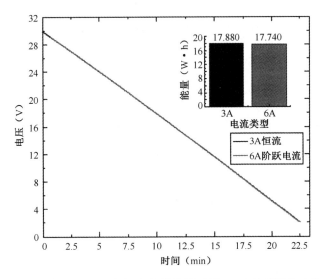

图 2-33　在 30℃下，超级电容器分别采用 3A 电流恒流放电和
6A 阶跃电流放电的实验结果

在 50℃下，超级电容器分别采用 3A 电流恒流放电和 6A 阶跃电流（周期为 2s，占空比为 50%）放电的实验结果如图 2-34 所示。在超级电容器从 30V 放电至 2V 的过程中，采用 3A 电流恒流放电的放电能量达到

18.202W·h，采用 6A 阶跃电流放电的放电能量达到 18.215W·h。

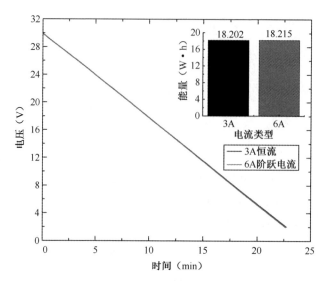

图 2-34　在 50℃下，超级电容器分别采用 3A 电流恒流放电和

6A 阶跃电流放电的实验结果

恒流放电、阶跃电流放电对超级电容器放电能量的影响如表 2-5 所示。

表 2-5　恒流放电、阶跃电流放电对超级电容器放电能量的影响

温度	放电能量（W·h）		偏差（%）
	3A 恒流	6A 阶跃电流	
30℃	17.880	17.740	-0.78%
50℃	18.202	18.215	0.07%

由表 2-5 可知，在两种温度下，采用 3A 电流恒流放电和 6A 阶跃电流放电时，超级电容器放电能量偏差在 ±1.0% 以内。

由上述实验可知，在不同温度下，采用不同电流恒流放电、恒流放电和阶跃电流放电对超级电容器的放电能量影响均在 ±1.0% 以内，体现了超级电容器稳定的工作特性。

2.5 本章小结

本章对机械储能装置、电化学储能装置和电磁储能装置的工作原理进行了分析；从电池单体、电池模块、电池包与电池系统的层面介绍了电池的结构；从超级电容器单体、模组与系统的层面介绍了超级电容器的结构；从电压特性、容量特性、能量特性、内阻特性、荷电保持与容量恢复能力、荷电状态与放电深度、能量密度、功率密度、能量效率等方面分析了电池的电学特性；从过放电安全、过充电安全、外部短路安全、过流安全、热稳定性、机械及环境安全等方面分析了电池的安全特性；从循环寿命特性、成本特性、环境友好性和生产友好性等方面分析了电池的其他特性；从电压特性、容量特性、ESR 特性、电流特性、功率密度和能量密度等方面分析了超级电容器的基本电学特性。此外，通过实验分析了在不同温度下采用不同电流恒流放电对超级电容器放电能量的影响，恒流放电、阶跃电流放电对超级电容器放电能量的影响。

参 考 文 献

[1] Ehsani M, Gao Y, Emadi A. Modern Electric, Hybrid Electric, and Fuel Cell Vehicles: Fundamentals, Theory, and Design[M]. Boca Raton: CRC press, 2017.

[2] 王震坡, 孙逢春, 刘鹏. 电动车辆动力电池系统及应用技术(第二版)[M]. 北京：机械工业出版社, 2017.

[3] 中国汽车工程学会. 节能与新能源汽车技术路线图 2.0[M]. 北京：机械

工业出版社, 2021.

[4]   贾志军, 宋士强, 王保国. 液流电池储能技术研究现状与展望[J]. 储能科学与技术, 2012, 1(1):50-57.

[5]   谢聪鑫, 郑琼, 李先锋, 等. 液流电池技术的最新进展[J]. 储能科学与技术, 2017, 6(5):1050-1057.

[6]   Lin M C, Gong M, Lu B, et al. An Ultrafast Rechargeable Aluminium-Ion Battery[J]. Nature, 2015, 520(7547):324-328.

[7]   Xia H, Zhu X, Liu J, et al. A Monoclinic Polymorph of Sodium Birnessite for Ultrafast and Ultrastable Sodium Ion Storage[J]. Nature Communications, 2018, 9(1).

[8]   佩塔尔·格尔波维奇. 超级电容器在功率变换系统中的应用、分析与设计——从理论到实际[M]. 北京：机械工业出版社, 2017.

[9]   郭文勇, 张京业, 张志丰, 等. 超导储能系统的研究现状及应用前景[J]. 科技导报, 2016, 34(23):68-80.

[10]   Shao Y, El-Kady M F, Sun J, et al. Design and Mechanisms of Asymmetric Supercapacitors[J]. Chemical Reviews, 2018, 118(18):9233-9280.

[11]   郝静怡, 王习文. 超级电容器隔膜纸的特性和发展趋势[J]. 中国造纸, 2014, 33(11):62-65.

第3章

电池管理系统

3.1 概述

3.1.1 动力电池系统是电动汽车的核心部件

动力电池系统是电动汽车的核心部件，主要体现在成本、技术和安全3个方面。

（1）在成本方面，动力电池系统成本占整车成本的 42%，是整车中成本最高的部件。

（2）在技术方面，动力电池在能量密度、循环次数、充电速率、安全性等方面仍是影响电动汽车接受度的主要技术瓶颈。

（3）在安全方面，动力电池问题引发的故障是出现电动汽车安全事故的主要原因。

纯电动汽车整车成本占比及 2019 年年底全国电动汽车安全事故情况分析如图 3-1 所示。

动力电池系统是集化学、机械和电气特性于一体的复杂系统，主要包含由多个单体先并联再串联形成的动力电池组、BMS、结构件（含箱体、汇流条、密封垫等）、高压线束、高压配电盒、连接器、维修开关、热管理组件(含水冷板、风扇及加热板)等。动力电池系统结构如图 3-2 所示。

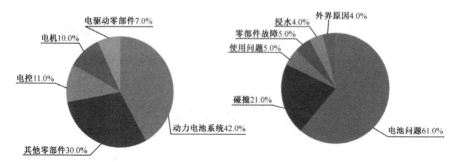

（a）纯电动汽车整车成本占比　　　（b）2019 年年底全国电动汽车安全事故情况分析

图 3-1　纯电动汽车整车成本占比及 2019 年年底全国电动汽车安全事故情况分析

动力电池系统涉及电池技术、成组技术及 BMS 技术。电池技术是动力电池系统的"基因"，从根本上决定了动力电池系统的基础性能；成组技术是动力电池系统的"体格"，决定了动力电池系统的可靠性；BMS 技术是动力电池系统的"大脑"，决定了动力电池系统的状态监测精度、故障预警可靠性。动力电池系统应能适应高温、高湿、振动等恶劣工作环境，要确保动力电池系统长期安全、可靠、耐用，必须在设计阶段定义好如何对其进行使用和维护。因此，在开发动力电池系统时，应定义和控制全生命周期，从产品设计、产品实现及产品维护 3 个方面综合考虑，以保障动力电池系统各方面性能。动力电池系统在技术和工程层面的两个"铁三角"如图 3-3 所示[1][2]。

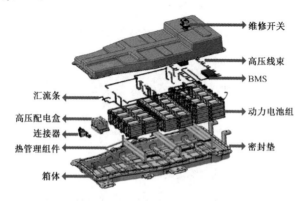

图 3-2　动力电池系统结构

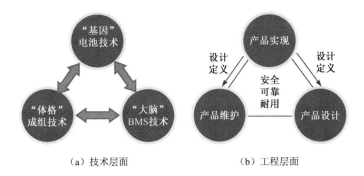

（a）技术层面　　　　　　　　　（b）工程层面

图 3-3　动力电池系统在技术和工程层面的两个"铁三角"

3.1.2　BMS 是动力电池系统的核心零部件

BMS 技术是动力电池系统的"大脑"，其核心地位体现在以下 4 个方面。

（1）在成本方面，BMS 占动力电池系统成本的 12%左右，是除动力电池组之外成本最高的零部件。

（2）在功能方面，由于动力电池组普遍采用"先并联再串联"的成组方式，动力电池系统由数千个电池单体、数十个电池模块（多个单体并联）构成，每个电池模块的电压都需要由 BMS 进行监控及均衡管理；动力电池的复杂放电倍率—容量特性、温度—容量特性、容量—功率特性、充放电特性、过充过放特性、安全特性需要 BMS 完成 SOC、SOH、SOP 估算，以及热管理、故障诊断等任务；BMS 负责实现与充电桩、充电枪之间的充电控制导引功能；BMS 负责电池历史信息的存储、整车的配电管理及与其他控制器的通信交互。

（3）在安全方面，BMS 担负着动力电池系统过流过压保护、过温保护、过充过放保护、绝缘电阻检测、故障分析处理等与安全息息相关的功能，其可靠性直接决定动力电池系统的安全性。

（4）在技术方面，电池单体一致性演化规律与抑制恶化策略、动力电池系统的建模理论与状态估计方法、电池单体及电池系统故障诊断理论算法及故障处理机制等，仍然需要进一步研究。

3.2 BMS 功能

BMS 是一个为管理电池而设计的电子控制系统，其核心功能是根据车辆运行工况对动力电池的各项状态进行检测和控制，从而在保证电池安全的前提下最大限度地利用电池存储的能量。此外，BMS 还应具有充放电管理和信息管理等辅助功能。BMS 功能如图 3-4 所示。

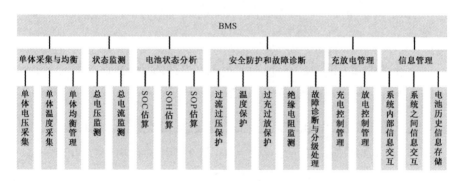

图 3-4　BMS 功能

3.2.1　单体采集与均衡

单体采集与均衡主要包括单体电压采集、单体温度采集、单体均衡管理功能。

1. 单体电压采集

单体电压采集指对电池模块的电压进行采集，以获取所有电池模块的实时工作电压。单体电压最能直接体现电池的状态，通过单体电压采集可以判断电池单体是否过充、过放，同时可以根据单体电压估算电池模块的 SOC；通过监控所有单体电压，可以判断单体的一致性，进而为动力电池系统的 SOH 估算提供依据。

通常要求电压的测量范围为 0～5V，测量周期不超过 50ms。对于锂离子动力电池，电池模块电压检测精度应满足±0.5%FS（Full Scale），且最大误差的绝对值应不大于 10mV；对于镍氢动力电池，电池模块电压检测精度应满足±1.0%FS。

2. 单体温度采集

单体温度采集的目的是防止电池温度过高引发安全事故，并在充电或放电时，通过热管理系统将动力电池组加热或冷却至最佳温度，以便提升动力电池系统的使用效能。一般通过在动力电池组内选择几个具有代表性的位置安装温度传感器，根据热模型实现对整个动力电池系统温度的估算。同时，还应具有传感器断线和短路故障检测能力。

通常要求温度采集范围为-40～125℃，采集周期不超过 1s。对于锂离子动力电池，在-20～65℃，温度检测误差应不超过±2℃；在-40～20℃及 65～125℃，温度检测误差应不超过±3℃。

对于镍氢动力电池，在-20～65℃，温度检测误差应不超过±3℃；在-40～20℃及 65～125℃，温度检测误差应不超过±5℃。

3. 单体均衡管理

由于受生产工艺不稳定等"先天"因素或使用环境不一致等"后天"因素的影响，动力电池组内各电池模块的电压存在一定的差别。单体均衡管理指采取一定的措施尽可能减小电池模块电压不一致的负面影响，以达到优化动力电池组整体放电效能、延长寿命的效果。单体均衡管理可以通过被动均衡控制技术和主动均衡控制技术实现。

3.2.2 状态监测

1. 总电压监测

总电压监测指对动力电池系统的输出电压（直流母线电压）进行监测，为动力电池状态分析、故障诊断或仪表显示提供数据。此外，根据控制策略需要，部分 BMS 还需要采集动力电池系统内部电压。

通常要求总电压监测的采样周期不超过 10ms，精度应满足 ±1.0%FS。

2. 总电流监测

总电流监测指对动力电池系统的输出电流或输入电流（直流母线电流）进行监测，为动力电池状态分析、故障诊断或仪表显示提供数据，通常规定充电电流为负值、放电电流为正值。

通常要求总电流监测的采样周期不超过 10ms。对于锂离子动力电池，总电流监测精度应满足 ±2.0%FS；对于镍氢动力电池，总电流监测精度应满足 ±3.0%FS。

3.2.3 电池状态分析

1. SOC 估算

SOC 是动力电池系统的核心参数，是整车控制系统评估动力电池系统电量的唯一依据。在工程上，通常根据动力电池系统的初始 SOC，考虑 SOC-OCV（OCV 指 Open Circuit Voltage，表示开路电压）特性曲线，结合温度、单体电压、总电压、总电流等实时数据，按照相应的算法对 SOC 累积误差进行修正，并对 SOC 的变化进行平滑处理，以实现 SOC 估算。在不同温度条件下，三元锂离子动力电池的 SOC-OCV 特性曲线如图 3-5 所示。在工程上，通常根据该曲线，通过插值获得动力电池的单体"温度—OCV-SOC"特性，并将其预置在 BMS 主控单元中。当车辆启动或充电启动时，BMS 主控单元根据实时温度和 OCV 确定当前初始 SOC，然后通过对充放电功率进行积分，获取动力电池系统的实时 SOC。

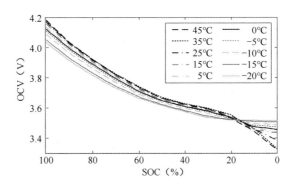

图 3-5　在不同温度条件下，三元锂离子动力电池的 SOC-OCV 特性曲线

对于纯电动汽车、插电式混合动力汽车或增程式电动汽车，SOC 估算的累积误差应不大于 5.0%；对于混合动力汽车，锂离子动力电池 SOC 估算的累积误差应不大于 15.0%，镍氢动力电池 SOC 估算的累积误差应不大于 20.0%。

2. SOH 估算

根据电池当前状态和电池初始参数，SOH 估算利用电池充电和放电过程的电量数据，在满足设定条件的情况下估算电池实际容量与初始容量之比。此外，SOH 需要体现累积充放电容量和电芯内阻变化对电池寿命的影响。

3. SOP 估算

SOP 估算又称功率限值估算。SOP 估算根据电池实际状态，实时告知整车控制系统当前可用持续充放电功率及峰值充放电功率。在工程上，一般根据动力电池特性及相关实验数据，分别获取温度—SOC—最大放电电流特性和温度—SOC—最大充电电流特性。在汽车运行时，BMS 主控单元根据实时温度和 SOC，通过插值获取当前动力电池系统的最大放电电流或最大充电电流。温度—SOC—最大放电电流特性和温度—SOC—最大充电电流特性分别如图 3-6 和图 3-7 所示。

通常功率限值估算误差绝对值应不超过±5.0%。

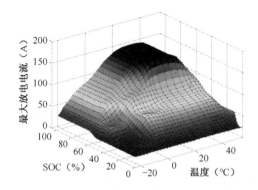

图 3-6　温度—SOC—最大放电电流特性

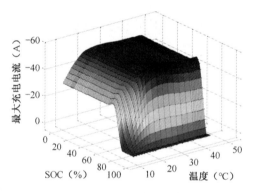

图 3-7　温度—SOC—最大充电电流特性

3.2.4　安全防护和故障诊断

作为化学储能装置，动力电池的特性与充放电电流、电压、温度等因素密切相关。过充、过放、过温等情况可能导致电池的使用效能降低、电池损坏甚至引发安全事故，危及司乘人员安全。动力电池的安全失效及防护机制如图 3-8 所示。从图 3-8 中可以看出，虽然为了防止动力电池出现过温、低温、过流、过放等情况，整个动力电池系统构建了 BMS、电流切断装置（Current Interrupt Device，CID）、熔断器、泄压阀多重防护机制，但是后三者均位于电池单体或电池组内，一旦运作，会对动力电池系统造成不可逆损害。只有 BMS 能对故障进行预警，并执行相关安全防护策略。因此，BMS 需要具备以下 4 个方面的安全防护和故障诊断功能。

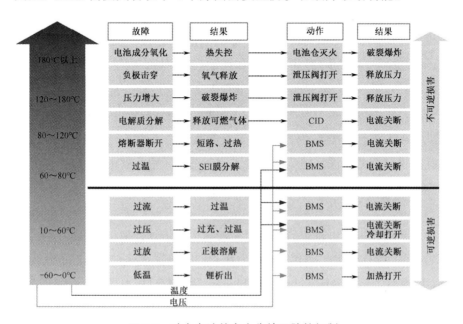

图 3-8　动力电池的安全失效及防护机制

1. 过流过压保护

过流保护指在充放电过程中，如果工作电流超过安全值，则应采取相应的安全保护措施。大多数动力电池都支持短时间的过载放电，以便在汽车起步、提速过程中提供较大的电流，以满足动力性能要求，但不同厂家、不同类型的动力电池所支持的过载电流倍率、过载持续时间不同，且与动力电池的 SOC 和温度等因素密切相关。作为电压源，动力电池系统很难主动对其输出电流进行限制。工程中一般通过当前的 SOP 判断是否发生过流。如果发生过流，则通过总线向整车控制器发送过流报警，以根据相应的控制策略对整车进行降额处理。

动力电池对充电或放电时的电压极为敏感，如果高于其充电截止电压或低于其放电截止电压，则可能对电池造成永久性损害。因此，BMS 需要实时监测动力电池系统的总电压及单体电压，一旦超过限值，则执行相应的保护及故障分级处理机制。

2. 温度保护

一方面，动力电池的特性与温度密切相关，应根据动力电池的温度特性，通过加热、冷却等方式使其工作在适宜的温度，以使电池的效能最大化；另一方面，动力电池在充放电过程中会产生热量，热量累积将导致温度升高，进而影响动力电池的效能。因此，当温度高于限值时，BMS 应对动力电池进行保护。此外，由于温度的变化需要经过一个过程，温度控制往往也具有滞后性，因此温度保护通常需要预留足够的提前量。

3. 过充过放保护

过充指使用超出特定值的电压对动力电池进行充电；过放指当动力电池电压降至指定值时，继续放电。电化学储能装置普遍对过充过放较为敏感，以锂离子电池为例，过充会引起正极活性物质的结构发生不可逆变化及电解液分解，产生大量气体和热量，使电池温度和内部压力升高，存在爆炸、燃烧等隐患；过放会使电池正、负极活性物质的可逆性被破坏，电解液分解，内阻增大，进而造成容量减小。因此，BMS 需要时刻监测充放电情况，以便在过充过放时发出保护信号，避免损害电池。

4. 绝缘电阻监测

通常电动汽车动力系统直流母线的正极与负极均与车身完全绝缘，但是电机控制器与驱动电机、车载充电机、DC/DC 变换器等高压电器在振动、酸碱气体腐蚀、温度及湿度变化的影响下，可能导致绝缘材料老化甚至破损，使设备绝缘强度降低，进而危及司乘人员安全。因此，对直流母线的正极、负极与车身之间的绝缘电阻进行实时监测，是保障电动汽车安全性的基本要求之一。

《电动汽车安全要求》（GB 18384—2020）规定：车辆应有绝缘电阻监测功能。在车辆 B 级电压（直流 60V<U≤1500V，交流 30V<U≤1000V）电路接通且未与外部电源传导连接时，绝缘电阻监测装置能够持续或者间歇地检测车辆的绝缘电阻值，当该绝缘电阻值小于制造商规定的阈值时，应通过一个明显的信号装置提醒驾驶员，并且要求在最大工作电压下，直流电路绝缘电阻值除以电池包或系统的最大工作电压不小于 100Ω/V，交流电路应不小于 500Ω/V。

《电动汽车用动力蓄电池安全要求》（GB 38031—2020）要求：电池包或系统在所有测试前和部分试验后需进行绝缘电阻测试。测试位置为：两个端子和电平台（与整车连接的可导电外壳）之间。要求测得的绝缘电阻值除以电池包或系统的最大工作电压不小于 100Ω/V。

《电动汽车用电池管理系统技术条件》（GB/T 38661—2020）指出：具有绝缘电阻值检测功能的电池管理系统，电池总电压（标称）400V（含）以上，绝缘电阻检测相对误差应为-20.0%～20.0%；电池总电压（标称）400V（含）以下，绝缘电阻检测相对误差应为-30.0%～30.0%。当绝缘电阻小于或等于 50kΩ 时，检测精度应满足±10kΩ。

5. 故障诊断与分级处理

故障诊断与分级处理如图 3-9 所示。根据故障发生的位置和环节，故障诊断通常涵盖采集单元故障、主控单元故障、电池参数故障、充放电故障、通信故障、接触器故障、电气绝缘故障、热管理故障、电池状态故障等；依据故障的类型和严重程度，可以将故障划分为一级（轻微）、二级（中等）、三级（严重），并结合故障发生时间进行过滤，以判定是解除故障还是汇总上报故障；如果故障被上报，整车控制系统会根据相应的故障处理机制进行故障处理。

根据《电动汽车用电池管理系统技术条件》（GB/T 38661—2020），电池系统故障诊断基本项目和可扩展的故障诊断项目如表 3-1 所示。

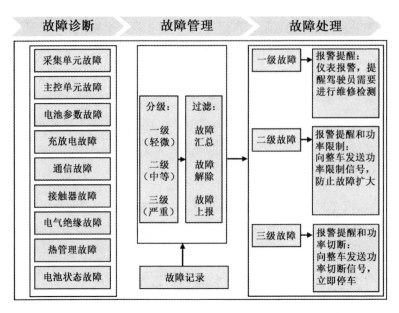

图 3-9　故障诊断与分级处理

表 3-1　电池系统故障诊断基本项目和可扩展的故障诊断项目

序号	故障状态	诊断项目	类别
1	电池温度大于设定值	电池温度高	故障诊断基本项目
2	单体（电芯组）电压大于设定值	单体（电芯组）电压高	故障诊断基本项目
3	单体（电芯组）电压小于设定值	单体（电芯组）电压低	故障诊断基本项目
4	单体（电芯组）一致性偏差大于设定条件	单体（电芯组）一致性偏差大	故障诊断基本项目
5	充电电流（功率）大于设定值	充电电流（功率）大	故障诊断基本项目
6	放电电流（功率）大于设定值	放电电流（功率）大	故障诊断基本项目
7	绝缘电阻的阻值小于设定值	绝缘薄弱	可扩展的故障诊断项目

续表

序号	故障状态	诊断项目	类别
8	电池温度小于设定值	电池温度低	可扩展的故障诊断项目
9	SOC 值大于设定值	SOC 高	可扩展的故障诊断项目
10	SOC 值小于设定值	SOC 低	可扩展的故障诊断项目
11	SOC 值发生不连续变化	SOC 跳变	可扩展的故障诊断项目
12	总电压小于设定值	总电压低	可扩展的故障诊断项目
13	总电压大于设定值	总电压高	可扩展的故障诊断项目
14	外部通信异常	外部通信故障	可扩展的故障诊断项目
15	内部通信异常	内部通信故障	可扩展的故障诊断项目
16	内部温差大于设定值	电池系统温差大	可扩展的故障诊断项目
17	高压回路异常	高压互锁故障	可扩展的故障诊断项目

　　为了确保 BMS 能可靠工作和便于维修，实际的 BMS 故障诊断项目还包括继电器粘连故障、高压互锁故障、预充电故障、低压电源故障、维修开关故障、快充互锁故障等数百个项目。

　　此外，《电动汽车用电池管理系统功能安全要求及试验方法》（GB/T 39086—2020）从防止电池单体过充电导致热失控、防止电池单体过放电后再充电导致热失控、防止电池单体过温导致热失控、防止动力蓄电池系统过流导致热失控 4 个方面对功能安全要求进行了规定。

3.2.5 充放电管理

1. 充电控制管理

充电控制管理包括以下子功能。

（1）充电控制导引：包括与交流充电桩、非车载充电机、充电用连接装置之间的连接确认与电子锁、充电连接装置载流能力和供电设备供电功率的识别、充电过程的监测、充电系统的停止等。《电动汽车传导充电系统 第 1 部分：通用要求》（GB/T 18487.1—2015）对上述过程进行了规定。

（2）与非车载充电桩之间的连接与通信管理：包括低压辅助上电及充电握手阶段、充电参数配置阶段、充电阶段、充电结束阶段的连接与通信管理。《电动汽车非车载传导式充电机与电池管理系统之间的通信协议》（GB/T 27930—2015）对上述过程进行了规定。

（3）充电过程的优化管理：在充电过程中，根据系统状态对充电电压、充电电流等参数进行实时优化控制，以实现对充电时长、充电效率、电池寿命等参数的优化。

（4）制动能量回馈管理：在车辆行驶过程中，根据电池温度、SOC 等参数确定动力电池系统是否允许制动能量回馈及允许的最大回馈功率，并将结果通过总线发送至整车控制器。

2. 放电控制管理

放电控制管理包括以下子功能。

（1）高压配电管理：根据预定的控制逻辑，对高压配电盒内的直流母线正极继电器、直流母线负极继电器、预充电控制继电器、快充控制继电器、慢充控制继电器、电池预热控制继电器、电动空调控制继电器和DC/DC 控制继电器等进行控制，实现整车的高压配电。

（2）根据动力电池的实时 SOP，通过总线向整车控制器发送当前最大放电电流值，以避免动力电池系统过流。

3.2.6 信息管理

CAN（Controller Area Network）总线是当前汽车高速网络系统的主要总线，典型纯电动汽车的 CAN 拓扑结构如图 3-10 所示。可以将 CAN 分为整车 CAN、电池 CAN 与充电 CAN 3 个子网。整车 CAN 主要用于仪表盘、VCU、TCU、DC/DC、MCU 等之间的通信及与电池 CAN 的通信；电池 CAN 用于 BMS 主控单元与 BMS 采集单元、充电 CAN 的通信；充电 CAN 用于 BMS 主控单元与车载充电机及直流充电桩的通信。可见，BMS 主控单元需要同时完成与 BMS 采集单元的通信、与充电 CAN 的通信及与整车 CAN 的通信，具有系统内部信息交互、系统之间信息交互及电池历史信息存储功能。在工程上，BMS 主控单元通常设计 3 个存在物理隔离的 CAN 总线通道，以实现 3 个 CAN 子网之间的物理隔离。

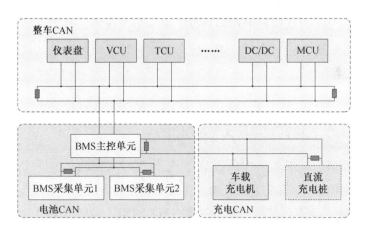

图 3-10 典型纯电动汽车的 CAN 拓扑结构

1. 系统内部信息交互

由于纯电动汽车的电池模块较多，因此多采用分布式 BMS 结构。系统内部信息交互指在采用分布式结构的 BMS 中，BMS 主控单元与多个

BMS 采集单元之间的数据通信，又称"BMS 内网通信"。交互的信息通常包括由 BMS 采集单元发送至 BMS 主控单元的电池单体电压、单体温度、采集板工作状态信息，以及由 BMS 主控单元发送至 BMS 采集单元的均衡控制信息、参数设置信息等。

2. 系统之间信息交互

系统之间信息交互指电池 CAN 与整车 CAN、充电 CAN 的通信，通信数据包括以下内容。

（1）由 BMS 主控单元发送至整车 CAN 的电池容量、标称电压、电芯厂家代码、电池箱体序号、电池系统序号等参数信息；动力电池 SOC、SOH、SOP、电池温度最小值和最大值、单体最高电压和最低电压、整车高压配电等状态信息；SOC 过低、单体电压过高或过低、温度过高或过低、高压继电器粘连等报警信息。

（2）BMS 主控单元从整车 CAN 中接收的 MCU 工作状态及报警信息，VCU 发送的高压配电控制命令、整车工作状态、整车报警状态等信息，TCU 发送的驻车执行反馈、驻车解锁执行反馈等信息，以及仪表盘发送的里程信息。

（3）由 BMS 主控单元发送至充电 CAN 的车载充电机最高允许输出电压和电流、充电机工作模式等控制指令。

（4）BMS 主控单元从充电 CAN 中接收的交流慢充接口 CC 连接状态、CP 占空比、开关 S_2 状态、输入交流电压和电流信息，车载充电机输出电压、电流、功率等状态信息及车载充电机过温、硬件故障等报警信息。

（5）BMS 主控单元与直流充电桩在充电握手、充电参数配置、充电过程交互、充电结束阶段的通信交互。

此外，在中国销售的所有新能源汽车，应根据《电动汽车远程服务与管理系统技术规范》（GB/T 32960.x—2016）的要求，接入新能源汽车国家监测与管理平台。虽然多数新能源汽车配备了专门的车载终端，以完成与新能源汽车国家监测与管理平台的数据对接,但是在一些情况下,BMS 仍需根据《电动汽车远程服务与管理系统技术规范 第 3 部分:通信协议及数据格式》(GB/T 32960.3—2016)的要求,完成数据准备。

3. 电池历史信息存储

电池历史信息存储与飞机的黑匣子类似,一方面可以在事故发生时,通过电池历史信息进行故障溯源;另一方面可以通过电池历史信息对电池状态进行追溯,以揭示电池的老化规律,为改进电池系统性能提供数据支撑。

3.3　BMS 结构与典型 BMS

3.3.1　BMS 结构

在乘用车领域,BMS 通常采用集中式和分布式两种结构;在大型商用车领域,还存在总线式 BMS 结构,即由多个具有完整 BMS 功能的子系统通过 CAN 总线构成一个系统,子系统既可以采用集中式结构,也可以采用分布式结构。

集中式 BMS 结构如图 3-11 所示,其主要特征是 BMS 由一个集中式 BMS 控制器构成,单体电压/温度采集、总电压/电流监测、电池状态分析、高压配电管理、充放电管理、绝缘电阻监测等功能均由该集中式 BMS 控制器完成。集中式 BMS 结构的成本较低,适用于电池模块较少、电池包体积较小的动力电池系统。

分布式 BMS 结构如图 3-12 所示,其主要特征是 BMS 由多个 BMS 采集单元和一个 BMS 主控单元通过 CAN 总线连接而成。BMS 采集单元负责单体电压/温度采集和均衡控制,其余功能由 BMS 主控单元完成。分布式 BMS 结构适用于电池模块较多的场合，且可以通过配置 BMS 采集单元数量灵活适配具有不同数量的电池模块的应用场景，具有较强的适应性。同时，BMS 采集单元与电池模块之间的线束长度较短且较均匀，可以获得更高的采样精度和可靠性。目前，多数纯电动汽车都采用该结构。

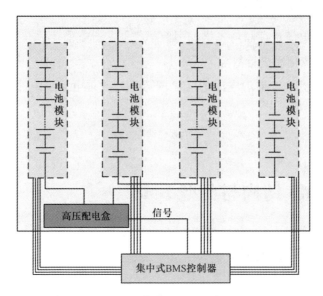

图 3-11　集中式 BMS 结构

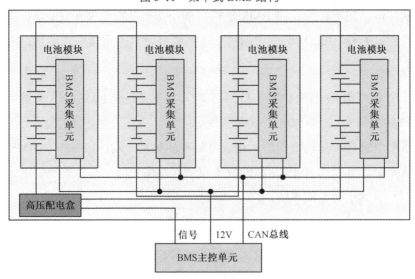

图 3-12　分布式 BMS 结构

3.3.2　典型 BMS

本节从动力电池系统基本参数、主要开发工作、系统总体方案、采集单元硬件总体方案、主控单元硬件总体方案、采集单元软件总体方案、主控单元软件总体方案及关键性能参数 8 个方面对典型 BMS 进行介绍。

1. 动力电池系统基本参数

动力电池系统基本参数如表 3-2 所示。

表 3-2　动力电池系统基本参数

类别	参数	数值
动力电池单体	型号	ISR18650
	化学类型	镍钴锰酸锂 NCM532
	标称电压	3.7 V
	工作电压	2.4~4.2 V
	标称容量	2600.0 mAh
成组方式	并联数	45 个
	串联数	90 个
动力电池系统	标称电压	333.0 V
	标称容量	117 Ah
	最大连续放电电流	150 A
	加热方式	PTC 薄膜加热
	最大连续充电电流	60 A
	工作温度（充电）	−10~45 ℃
	工作温度（放电）	−24~60 ℃
	箱体防护等级	IP 67

2. 主要开发工作

BMS 主要开发工作如图 3-13 所示，包含上位机开发及调试、硬件开发及测试、嵌入式软件开发及测试 3 类。

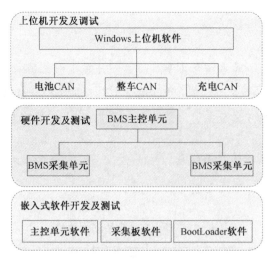

图 3-13　BMS 主要开发工作

上位机开发及调试工作用于开发通过 USB-CAN 总线工具与电池 CAN、整车 CAN 及充电 CAN 通信的上位机软件，该上位机软件主要用于：①显示电池系统信息、整车信息及充电状态信息，用于系统调试及状态监控；②配置动力电池参数、BMS 地址等系统参数、手动控制相关继电器状态等；③通过 CAN 总线对 BMS 主控单元及 BMS 采集单元进行程序更新。典型 BMS 上位机软件界面如图 3-14 所示。

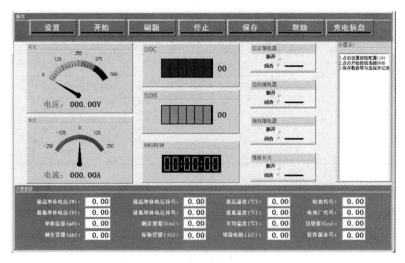

图 3-14　典型 BMS 上位机软件界面

硬件开发及测试工作包括 BMS 主控单元及 BMS 采集单元的 PCB 硬件、线束及相关结构件的开发测试。由于汽车电子对相关控制器的硬件可靠性要求极高，因此测试工作通常是该环节的重点工作之一，通常包括电气性能测试、EMC 测试、CAN 测试、功能测试与防护等级测试 5 类项目。

嵌入式软件开发及测试主要包括主控单元软件、采集板软件及 BootLoader 软件的开发及测试。通常采用 CAN 总线对主控单元软件及采集板软件进行 BootLoader 程序升级。

3. 系统总体方案

结合表 3-2 中的动力电池系统基本参数，采用"一主两从"分布式 BMS 结构，如图 3-15 所示。

每个 BMS 采集单元负责 45 个电池模块的电压采集及被动式电阻均衡管理，同时负责 16 路外部温度采集和 4 路 PCB 温度采集，温度传感器采用 NTC 热敏电阻。

BMS 采集单元与 BMS 主控单元通过 500kbps CAN 总线通信。BMS 采集单元的供电由 BMS 主控单元通过高边开关输出端口控制。

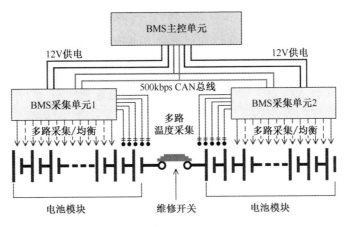

图 3-15 "一主两从"分布式 BMS 结构

4. 采集单元硬件总体方案

采集单元硬件总体方案如图 3-16 所示。采集单元主要由以 MC9S12XET256 为核心的微控制器及电源、晶振、看门狗与 E2P 等电路，以及包含 CAN 总线和 PWM 的通信接口、LTC6820 SPI-isoSPI 总线转换电路、4 个 LTC6811-1 以菊花链（Daisy Chain）方式连接而成的模拟采样前端电路构成。

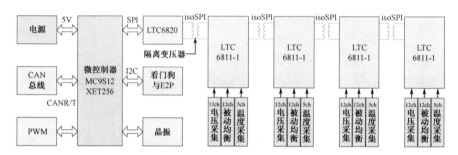

图 3-16　采集单元硬件总体方案

每个 LTC6811-1 可以完成 12 个串联单体的电压采集及由 PWM 控制的被动均衡，所提供的 5 个 GPIO 接口可以在不添加外围 IC 的情况下提供 5 路温度采集。

LTC6811-1 的 isoSPI 总线可以提供 1Mbps 的总线速率及 100m 的传输距离，确保了数据的可靠传输；具备 1.2mV 的最大单体采样误差，且可以在 290μs 内完成对所有单体的测量；在睡眠模式下仅消耗 4μA 电流。

系统可以支持 48 个电池模块的电压采样及被动均衡，可以支持 16 个外置 NTC 热敏电阻温度采集及 4 个 PCB 板载 NTC 温度采集。

BMS 采集单元的图纸结构、PCB 版图及实物图分别如图 3-17、图 3-18 和图 3-19 所示。

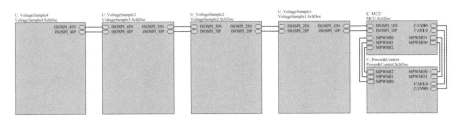

图 3-17　BMS 采集单元的图纸结构

图 3-18　BMS 采集单元的 PCB 版图

图 3-19　BMS 采集单元的实物图

5. 主控单元硬件总体方案

主控单元硬件总体方案如图 3-20 所示，主控单元主要由以 MC9S12XEP100MAL 为核心的微控制器、时钟、晶振、看门狗与 E2P、

LED 与拨码开关等电路；包含隔离充电 CAN 总线、非隔离电池 CAN 总线、非隔离整车 CAN 总线和 PWM 的通信接口，以及开关量检测及输出接口、电阻采样电路、控制导引电路、绝缘检测电路、功率计量电路、高压采样电路、整板电源电路等构成。

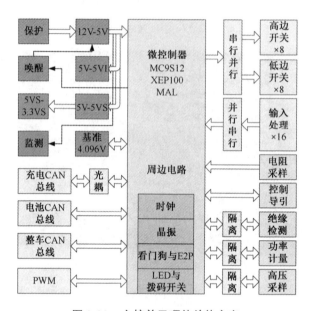

图 3-20　主控单元硬件总体方案

由于 BMS 主控单元需要完成绝缘检测、功率计量及高压采样等高压信号处理工作，因此必须对其整板做相应的隔离处理。整板电源电路主要由保护、唤醒、监测、基准 4.096V 及为整板供电的 12V-5V 电路、为绝缘检测供电的 5V-5VI 电路、为功率计量及高压采样供电的 5V-5VS、5VS-3.3VS 电路构成。

隔离式充电 CAN 总线由集成 DC/DC 变换器的隔离式 CAN 收发器 ADM3053 实现、非隔离电池 CAN 总线和非隔离整车 CAN 总线由 PCA82C251T 实现，其均可提供高达 1Mbps 的总线速率。

由于 BMS 主控单元需要完成对多种高压配电继电器的控制，同时实现继电器辅助触点及互锁状态检测，因此需要微控制器提供较多开关量输入检测和输出控制通道。为节省微控制器 I/O，采用 2 个 74HC162 逻辑芯片完成并行串行转换、采用 74HC595 逻辑芯片完成串行并行转换，微控制器只需要提供 MISO、MOSI、SCK、CS 串行总线接口和 1 个 74HC595 的输出使能端子，不仅可以节省微控制器 I/O，还便于进行程序处理。8 路高边开关输出由 2 个集成式高边开关 BTS724G 实现，每个通道可提供最大 3.3A 的驱动电流；8 路低边开关输出由 4 个集成式低边开关 BTS3410G 实现，每个通道可提供最大 1.3A 的驱动电流。

电阻采样电路主要用于实现电阻式温度传感器检测、充电控制导引电路中的相关电阻检测。控制导引电路主要用于实现《电动汽车传导充电系统 第 1 部分：通用要求》（GB/T 18487.1—2015）中与直流充电桩或交流充电枪之间的充电控制导引。

绝缘检测电路采用《电动汽车安全要求》（GB 18384—2020）中的检测方法，实现直流母线正极和负极与整车之间的绝缘电阻检测；功率计量电路采用集成式电能计量芯片，通过对直流母线电流和电压的检测，得出动力电池系统的瞬时功率值，并通过在时间上的积分得到输出和输入的总能量，进而根据相应的 SOC 算法得出动力电池的实时 SOC。高压采样电路用于检测动力电池系统内部总电压和外部电压，采用 AQW216 光隔离实现相应测量通道的切换，采用 AD628 精密差分放大器实现差分信号处理，采用 ACPL-C87BT 实现模拟信号隔离，最终由微控制器实现模拟信号测量。

BMS 主控单元的图纸结构、PCB 版图及实物图分别如图 3-21、图 3-22 和图 3-23 所示。

6. 采集单元软件总体方案

采集单元软件总体方案如图 3-24 所示，采集单元软件采用分层设计思路。应用层是最高层，用于实现参数配置、电压及温度采集、均衡控制等具体功能；管理层用于实现 CAN 及数据管理、诊断服务及应用数据管

理；硬件驱动层用于实现 CAN 总线驱动、LTC6811-1 驱动、PWM 驱动和
CAT1021 驱动；功能层用于实现 CAN 数据收发、电压采集、温度采集、
均衡控制和参数存储等具体功能。

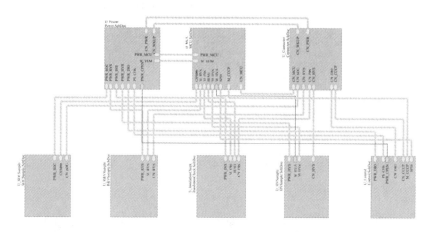

图 3-21   BMS 主控单元的图纸结构

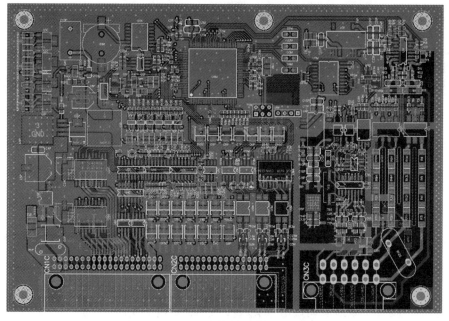

图 3-22   BMS 主控单元的 PCB 版图

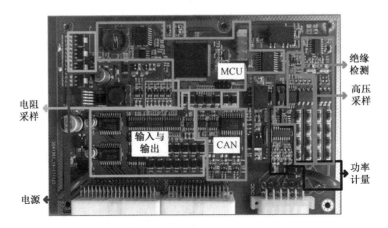

图 3-23　BMS 主控单元的实物图

图 3-24　采集单元软件总体方案

7. 主控单元软件总体方案

主控单元软件总体方案如图 3-25 所示。主控单元程序运行包括启动阶段、初始化阶段和运行阶段。主控单元上电复位后，Boot 程序进行必要的模块初始化，然后判断是否需要更新程序，如果是，则采用校验通过后的 S19 程序文件升级程序；否则直接进入初始化阶段。

在初始化阶段，通过读 EEPROM 数据，实现参数初始化；然后进行硬件初始化，以及任务初始化和应用初始化。在初始化完成后，系统会执行自检应用，如果自检不通过，则会发送带有故障码的数据帧。

自检通过后，进入运行阶段，系统会进行正常的功能程序调度，完成各项功能，具体包括：开关量处理、总线数据处理、模拟采样处理、系统控制、加热和冷却管理、SOC 估算、SOP 估算、SOH 估算、故障诊断、故障分级处理、慢充控制和快充控制。

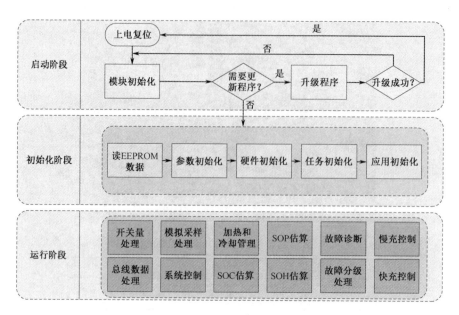

图 3-25　主控单元软件总体方案

8. 关键性能参数

关键性能参数如表 3-3 所示。

表 3-3　关键性能参数

单元	类别	项目	参数	备注
BMS 主控单元	供电	电源及功耗	9～36 V	功耗<0.5 A，12 V
		待机状态	支持	200 μA，12 V
		延时关机	支持	常火供电时支持 4s 关机
	激活信号	ON 档信号	支持	12 V
		充电辅助电源	支持	GB/T 18487.1—2015
		CC 信号	支持	GB/T 18487.1—2015
		CP 信号	支持	GB/T 18487.1—2015
	模拟信号	电压通道数	1	0～5 V（>0.2 mA）
		电阻通道数	3	0～100 kΩ
	开关信号	输入检测	高有效 8 通道	9～12 V
			低有效 8 通道	0～3.6 V

续表

单元	类别	项目	参数	备注
BMS 主控单元	开关信号	低边开关数	8	最大驱动电流 1.2 A
		高边开关数	8	最大驱动电流 3.0 A
	绝缘电阻	通道数	2	—
		检测范围	0～6 MΩ	—
		检测周期	500 ms	—
	SOC	精度	6%三元锂离子电池	—
	高压采样	通道数	4	两两成组
		检测范围	0～600 V 直流	—
		检测精度	±1%FS	—
	电流采样	采样方式	分流器	—
		检测范围	−500～500 A	—
		检测精度	±2%FS	0.5 级分流器
	总线通信	通信方式	CAN 总线	CAN 2.0 B
		通道数	1 个隔离通道	速率≤1 Mbps
			2 个非隔离通道	速率≤1 Mbps
	外壳	防护等级	IP40	—
BMS 采集单元	供电	电源及功耗	6～36 V	功耗<0.2 A，12 V
		待机状态	不支持	—
		延时关机	不支持	—
	电压采集	通道数	48	—
		采集范围	0～8 V	12 个通道累计不大于 75 V
		采集精度	±1 mV	—
	温度采集	采集方式	NTC 热敏电阻	—
		采集通道数	16 个外部温度 采集通道	—
			4 个 PCB 温度 采集通道	—
		检测范围	−40～105 ℃	—
		检测精度	±1.5 ℃	—
	均衡通道	通道数	48 个	—
		均衡电阻	33Ω，2W	—
	外壳	防护等级	IP40	—

3.4 BMS 充电控制导引

电动汽车传导充电系统交直流充电控制导引电路是电动汽车和交直流充电机进行充电连接、确认和信息传输的桥梁，是车辆进行安全、可靠、高效充电的重要保障[3-5]。为了保障不同厂家、型号的交流或直流充电设备与不同型号电动汽车之间的互操作性，《电动汽车传导充电系统 第 1 部分：通用要求》（GB/T 18487.1—2015）对系统的基础性、通用性、安全性进行了规定。

本节以该标准为基础，设计了一种电动汽车交直流充电控制导引电路及控制方法。该电路由电源唤醒及自锁电路、CC/CC2 电阻检测电路、CP 信号处理电路和微控制器 4 部分构成，具有高可靠性延时掉电、待机功耗低、兼容交直流充电控制导引和车辆正常行驶导引、无机械触点、寿命长等优点。

3.4.1 交直流充电控制导引电路要求

当交流充电系统在充电模式 2、连接方式 B（如图 3-26 所示）下工作时，充电控制导引电路的工作流程如下。

（1）车辆控制装置测量检测点 2 有无 12V CP 信号。如果有，则表明车辆插头与车辆插座已连接，充电控制导引电路已激活并进入工作状态；否则，充电控制导引电路处于待机状态。

（2）车辆控制装置通过测量检测点 3 与 E 点之间的电阻，判断车辆插头与车辆插座是否完全连接。在半连接时，开关 S_3 断开，检测点 3 与 E 点之间的电阻为 R_C 与 R_4，阻值为 R_C+R_4（以下用 R 表示电阻，用 R 表示电阻 R 的阻值；用 C 表示电容，用 C 表示电容 C 的容量）；在完全连接时，开关 S_3 处于闭合状态，检测点 3 与 E 点之间的电阻为 R_C。

（3）供电控制装置通过测量检测点 1 的电压，判断 R_3 是否接入，如果 R_3 接入，则进行适当延时，将开关 S_1 切换至 PWM 信号输出状态。

（4）车辆控制装置通过测量检测点 2 的 PWM 信号，判断充电装置是否完全连接。如果完全连接，则闭合开关 S_2，车辆进入准备就绪状态。

（5）供电控制装置通过进一步测量检测点 1 的电压，判断车辆是否进入准备就绪状态，如果进入准备就绪状态，则闭合继电器 K_1 和 K_2，交流供电回路导通。

（6）车辆控制装置通过测量检测点 2 的 PWM 信号占空比，确认供电设备的最大供电能力，并据此确定车载充电机的输出电流，启动充电。

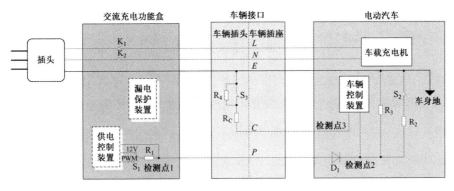

图 3-26 交流充电系统的充电模式 2、连接方式 B

在直流充电系统（如图 3-27 所示）中，充电控制导引工作流程如下。

（1）操作人员对非车载充电机进行设置后，非车载充电机控制器通过测量检测点 4 的电压，判断 R_2 是否接入、开关 S 是否可靠闭合，进而判断车辆接口是否完全连接。

（2）车辆接口完全连接后，非车载充电机控制器闭合继电器 K_3 和 K_4，12V 低压辅助电源的供电回路导通，车辆控制器接受 12V 低压辅助电源供电并进入工作模式，通过测量检测点 5 的电压，判断电阻 R_3 是否可靠接入（车辆接口是否可靠连接）。同时，非车载充电机控制器周期性发送握手报文，关于报文的具体要求可见《电动汽车非车载传导式充电机与电池管理系统之间的通信协议》（GB/T 27930—2015）。

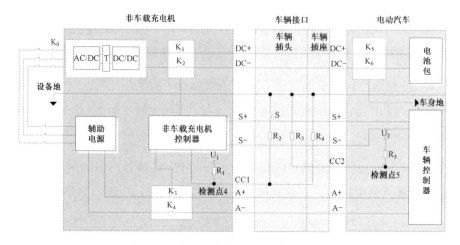

图 3-27　直流充电系统

（3）握手成功后，进入充电报文配置阶段，车辆控制器闭合继电器 K_5 和 K_6，使充电回路导通；非车载充电机控制器检测到动力电池电压无误后，闭合继电器 K_1 和 K_2，进入充电阶段。

（4）充电阶段相关信息由 CAN 总线报文传输。

交直流充电控制导引电路如图 3-28 所示，该电路由电源唤醒及自锁电路、CC/CC2 电阻检测电路、CP 信号处理电路和微控制器 4 部分构成。电源唤醒及自锁电路通过 5V 电源、I/O_2、I/O_3、I/O_4、I/O_5 管脚与微控制器的通用输入输出端口相连，通过 WAKEUP_CP 信号和 CP 信号处理电路相连；CC/CC2 电阻检测电路通过 AD_0 信号和 AD_1 信号与微控制器的模拟信号采集端口相连；CP 信号处理电路通过 CP_PWM 信号与微控制器的 PWM 检测端口相连，通过 CP_ACK 信号与微控制器的通用输入输出端口相连，通过 WAKEUP_CP 信号与电源唤醒及自锁电路相连。交直流充电控制导引电路由整车 12V 常火供电，由 WAKEUP_ON、

WAKEUP_DC、WAKEUP_CP 唤醒信号中的任意一种唤醒，3 种唤醒信号分别与整车的 12V ON 档信号、非车载充电机的 12V 低压辅助电源信号和交流充电功能盒输出的 CP 信号相连。

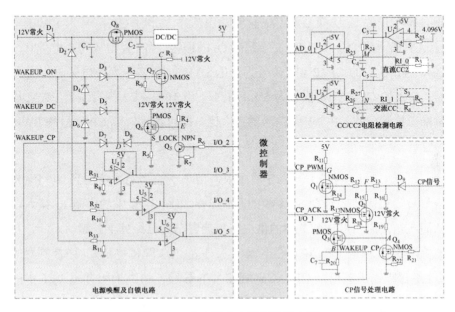

图 3-28　交直流充电控制导引电路

3.4.2　交直流充电控制导引电路硬件设计

1. CP 信号处理电路

CP 信号处理电路用于在交流充电时，对交流充电功能盒输出的 CP 信号进行处理。当车辆插头与车辆插座连接时，通过控制图 3-26 中的开关 S_1，该信号可以在 12V 电压输出和 PWM 信号输出两种状态间切换。

（1）当车辆插头与车辆插座刚连接时，CP 信号为 12V 电压输出，CP 信号经 $R_{21}=240\Omega$ 和 $R_{22}=220k\Omega$ 分压，Q_4 得到略小于 12V 的栅极电压，从而导通。A 点（Q_3 栅极）电压接近 0V，Q_3 导通，B 点的 WAKEUP_CP 信号变为 12V，12V 的 WAKEUP_CP 信号进入电源唤醒及自锁电路，将电源唤醒，微控制器进入工作状态，并输出电源互锁信号，以保证电路正常工作。

（2）当交流充电功能盒判定车辆插头和车辆插座连接良好后，延迟一段时间将开关 S_1 切换至 PWM 信号输出状态，此时 CP 信号为 PWM 信号。CP 信号经 D_9、R_{13}、R_{12} 后，到达 Q_1 的栅极。当 CP 信号为高电平时，Q_1 导通，G 点的 CP_PWM 信号为低电平；当 CP 信号为低电平时，Q_1 关断，G 点的 CP_PWM 信号为 5V 高电平。用 100% 减去微控制器 PWM 检测端口检测到的 CP_PWM 信号的占空比，即可得到实际 CP 信号的 PWM 占空比。

根据 GB/T 18487.1—2015 的要求，当车辆控制装置检测到 CP_PWM 信号后，还需要闭合图 3-26 中的开关 S_2，将图 3-26 中的电阻 R_2 接入，从而通知交流充电功能盒中的供电控制装置车辆已经处于就绪状态。该功能由图 3-28 中的 CP_ACK 信号及 R_{17}、R_{18}、Q_2 和 R_{15} 完成。微控制器的 I/O_1 管脚输出高电平 CP_ACK 信号，Q_2 导通，相当于闭合图 3-26 中的开关 S_2，从而将电阻 R_{13} 和 R_{15} 接入（相当于图 3-26 中的电阻 R_2）。

2. CC/CC2 电阻检测电路

CC 电阻检测电路主要用于检测图 3-26 中的车辆插头电阻 R_4 与 R_C；CC2 电阻检测电路主要用于检测图 3-27 中的车辆插头电阻 R_3。

检测原理为：4.096V 电压信号经过由 U_1 构成的电压跟随器后，电流驱动能力增至 20mA。当用于 CC2 电阻检测时，4.096V 电压信号由 R_{24} 和 RI_0 端子的电阻（CC2 电阻）分压，CC2 电阻的不同将反映为 M 点电压的不同，M 点电压经过由 R_{23} 和 U_2 构成的电压跟随器，反映至微控制器的模拟信号采集端口。

当用于 CC 电阻检测时，4.096V 电压信号由 R_{27} 和 RI_1 端子的电阻（CC 电阻）分压，CC 电阻的不同将反映为 N 点电压的不同，N 点电压经过由 R_{26} 和 U_3 构成的电压跟随器，反映至微控制器的模拟信号采集端口。

3. 电源唤醒及自锁电路

在电源唤醒及自锁电路工作时,WAKEUP_ON 信号接整车的 12V ON 档信号,WAKEUP_DC 信号接非车载充电机的 12V 低压辅助电源信号,WAKEUP_CP 信号由 CP 信号处理电路输出。3 个信号分别经二极管 D_3、D_5 和 D_7 后汇于 D 点,形成"或"关系,其中的任意一个为 12V,则 D 点电压为 12V,D 点电压经 R_2 和 R_9,为 Q_7 提供栅极电压,使 Q_7 导通,C 点电压由 12V 降至 0V,使 Q_8 导通,DC/DC 装置获得 12V 输入电压,输出 5V 电压,微控制器进入工作状态。此外,为了判断电源的唤醒源,WAKEUP_ON 信号和 WAKEUP_DC 信号分别经 R_{33} 和 R_{11}、R_{32} 和 R_{10} 构成的分压电路处理后,进入由 U_6 和 U_5 构成的电压跟随器,微控制器的 I/O_5 和 IO_4 管脚根据检测到的电平状态判断唤醒源。

当车辆 12V 低压电池未安装或电量过低时,12V 常火将无效。此时,如果采用直流充电,直流充电装置的 12V 低压辅助电源输出的 WAKEUP_DC 信号将经 D_2 为整车提供 12V 电源,保证车辆在 12V 低压电池未安装或电量过低时,仍可以正常充电。

电源自锁电路的工作原理为:当微控制器处于工作状态时,I/O_2 管脚输出高电平,经 R_6 和 R_7,使 Q_5 导通,E 点电压接近 0V,进而 Q_6 导通,S_LOCK 信号输出 12V,该信号经二极管 D_8 与 WAKEUP_ON、WAKEUP_DC 和 WAKEUP_CP 信号形成"或"关系,保证在其撤销后,电源电路自锁,控制导引电路仍可以正常工作。在相关微控制器程序保存完数据后,I/O_2 管脚输出低电平,电源互锁失效,Q_8 关断,控制导引电路处于待机状态,除非再次由 WAKEUP_ON、WAKEUP_DC 和 WAKEUP_CP 中的任意一个信号唤醒。

3.4.3　交流充电控制导引原理

在交流充电控制导引电路工作时,交流充电功能盒输出 12V CP 信号,

CP 信号经 R_{21} 和 R_{22} 分压，为 Q_4 提供栅极电压，Q_4 导通，A 点电压接近 0V，进而 PMOS 管 Q_3 导通，CP 信号处理电路输出 12V WAKEUP_CP 信号，12V WAKEUP_CP 信号经 D_7 及 R_2、R_9 分压后，为 Q_7 提供栅极电压，Q_7 导通，C 点电压为 0V，进而 Q_8 导通，DC/DC 装置获得 12V 输入电压并输出 5V 电压，电源被唤醒，微控制器开始工作。

微控制器的 I/O_2 管脚输出高电平，Q_5 导通，进而 Q_6 导通，S_LOCK 信号为 12V，电源自锁回路形成。微控制器通过检测 N 点电压测量 CC 电阻，据此判断图 3-26 中开关 S_3 的状态。如果开关 S_3 处于闭合状态，则车辆插头与车辆插座完全连接。此时，微控制器的 I/O_1 管脚输出高电平 CP_ACK 信号，NMOS 管 Q_2 导通，R_{15} 接入。此时 R_{15}、R_{13} 串联后与 R_{16} 并联，图 3-26 中检测点 1 的电压降低。

微控制器的 PWM 信号检测端口根据占空比确认供电设备的最大供电能力，并据此确定车载充电机的输出电流，启动充电。当充电结束或充电枪拔掉后，微控制器延时保存相关充电信息，保存完毕后，微控制器的 I/O_2 管脚输出低电平，Q_5 关断，Q_6 关断，S_LOCK 信号为 0V，Q_7 关断，Q_8 关断，整个控制导引电路处于断电状态。

3.4.4　直流充电控制导引原理

在直流充电控制导引电路工作时，非车载充电机的 A+ 和 A- 端子输出 12V 电压，WAKEUP_DC 信号获得 12V 电压，经 D_5 及 R_2、R_9 分压，Q_7 导通，C 点电压为 0，进而 Q_8 导通，DC/DC 装置获得 12V 输入电压并输出 5V 电压，电源被唤醒，微控制器开始工作。

微控制器的 I/O_2 管脚输出高电平，Q_5 导通，进而 Q_6 导通，S_LOCK 信号为 12V，电源自锁回路形成。WAKEUP_DC 信号经 R_{32}、R_{10} 分压，并经过由 U_5 构成的电压跟随器，微控制器检测到 I/O_4 管脚为高电平，进而判定控制导引电路进入直流充电控制导引流程。

微控制器检测 CC2 电阻是否接入电路，如果没有检测到 CC2 电阻接入电路，则微控制器进行循环检测；如果检测到 CC2 已经可靠连接，则微控制器通过 CAN 总线与非车载充电机进入握手阶段。如果握手成功，则图 3-27 中的继电器 K_1、K_2 和 K_5、K_6 闭合，直流回路导通，进入充电阶段；如果握手失败，则进入循环握手状态。在充电结束或充电枪拔掉后，微控制器延时保存相关充电信息，保存完毕后，微控制器的 I/O_2 管脚输出低电平，Q_5 关断，Q_6 关断，S_LOCK 信号为 0V，Q_7 关断，Q_8 关断，整个控制导引电路处于断电状态。

3.4.5　交直流充电控制导引电路控制算法

在正常行驶状态下，控制导引电路控制算法伪代码如下。

```
1   Begin
2   12V ON 档信号使电源唤醒
3   自锁电路形成
4   I/O_5 管脚为高电平，正常行驶
5   while <WAKEUP_ON !=0>do
6       {
7           循环检测
8       }
9   数据保存
10  I/O_2 管脚输出低电平，撤销自锁
11  End
```

在交流充电状态下，控制导引电路控制算法伪代码如下。

```
1   Begin
2   12V WAKEUP_CP 信号使电源唤醒
3   自锁电路形成
4   while (CC 电阻 !=Rc)do
```

```
5      {
6            循环判断
7      }
8    I/O_2 管脚输出高电平 CP_ACK 信号
9    检测占空比
10   进入交流充电状态
11   while (充电未结束)do
12      {
13           一直充电
14      }
15   数据保存
16   I/O_2 管脚输出低电平，撤销自锁
17   End
```

在直流充电状态下，控制导引电路控制算法伪代码如下。

```
1    Begin
2    WAKEUP_DC 信号使电源唤醒
3    自锁电路形成
4    I/O_4 管脚为高电平，进入直流充电状态
5    while <标志位> do
6      {
7            if< CC2 电阻存在>then
8            {
9                  if <CAN 握手成功>then
10                 {
11                       闭合继电器 K₅ 和 K₆，充电
12                       标志位=0
13                 }
14                 else
15                 {
```

```
16                        标志位=1
17                    }
18                }
19            }
20  while < 充电未结束> do
21      {
22            一直充电
23      }
24  数据保存
25  I/O_2管脚输出低电平，撤销自锁
26  End
```

3.5　BMS 绝缘电阻检测

由《电动汽车安全要求》（GB 18384—2020）可知，对动力电池的正极、负极与车身之间的绝缘电阻进行实时检测，是电动汽车的基本安全要求。

现有绝缘检测技术可分为电桥法[6-8]和信号注入法两类[9-11]。电桥法测绝缘电阻的基本原理为：基于电桥电路原理，通过控制动力电池正、负极继电器的闭合与断开，得到几种不同的测试点电压组合状态，据此计算绝缘电阻。

信号注入法测绝缘电阻的基本原理为：在直流母线与车身之间注入一定频率的电压信号，通过测量反馈的信号来计算绝缘电阻。该方法可以检测正、负极绝缘电阻同时下降的情况，但是注入信号会使直流系统纹波变大，影响供电质量，进而影响采样精度[12]。

本节根据《电动汽车安全要求》（GB 18384—2020），提出一种绝缘电

阻检测的改进算法，并设计一种不平衡电桥检测电路，该电路可以有效提高绝缘电阻检测精度，并能够同时在线测量多种情况下的正、负极绝缘电阻。

3.5.1　传统电桥法绝缘电阻检测分析

传统电桥法绝缘电阻检测电路如图 3-29 所示。

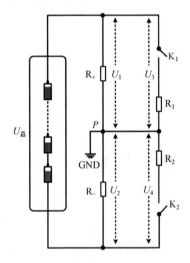

图 3-29　传统电桥法绝缘电阻检测电路

在采用传统电桥法时，先断开继电器 K_1 和 K_2，可以得到

$$U_1 = \frac{R_+}{R_+ + R_-} U_总 \qquad (3\text{-}1)$$

$$U_2 = \frac{R_-}{R_+ + R_-} U_总 \qquad (3\text{-}2)$$

闭合继电器 K_1，断开继电器 K_2，可以得到

$$U_3 = \frac{R_+ /\!/ R_1}{R_+ /\!/ R_1 + R_-} U_总 \qquad (3\text{-}3)$$

$$U_4 = \frac{R_-}{R_+ /\!/ R_1 + R_-} U_总 \qquad (3\text{-}4)$$

可得正极绝缘电阻的阻值为

$$R_+ = \left(\frac{U_4 U_1}{U_3 U_2} - 1 \right) R_1 \tag{3-5}$$

同理，可得负极绝缘电阻的阻值为

$$R_- = \left(\frac{U_3 U_2}{U_4 U_1} - 1 \right) R_2 \tag{3-6}$$

该方法存在以下问题。

（1）需要测量正、负极绝缘电阻两端的电压，系统结构复杂且存在较大误差。

（2）当正、负极绝缘电阻中的任意一个阻值为零时，计算公式无解。

3.5.2　不平衡电桥法绝缘电阻检测分析

不平衡电桥法绝缘电阻检测系统和等数电路分别如图 3-30 和图 3-31 所示。在图 3-31 中，P 点为测量 U_+ 和 U_- 的参考零电位点。

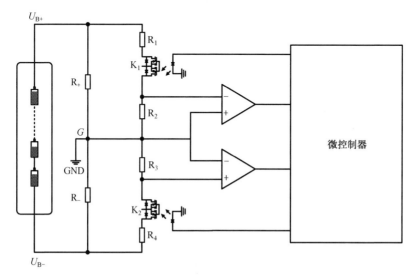

图 3-30　不平衡电桥法绝缘电阻检测系统

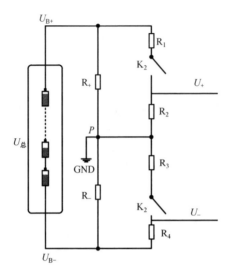

图 3-31　不平衡电桥法绝缘电阻检测等效电路

具体检测步骤如下。

1. 测量动力电池总电压

以动力电池负极为基准电压参考点，测量动力电池总电压，闭合继电器 K_1 和 K_2。继电器 K_1 和 K_2 同时闭合时的等效电路如图 3-32 所示。

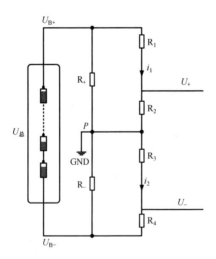

图 3-32　继电器 K_1 和 K_2 同时闭合时的等效电路

在图 3-32 中，i_1、i_2 为上桥臂与下桥臂中的电流，动力电池总电压即正极与 P 点之间电压和负极与 P 点之间电压之和。

可以得到

$$U_{总} = i_1(R_1 + R_2) + i_2(R_3 + R_4) = \frac{U_+}{R_2}(R_1 + R_2) + \frac{U_-}{R_3}(R_3 + R_4) \quad （3\text{-}7）$$

2. 测量上桥臂采样点电压信号

通过微控制器使继电器 K_1 闭合、K_2 断开。继电器 K_1 闭合、K_2 断开时的等效电路如图 3-33 所示。

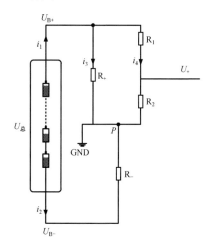

图 3-33　继电器 K_1 闭合、K_2 断开时的等效电路

图 3-33 给出了动力电池两端电流 i_1、i_2 的参考方向，通过检测电路检测到电阻 R_2 与 P 点之间的电压为 U_+，可以得到流过电阻 R_1、R_2 的电流，即

$$i_4 = \frac{U_+}{R_2} \quad （3\text{-}8）$$

动力电池正极与 P 点之间的电压为

$$U_{B+} = U_+ \left(1 + \frac{R_1}{R_2}\right) \quad （3\text{-}9）$$

流过正极绝缘电阻 R_+ 的电流 i_3 与 i_4 之和为动力电池正极电流，即

$$i_1 = i_3 + i_4 = \frac{U_{B+}}{R_+} + \frac{U_+}{R_2} = U_+\left(\frac{1}{R_+} + \frac{R_1}{R_+ R_2} + \frac{1}{R_2}\right) \qquad (3\text{-}10)$$

由于 $U_{B+} + U_{B-} = U_总$，$i_1 + i_2 = 0$，可得

$$(R_1 + R_2)R_- + R_+ R_- = R_2 \frac{U_{B-}}{U_+} R_+ \qquad (3\text{-}11)$$

3. 测量下桥臂采样点电压信号

通过微控制器使继电器 K_1 断开、K_2 闭合。继电器 K_1 断开、K_2 闭合时的等效电路如图 3-34 所示。

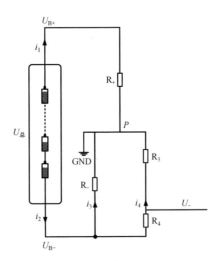

图 3-34　继电器 K_1 断开、K_2 闭合时的等效电路

由于电路发生变化，基准电压参考点 P 的实际电压发生变化，因此正、负极相对参考点的电压、电流均发生变化。

可以得到

$$(R_3 + R_4)R_+ + R_+ R_- = R_3 \frac{U_{B+}}{U_-} R_- \qquad (3\text{-}12)$$

4. 绝缘电阻的阻值计算

根据采样点电压 U_+ 与 U_-，可以分为以下 4 种情况。

（1）情况 1：U_+ 与 U_- 均为 0V，正极绝缘电阻 R_+ 与负极绝缘电阻 R_- 的阻值均为无穷大。

（2）情况 2：U_+ 为 0V、U_- 不为 0V，负极绝缘电阻 R_- 的阻值为无穷大，继电器 K_1 断开、K_2 闭合，等效电路见图 3-34。

流经正极绝缘电阻 R_+ 的电流 $i_1=i_4$，可以得到

$$R_+ = \frac{U_{B+}}{i_1} = \frac{U_总 - \dfrac{U_-}{R_3}(R_3 + R_4)}{\dfrac{U_-}{R_3}} \tag{3-13}$$

（3）情况 3：U_+ 不为 0V、U_- 为 0V，负极绝缘电阻 R_+ 的阻值为无穷大，继电器 K_1 闭合、K_2 断开，等效电路见图 3-33。

流经负极绝缘电阻 R_- 的电流 $i_2=i_4$，可以得到

$$R_- = \frac{U_{B-}}{i_2} = \frac{U_总 - \dfrac{U_+}{R_2}(R_1 + R_2)}{\dfrac{U_+}{R_2}} \tag{3-14}$$

（4）情况 4：U_+ 与 U_- 均不为 0V，由式（3-11）、式（3-12）可以得到

$$\begin{cases} R_+ = \dfrac{abR_2R_3 - xy}{y + aR_2} \\[3mm] R_- = \dfrac{abR_2R_3 - xy}{x + bR_2} \end{cases} \tag{3-15}$$

式中，$a = \dfrac{U_{B-}}{U_+}$，$b = \dfrac{U_{B+}}{U_-}$，$x = R_1 + R_2$，$y = R_3 + R_4$。

3.5.3　绝缘电阻检测电路硬件设计

电动汽车绝缘电阻检测电路如图 3-35 所示。该电路由待测直流系统、检测电路、采样电路、微控制器及 A/D 转换电路 4 部分组成。

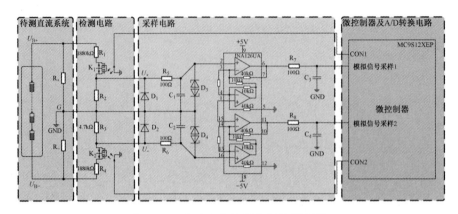

图 3-35　电动汽车绝缘电阻检测电路

在检测电路和采样电路中，桥臂采样电阻采用精度为 1%的精密 MELF 电阻，电阻 R_1 和 R_4 的阻值为 1880 kΩ，电阻 R_2 和 R_3 的阻值为 4.7kΩ；K_1 和 K_2 取耐压值为 1500V 的 AQV258 型光控 MOS 继电器，与传统机械继电器相比，该继电器的动作电流和泄漏电流小，可以保证系统的测量精度和可靠性；双向 TVS 二极管 D_3 和 D_4 的型号为 PESD5V0S1，使信号处理电路免受静电放电（ESD）和浪涌脉冲的损害；C_1、C_2、C_3 和 C_4 的容量为 0.01μF；R_5、R_6、R_7 和 R_8 的阻值为 100Ω；最大失调电压为 250μV、最大电压漂移值为 3μV/℃的 INA2126 型双仪表放大器用于信号放大，同时能够实现电压极性转换，因此只需要一个芯片即可完成对正、负两路信号的处理。

微控制器通过 CON1 与 CON2 信号控制继电器 K_1 与 K_2 的闭合与断开，并由内置的 A/D 转换器完成对模拟信号采样 1 和模拟信号采样 2 的采集。

3.5.4　绝缘电阻检测电路软件设计

绝缘电阻检测流程如图 3-36 所示。

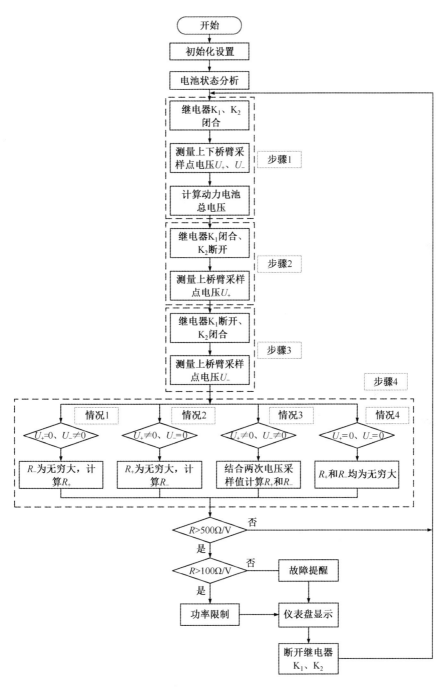

图 3-36　绝缘电阻检测流程

当车辆开始运行时，对主控制器进行初始化，完成相关寄存器配置；然后根据上述算法对动力电池正、负极绝缘电阻进行检测计算；主控制器对数据进行判断，根据《电动汽车安全要求》（GB 18384—2020），纯电动汽车绝缘电阻值至少为 100Ω/V，因此将 500Ω/V 作为安全阈值；绝缘电阻值介于 100Ω/V 与 500Ω/V 之间属于一级故障，在仪表盘进行故障提醒；绝缘电阻值小于 100Ω/V 属于二级故障，需要对车辆进行功率限制；根据电动汽车的 CAN 协议，电动汽车的主控制器与 BMS 通信，对测量结果进行实时判断，通过 CAN 总线发送到仪表盘上进行实时显示，驾驶员得知故障后便可及时进行处理。

检测电阻的引入，降低了动力电池与车身之间的绝缘等级，影响了检测精度。因此，为了确保检测电阻不影响绝缘电阻检测性能，仅在检测瞬间闭合继电器 K_1 和 K_2，检测结束后立即断开，确保测量桥臂与动力电池正、负极无电气连接。

3.6 本章小结

本章分析了 BMS 在电动汽车中的重要性；阐述了 BMS 的 6 类（共18 项）功能；分析了集中式和分布式 BMS 结构；从动力电池系统基本参数、主要开发工作、系统总体方案、采集单元硬件总体方案、主控单元硬件总体方案、采集单元软件总体方案、主控单元软件总体方案、关键性能参数 8 个方面论述了典型 BMS 的开发过程及关键构成；分析了交直流充电控制导引电路要求，并设计了交直流充电控制导引电路硬件及控制算法；分析了传统电桥法绝缘电阻检测方法的不足，并设计了不平衡电桥法绝缘电阻检测硬件及软件。

参 考 文 献

[1]　王芳, 夏军. 电动汽车动力电池系统设计与制造技术[M]. 北京：科学出版社, 2017.

[2]　王芳, 夏军. 电动汽车动力电池系统安全分析与设计[M]. 北京：科学出版社, 2016.

[3]　桑林, 徐洪海, 管翔. 电动汽车交流充电接口控制导引电路试验设计[J]. 电测与仪表, 2013, 50(2):112-115, 120.

[4]　姚丽娟. 电动汽车控制导引电路介绍和一种实际应用设计[J]. 硅谷, 2012(2):141.

[5]　刘水强. 电动汽车传导充电用连接装置认证问答[J]. 质量与认证, 2014(6):69-70.

[6]　任谊, 沙立民, 姜雨, 等. 单回路直流系统绝缘电阻检测装置技术研究[J]. 电子测量技术, 2014, 37(3):10-14.

[7]　王福忠, 董鹏飞, 董秋生, 等. 煤矿 6 kV 动力电缆绝缘在线监测系统研究[J]. 电子测量与仪器学报, 2015, 29(9):1398-1405.

[8]　Piao C H, Cong T. Study on Isolation Monitoring of High-Voltage Battery System[J]. Frontiers of Manufacturing and Design Science, 2005, 44(1): 571-579.

[9]　周晨, 胡社教, 沙伟, 等. 电动汽车绝缘电阻有源检测系统[J]. 电子测量与仪器学报, 2013, 27(5):409-414.

[10]　姜雨, 沙立民, 任谊. 基于低频信号法的电动汽车绝缘监测方法研究[J]. 国外电子测量技术, 2014, 33(11):25-28.

[11]　冯建, 来磊, 石雷兵, 等. 交流电阻及其时间常数的准平衡式电桥精密测量技术[J]. 电工技术学报, 2017, 32(19):187-192.

[12]　申永鹏. 增程式电动汽车能量管理与运行优化方法研究[D]. 长沙：湖南大学, 2015.

第4章

动力电池组主动均衡控制方法

受制造工艺的影响，在动力电池组中，各电池单体的内阻、初始容量、初始 SOC 等存在差异。在使用过程中，各单体 SOC 差异逐渐变大，导致动力电池组使用寿命及可用容量减小。首先，本章根据锂离子电池的生产过程、存储过程、使用过程分析了单体不一致性产生原因；其次，从内阻、电压、容量 3 个方面描述了动力电池组单体不一致性表现；最后，提出了动力电池组分布式主动均衡控制系统。

4.1 动力电池组单体不一致性机理分析

4.1.1 动力电池组单体不一致性产生原因

受制造工艺的影响，出厂的电池单体在内阻、初始容量、初始 SOC 等方面存在细微差异。在组成动力电池组后，随着充放电次数的增加，单体不一致性逐渐增强，即使是同一批次的同型号电池也不能完全避免出现单体不一致性[1]。动力电池组单体不一致性通常在生产过程、存储过程、使用过程中形成[2]。动力电池组单体不一致性的影响因素如图 4-1 所示。

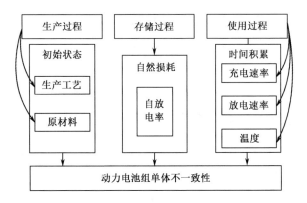

图 4-1　动力电池组单体不一致性的影响因素

1. 生产过程

锂离子电池的生产是一个极为复杂的过程,从锂离子电池的配料到组装出厂往往需要经过几十道工序,锂离子电池的生产过程如图 4-2 所示。在这些复杂的工序中,受电池生产设备加工精度的影响,很难保证生产工艺的一致性,从源头导致锂离子电池存在不一致性。虽然随着技术的发展,制造设备的精度不断提高,但也无法完全避免在生产过程中出现的单体不一致性。

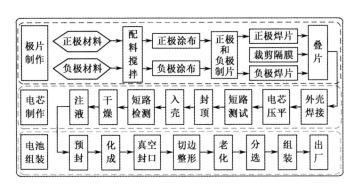

图 4-2　锂离子电池的生产过程

锂离子电池的生产过程主要包括生产前段、生产中段、生产后段 3 个阶段。

生产前段为锂离子电池的极片制作过程,主要包括配料搅拌、正极和负极涂布、正极和负极制片、正极和负极焊片、裁剪隔膜、叠片等工序。其中,配料搅拌工序需要将预处理的材料按照一定的比例在真空条件下搅拌,搅拌的均匀性对单体一致性有较大影响;正极和负极涂布的目的是将搅拌均匀的浆料涂敷在铝箔或铜箔上,烘干后得到电极极片,涂敷的均匀性也对单体一致性有较大影响。

生产中段为锂离子电池的电芯制作过程,主要包括外壳焊接、电芯压平、短路测试、封顶、入壳、短路检测、干燥、注液等工序。其中,注液工序极为重要,为了发挥活性物质的性能,必须保证电解液完全浸润电芯内部,否则在充电过程中锂离子不能自由移动,将影响单体容量的一致性。

生产后段为电池组装过程,主要包括预封、化成、真空封口、切边整形、老化、分选、组装、出厂等工序。锂离子电池组装完成后必须充电激活,将活性物质转化为电化学物质,该工序被称为化成。在化成过程中,温度和电流是使单体不一致性产生的重要因素[3]。

分析锂离子电池的生产过程可知,生产工艺是使单体不一致性产生的主要因素[4]。为了增强单体一致性,必须对生产过程中的各环节进行严格管控,从源头保证锂离子电池的一致性。

2. 存储过程

当锂离子电池在开路搁置状态下时,电极在电解液中处于热力学的不稳定状态,电池的两个电极各自发生氧化还原反应,导致锂离子电池自放电,使锂离子电池电量减小。锂离子电池自放电率的不同使单体不一致性产生。

锂离子电池自放电包括可逆自放电与不可逆自放电[5]。可逆自放电是在锂离子电池内部发生了可逆化学反应,随着存储时间的延长,锂离子电池电量逐渐减小,充电可以使锂离子电池容量恢复到初始状态;不可逆自放电对电池的损害较大,原因是在电池内部发生了不可逆化学反应,电池内部结构被破坏,电能存储能力下降,从而出现单体不一致性。

锂离子电池自放电率受制造环境及极片分割工艺的影响[6]，也受 SOC 与温度的影响。典型的锂离子电池自放电特性如图 4-3 所示。当温度及 SOC 较高时，电池的自放电率较高[7]。锂离子电池自放电率影响电池电量减小的速度，最终表现为在存储过程中出现的单体不一致性。

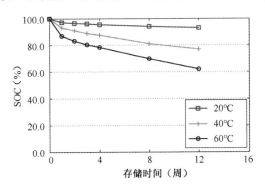

图 4-3　典型的锂离子电池自放电特性

3. 使用过程

为保证动力电池组在使用过程中的安全性，将成组后的锂离子电池置于密闭箱体中。由于在使用过程中锂离子电池存在放热现象，如果其在箱体内受热不均匀，随着时间的推移，不同锂离子电池的化学性能衰退速率不同，导致出现单体不一致性。

除此之外，放电电流对单体不一致性有较大影响。随着放电电流的增大，参加反应的离子和电子逐渐增多，必须要求电解液和电极具备较高的离子移动速度和较强的导电性，否则将产生极化现象，导致电池可用容量减小且不同电池达到放电截止电压的时间不同，从而出现单体不一致性[8]。

锂离子电池典型放电倍率与容量特性如图 4-4 所示。放电倍率越高，单体可用容量越小[9]。在生产过程中，单体内阻及容量存在不一致性，长期持续高倍率放电会增强不一致性。除此之外，锂离子电池放电倍率较高时，对锂离子电池正极和负极材料的影响较大，随着温度的升高，副反应加快，固态电解质界面膜的厚度增加，导致电极活性物质利用率下降，电池内阻增大，进一步增强单体不一致性。

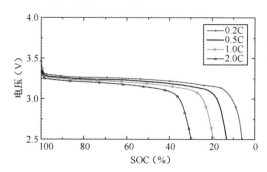

图 4-4　锂离子电池典型放电倍率与容量特性

4.1.2　动力电池组单体不一致性表现

1. 内阻差异

对于串联的多个电池模块而言，在充放电时，由于单体内阻不一致且串联电路电流相同，因此内阻大的单体的电压较高。随着充放电时间的增加，单体不一致性越来越明显。

在放电模式下，受内阻影响，电压较低的单体先完成放电，此时其余单体未完成放电，动力电池组不能达到满放状态；在充电模式下，电压较高的单体先达到满充状态，如果继续对整个动力电池组充电，将导致过充。锂离子电池的过充过放将严重影响其使用寿命。

2. 电压差异

电压差异既体现在电池模块内部，又体现在多个串联的电池模块之间。

由于电池模块内部存在电压不一致性，并联后的单体将形成充放电回路[10]，电池模块内部单体充放电情况如图 4-5 所示。

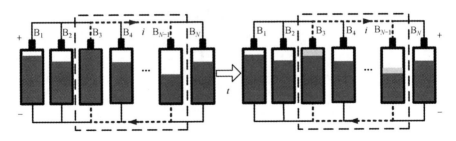

图 4-5 电池模块内部单体充放电情况

由图 4-5 可知,电压较高的单体处于放电状态,电压较低的单体处于充电状态,在充放电循环过程中,能量在电池模块内部流动,对外放电能力降低。

对于多个串联的电池模块,在放电过程中,由于在相同的电流下,电压较低的电池模块先完成放电,易造成过放,进而使容量减小,导致出现不可逆的性能衰退;在充电过程中,电压较高的电池模块先达到满充状态,易造成过充,进而使电池过热,甚至引起安全事故。

3. 电量差异

对于由多个电池模块串联而成的动力电池组而言,在放电模式下,初始电量最小的电池模块决定了动力电池组的最大放电电量;在充电模式下,初始电量最大的电池模块决定了动力电池组的最大充电电量。

在充电模式下,电量不一致对动力电池组的影响如图 4-6 所示。模块 A、B、C 的初始电量不同,在充电模式下,模块 C 很可能最先达到满充状态。为避免模块 C 过充,系统设置了充电截止电压,当模块 C 充满时,停止充电,此时模块 A、B 未达到满充状态,导致动力电池组的整体存储电量降低。

在放电模式下,电量不一致对动力电池组的影响如图 4-7 所示,随着放电时间的增加,模块 B 最先达到放电截止条件,将停止放电,此时模块 A、C 的电量没有被有效利用。随着充放电循环次数的增加,电池模块的电量不一致性逐渐增强。

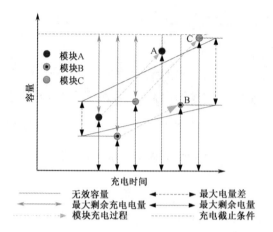

图 4-6　在充电模式下，电量不一致对动力电池组的影响

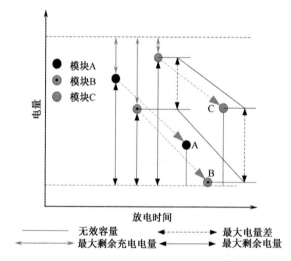

图 4-7　在放电模式下，电量不一致对动力电池组的影响

4.2　动力电池组单体不一致性改善方法

为了尽量发挥动力电池组性能，可以通过某些方法减弱单体不一致性。

4.2.1　提高设备精度

使用精密的制造设备是生产优质锂离子电池的基础,在锂离子电池的生产过程中,涂布工序要求将搅拌后的浆料均匀涂抹在金属上,厚度误差要求不超过 3μm;还需要保证切片表面不存在毛刺,否则会对后续工艺产生影响。在批量生产过程中,如果制造设备不够精密则无法保证同批同型号电池性能的一致性[11]。

4.2.2　改善生产工艺

生产工艺是使单体不一致性产生的重要原因[12][13]。例如,在配料搅拌工序中,锂离子浆料的均匀性直接影响电池质量;在注液工序中,单体电解液注入量的一致性影响电池容量和安全性。锂离子电池原材料对电池性能和一致性有重要影响,选择纯度高、易加工、性能好的电极材料,可以有效改善锂离子电池生产工艺。因此,研制高性能原材料、改善生产工艺,对减弱单体不一致性有重要意义。

4.2.3　采用分选技术

在出厂时,可以采用分选技术,通过使性能接近的单体成组,来减弱单体不一致性。

1. 参数分选法

分选参数包括容量、电压、内阻和自放电率[14]。

容量是衡量电池性能的重要参数,依据电池容量分布情况进行一致性评估,在生产过程中容易实现。但是在使用过程中,受外界环境影响,不能保证实际充放电过程中容量的一致性。

电压分选法包括开路电压分选法和工作电压分选法。开路电压分选法的思路是在分选时依据电池开路电压使电压等级一致的单体成组;工作电压分选法考虑了电池的工作电压,但忽略了电池放电时间、容量等参数的影响。

锂离子电池的内阻包含欧姆内阻和极化内阻。在内阻差异较小的情况下,采用内阻分选法需要提高测量设备的精度和准确性,否则会影响分选质量。

自放电率是锂离子电池的一个重要性能指标,在长期存放或使用过程中,自放电率高的电池性能较差,通过自放电率分选可以提前筛选出性能较差的单体,以保证成组后的单体一致性。

上述方法为单一参数分选法,这些方法具有简单、易操作的优点,但不能完全反映单体一致性。多参数融合分选法利用多个特征参数进行分选,是现有的分选方法中较为准确的方法。

2. 动态特性分选法

利用充放电特性对锂离子电池进行分选是动态特性分选法的主要思路。充放电曲线可以动态表征锂离子电池的关键特性。但该方法具有耗时长、数据量大等缺点。此外,由于运行工况复杂,在单一倍率下,充放电曲线不能完全反映锂离子电池的特性。

4.2.4　采用均衡控制技术

提高设备精度、改善生产工艺和采用分选技术虽然可以有效减弱单体不一致性,但在后续使用过程中,受单体内阻、自放电率、温度、老化程度的影响,仍会出现单体不一致问题。为了增强在使用过程中的单体一致性,可以采用均衡控制技术对电池单体进行一致性管理。

现有的均衡控制技术包括主动均衡控制技术和被动均衡控制技术。主动均衡控制技术对于减弱单体不一致性有较好的效果,但是电路设计较复杂且成本较高;被动均衡控制技术的硬件设计相对简单,算法实现较容易,但在均衡过程中有能量损耗且均衡电流较小。

合理选择均衡变量是获得较好均衡效果的前提[15]。在现有的均衡控制方法中,因为 OCV 易测量,且在部分 SOC 区间内,OCV 与 SOC 正相关,所以通常将 OCV 作为均衡变量。但是由于在电池充放电过程中电压有回弹现象,将 OCV 作为均衡变量只适用于静置的动力电池组。此外,不同材料、型号的锂离子电池的 OCV 与 SOC 的对应关系不同。例如,三元锂离子电池与磷酸铁锂离子电池有不同的 SOC-OCV 特性曲线;对于磷酸铁锂离子电池而言,在 SOC 中间区域,不同 SOC 对应的开路电压几乎一致,只能在充电或放电末端进行均衡。

为了对动力电池组进行在线均衡管理,在工程上常以工作电压为均衡变量,通过控制器实时采集单体工作电压,根据相应的均衡控制算法进行均衡管理。在解决动力电池组过充过放问题时,同样将单体工作电压作为充放电停止标准。与开路电压相比,将工作电压作为均衡变量对电压采集范围和采集精度的要求较高。同时,在充放电过程中,单体工作电压波动较大,现有 BMS 普遍采用扫描式单体工作电压采集方法,只有采用较高的扫描频率,才能确保单体工作电压采样的同步性,进而为均衡系统提供较为准确的参考。

以电池模块的 SOC 为均衡变量,可以忽略单体内阻及最大可用容量的差异,较为准确地体现单体剩余容量的一致性。但是锂离子电池具有较强的非线性和时变性,其 SOC 估算过程较复杂,且精度难以保证。

目前,SOC 估算方法主要有:Ah(Ampere-hour)积分法、开路电压法、内阻法、神经网络法、卡尔曼滤波法等。SOC 估算方法及其原理与优缺点对比如表 4-1 所示。

表 4-1　SOC 估算方法及其原理与优缺点对比

SOC 估算方法	原理	优点	缺点
Ah 积分法	对电流积分	简单易行、算法稳定	初始 SOC 不易得出
开路电压法	SOC-OCV 特性曲线	计算简单、易于实现	必须待电池组静置后使用
内阻法	根据内阻与 SOC 的关系间接估算 SOC	在电池放电后期精度较高、适应性较好	放电初期易受内阻放电率变化小的影响，SOC 估算困难
神经网络法	模拟人脑工作机制，进行状态变量与 SOC 之间的非线性映射	非线性较强、精度高	依赖大量数据
卡尔曼滤波法	根据输出量估算系统状态量的最优值	估算精度较高	算法较复杂

4.3　动力电池组均衡控制方法概述

4.3.1　动力电池组均衡控制意义

电池模块和动力电池组的一致性对比如图 4-8 所示。图 4-8（a）为由多个电池单体并联组成的电池模块，容量为 C；图 4-8（b）为由多个电池模块构成的动力电池组，动力电池组的容量由电量最低的电池模块决定，其容量为 C_1，C_1 略小于 C；图 4-8（c）和图 4-8（d）分别表示动力电池组经过时间 t_2、t_3 后，电池模块不一致性逐渐增强，动力电池组可用容量大幅减小。为了增大动力电池组的最大可用容量、延长其使用寿命，必须在使用过程中对动力电池组进行均衡控制。

动力电池组均衡控制包括充电模式与放电模式的均衡控制，在充电和放电模式下不采用和采用均衡控制的情况对比如图 4-9 所示。

由图 4-9（a）可知，受初始状态及使用条件（如温度、放电速率等）的影响，单体不一致性难以避免。

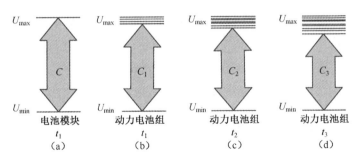

图 4-8　电池模块和动力电池组的一致性对比

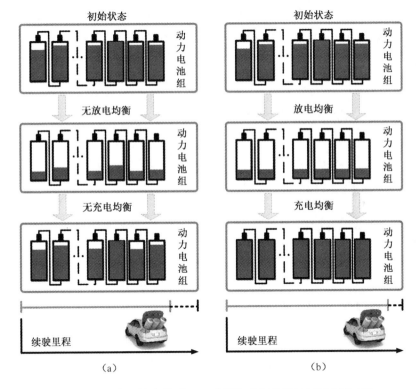

图 4-9　在充电和放电模式下不采用和采用均衡控制的情况对比

在放电过程中，受内阻差异及串联电路的影响，内阻小的电池模块的输出电压较低，内阻大的电池模块的输出电压较高。因此，电压最低的电池模块先达到放电截止电压，导致其他电池模块无法完全放电，大大缩短了电动汽车续驶里程。

在充电过程中，同样受串联电路的影响，由于电流相同，内阻越大的单体的端电压越高，电压高的电池模块很可能因过充而损坏，为避免过充情况发生，必须对动力电池组停止充电，导致动力电池组内其他电池模块无法达到满充状态，缩短了电动汽车续驶里程。

虽然受初始性能及使用条件的影响，存在电池模块不一致性，但是在采用均衡控制后，在放电模式下可以避免受电压最低的电池模块的影响，在放电末期，各电池模块的剩余容量几乎一致，实现了容量利用的最大化，有效延长了电动汽车续驶里程。同样，在充电模式下可以避免受电压最高的电池模块的影响，在充电末期，各电池模块都达到满充状态，有效提高了可用容量。

4.3.2 动力电池组均衡控制方法

可以通过 BMS 或专用均衡控制器进行均衡控制，具体包括被动均衡控制方法和主动均衡控制方法两类[16-18]。

1. 被动均衡控制方法

在采用被动均衡控制方法时，通常将耗能电阻及 MOS 管与电池模块并联，通过导通 MOS 管对电压过高的电池模块进行耗能，该电路被称为电阻分流式均衡电路，如图 4-10 所示。

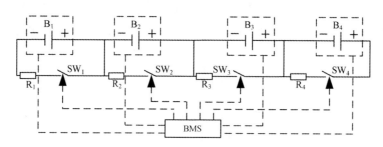

图 4-10 电阻分流式均衡电路

当 BMS 检测到某个电池模块的电压高于平均电压时，通过闭合与该电池模块并联的开关（通常为 MOS 管），利用电阻消耗电压较高的电池模块的能量，直至出现下一个电压最高的电池模块，并再次进行耗能，以减弱电池模块的不一致性。电阻分流式均衡电路具有结构简单、易于实现的优点，但是均衡过程造成了能量损耗，且受限于耗能电阻功率，均衡电流不宜过大，均衡时间较长。

2. 主动均衡控制方法

在采用主动均衡控制方法时，将电感、电容作为储能元件或直接采用变换器将电压较高的电池模块中的电荷转移至 SOC 较低的电池模块。

按照能量转移方式，可以将主动均衡控制方法分为 4 类。主动均衡控制方法分类如图 4-11 所示。

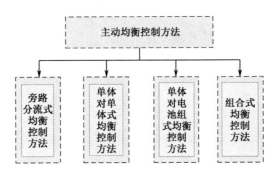

图 4-11　主动均衡控制方法分类

1）旁路分流式均衡控制方法

旁路分流式均衡电路如图 4-12 所示，其基本原理是在动力电池组的充电和放电过程中，在充电和放电回路外对需要均衡的动力电池建立一个由开关构成的新回路，实现能量的转移。

文献[19]和文献[20]采用了旁路分流式均衡电路。当某个电池模块的电压小于参考值时，该电池模块会被旁路。一段时间后，当系统检测到该电池模块的电压高于参考值时，将该电池模块重新接入电流回路。该均衡控制方法具有成本低、控制方式简单的优点，但是随着被旁路的电池模块数的增加，总线电压将降低，无法保障电动汽车的正常行驶。因此，必须配备一个具有较宽输出电压范围的大功率 DC/DC 变换器，以保障负载的正常工作。

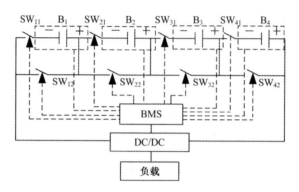

图 4-12　旁路分流式均衡电路

2）单体对单体式均衡控制方法

单体对单体式均衡控制方法主要采用 Buck-Boost 电路实现，其原理是在相邻动力电池组上连接 Buck-Boost 均衡模块，将相邻的电压较高的单体的能量转移至电压较低的单体。在转移过程中，能量先从电压较高的单体转移至对应的储能电感，电感再将能量转移至电压较低的单体[21]。为保证能量的转移方向可通过调整对应开关管的占空比来控制，设计单体对单体式均衡电路，如图 4-13 所示。采用单体对单体式均衡控制方法时，能量损耗低，但是随着单体数的增加，均衡速度变慢。

3）单体对电池组式均衡控制方法

文献[22]提出了单体对电池组式均衡控制方法，单体对电池组式均衡电路如图 4-14 所示。其基本原理是如果系统检测到电池组内某个单体的电压高于其他单体，则控制相应开关进行电感储能，一段时间后断开开关，将电压较高的单体的多余能量转移至电池组。该方法每次仅允许一个单体进行能量转移，因此均衡速度较慢。为了提高转移效率，文献[23]利用反激变压器实现了能量转移，有效提高了能量转移速率。

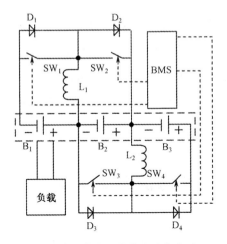

图 4-13 单体对单体式均衡电路

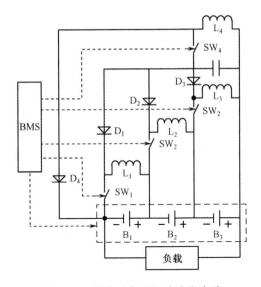

图 4-14 单体对电池组式均衡电路

4）组合式均衡控制方法

文献[24]、文献[25]和文献[26]提出了一种基于 Buck-Boost 变换器的衍生均衡结构，其先实现单体能量的依次转移，再完成单体对电池组的均衡充电。具体方法是为每个单体配备相同的均衡模块，以电容为储能元件进行能量转移，当系统检测到某单体的电压较高时，与之连接的均衡模块动作，给电感充电，电感存储的能量转移至电容。当系统检测到下一个电压较高的单体时，采用同样的方法将能量转移，当电容存储的能量达到一定的值时，通过 Buck-Boost 电路将能量转移至电池组。该方法可以使电池组中的多个单体同时进行能量转移，提高了均衡速度，但成本较高。

4.4 分布式主动均衡控制系统

4.4.1 分布式主动均衡控制系统结构

由 N 个并联单体构成的分布式主动均衡控制系统结构如图 4-15 所示，每个单体与一个分布式控制器并联，N 个分布式控制器的输出端串联，以产生母线电压，将单体与分布式控制器的组合称为智能单体[27]。主电路采用同步 4 开关双向升降压 DC/DC 变换器，通过改变全桥电路中 MOS 管 M_1、M_2、M_3、M_4 的导通时序，可以实现多模式工作，即直通模式、容错模式、双向升压模式、双向降压模式。为保证输出电压及充放电速率的稳定性和精度，设计电压外环和电流内环双闭环控制系统。电压外环控制器用于实现输入和输出电压的动态调整，并将电流值发送至电流内环控制器，

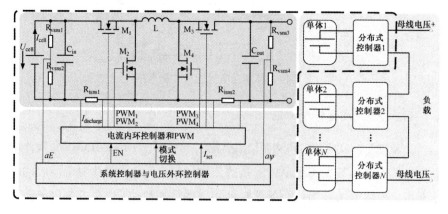

图 4-15 分布式主动均衡控制系统结构

通过 PWM 实现对输出电压和放电电流的精确调整[28]；系统控制器用于实现均衡模式的使能、充放电模式的切换及 CAN 总线数据通信。

4.4.2　分布式主动均衡控制系统工作模式

1. 直通模式

当动力电池组内最大单体电压与最小单体电压之差小于某值时，可以认为单体一致性较强，在充放电过程中不需要进行均衡管理，此时控制电路工作在直通模式下，直通模式如图 4-16 所示。

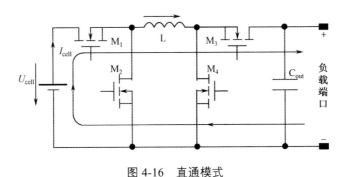

图 4-16　直通模式

此时，MOS 管 M_2 和 M_4 处于关断状态，M_1 和 M_3 处于导通状态，单体电流 I_{cell} 通过 M_1、L 和 M_3 流经负载。在直通模式下，$I_{cell} = I_{bus}$，I_{cell} 为单体输出电流，I_{bus} 为直流母线电流。

2. 容错模式

动力电池组易发生过充、过放或由过度使用导致的单体老化等问题，从而造成单个或多个单体损坏，影响动力电池组的正常使用。为保证当动力电池组内存在受损单体时，仍能正常工作，电路中设计了容错模式，容错模式如图 4-17 所示。当系统检测到受损单体时，MOS 管 M_3 和 M_4 处于导通状态，M_1 和 M_2 处于关断状态，受损单体被 MOS 管 M_3 和 M_4 旁路，与动力电池组不存在电气连接。

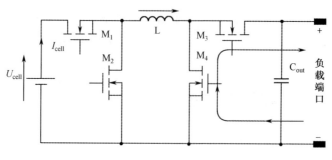

图 4-17　容错模式

受损单体导致动力电池组电压降低，如果受损单体数量增加，母线电压将无法维持负载的正常工作。在容错模式下，由于各分布式控制器的输出电压可调，因此在单个或多个单体受损的情况下，可以通过调整其他智能单体的输出电压来维持母线电压恒定，以维持负载的正常工作。

3. 双向升压模式

当负载所需母线电压高于动力电池组电压或单体电压高于 C_{out} 的电压时，控制系统启动双向升压模式。此时 MOS 管 M_1 处于导通状态，M_2 处于关断状态，MOS 管 M_3 和 M_4 交替工作。双向升压模式如图 4-18 所示。

设 MOS 管开关周期为 T，当 MOS 管 M_4 处于导通状态时，设导通时间为 t_{on}，此时 U_{cell} 向电感 L 充电，充电电流为 i_1，在时间 $0\sim t_{on}$ 内，电感存储的能量用 W_L 表示，即 $W_L = U_{cell}i_1 t_{on}$。

在时间 $t_{on}\sim T$ 内，M_4 处于关断状态，设关断时间为 t_{off}，此时动力电池与电感 L 同时向 C_{out} 充电，并向负载供电，在这段时间内，电感释放的能量为 $(U_{out}-U_{cell})i_1 t_{off}$。

当电路处于稳态时，由能量守恒定律可知，电感在一个周期内存储的能量等于其释放的能量，即

$$U_{cell}i_1 t_{on} = (U_{out} - U_{cell})i_1 t_{off} \tag{4-1}$$

化简可得

$$U_{\mathrm{out}} = \frac{t_{\mathrm{off}} + t_{\mathrm{off}}}{t_{\mathrm{off}}} U_{\mathrm{cell}} = \frac{T}{t_{\mathrm{off}}} U_{\mathrm{cell}} \qquad (4\text{-}2)$$

式中，T/t_{off} 表示升压比，调节升压比可以改变输出电压 U_{out}，T/t_{off} 始终大于 1，此时系统工作在双向升压模式下；t_{on}/T 表示占空比，记为 α。这里将升压比的倒数记为 $\beta = t_{\mathrm{off}}/T$，则 α 与 β 的关系为

$$\alpha + \beta = 1 \qquad (4\text{-}3)$$

式（4-2）可以表示为

$$U_{\mathrm{out}} = \left(\frac{1}{1-\alpha} \right) U_{\mathrm{cell}} \qquad (4\text{-}4)$$

双向升压模式下的理想波形如图 4-19 所示。U_{gs} 表示门极驱动信号。

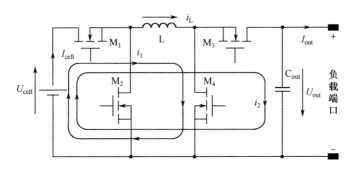

图 4-18　双向升压模式

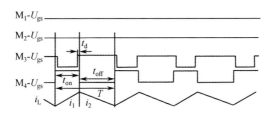

图 4-19　双向升压模式下的理想波形

4. 双向降压模式

当系统所需母线电压低于动力电池组电压时，系统工作在双向降压模式下，双向降压模式如图 4-20 所示。

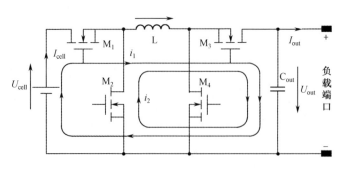

图 4-20　双向降压模式

当系统工作在双向降压模式下时，MOS 管 M_3 处于导通状态，MOS 管 M_4 处于关断状态，MOS 管 M_1 和 M_2 交替工作。

设 M_1 导通时间为 t_{on}，在时间 $0\sim t_{on}$ 内，动力电池组为电感充电且为负载供电，并满足 $U_{out}=U_{cell}$。当 M_1 处于关断状态、M_2 处于导通状态时，电感为负载供电，设时间为 t_{off}，则有

$$U_{out}=\frac{t_{off}}{t_{on}+t_{off}}U_{cell}=\frac{t_{on}}{T}U_{cell} \tag{4-5}$$

式中，t_{on}/T 表示占空比，记为 α，则式（4-5）可以表示为

$$U_{out}=\alpha U_{cell} \tag{4-6}$$

双向降压模式下的理想波形如图 4-21 所示。

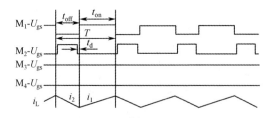

图 4-21　双向降压模式下的理想波形

4.4.3　单体 SOC 估算

为了实现单体 SOC 估算，综合考虑算法的实用性、鲁棒性及估算精

度，利用开路电压与 SOC 的关系，采用开路电压法得到动力电池组初始 SOC，然后利用 Ah 积分法对充放电过程中的 SOC 进行实时估算。

用 81×41 个数据点表示所使用的容量为 2600mAh 的 18650 型 LiCoMnNIO₂ 电池的温度、OCV 和 SOC 的关系。温度、OCV 和 SOC 的关系曲面如图 4-22 所示。

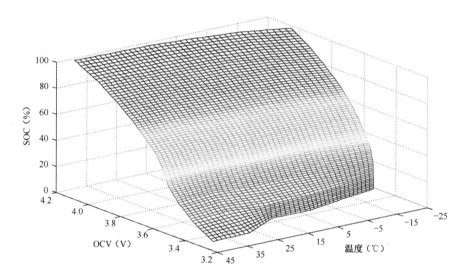

图 4-22　温度、OCV 和 SOC 的关系曲面

根据温度、OCV 和 SOC 的关系得到初始 SOC 后，利用式（4-7）对充放电过程中的 SOC 进行实时估算，即

$$\mathrm{SOC}(t) = \mathrm{SOC}_0 - \int_0^t \frac{\eta_i I(\tau)}{C_n \mathrm{SOH}_{rt}} \mathrm{d}\tau \tag{4-7}$$

式中，SOC_0 为单体初始 SOC；η_i 为充放电效率；$I(\tau)$ 为电池瞬态电流，$I(\tau) > 0$ 表示放电状态，$I(\tau) < 0$ 表示充电状态；C_n 为单体标称容量；SOH_{rt} 为电池健康状态，$\mathrm{SOH}_{rt} = 1$ 表示实际容量等于标称容量。

4.5 分布式主动均衡控制方法

4.5.1 放电速率计算

所提出的分布式主动均衡控制系统根据单体 SOC 与平均 SOC 之差，调整母线电压调节系数和放电模式下的均衡加速系数，从而实现对单体输出电压的动态调整。由于单体放电速率与单体 SOC 和平均 SOC 之差成反比，t 时刻单体 SOC 与平均 SOC 之差在单体输出电压上线性表征为

$$
\begin{bmatrix} \psi_1(t) \\ \psi_2(t) \\ \vdots \\ \psi_N(t) \end{bmatrix} = \begin{bmatrix} \beta_1(t) & 0 & \cdots & 0 \\ 0 & \beta_2(t) & \cdots & 0 \\ \vdots & \vdots & & \vdots \\ 0 & 0 & \cdots & \beta_N(t) \end{bmatrix} \begin{bmatrix} SOC_1(t) - \overline{SOC(t)} \\ SOC_2(t) - \overline{SOC(t)} \\ \vdots \\ SOC_N(t) - \overline{SOC(t)} \end{bmatrix} + \begin{bmatrix} E_1(t) \\ E_2(t) \\ \vdots \\ E_N(t) \end{bmatrix} \quad (4\text{-}8)
$$

式中，$SOC_i(t)$（$i=1,2,\cdots,N$）表示 t 时刻第 i 个单体的 SOC；$\overline{SOC(t)}$ 为 t 时刻单体的平均 SOC，$\overline{SOC(t)} = \sum\limits_{i=1}^{N} SOC_i(t)/N$；$E_i(t)$ 为 t 时刻第 i 个单体的电压，$i=1,2,\cdots,N$；$\beta_i(t)$ 为放电模式下第 i 个单体的均衡加速系数，当系统检测到单体 SOC 与平均 SOC 之差时，$\beta_i(t)$ 的大小决定了均衡速度，在均衡过程中，$\beta_i(t)$ 需要满足

$$
U_{\text{MinL}} \leqslant \left\{ \left[SOC_i(t) - \overline{SOC(t)} \right] \beta_i(t) + E_i(t) \right\} \alpha(t) \leqslant U_{\text{MaxL}} \quad (4\text{-}9)
$$

式中，U_{MaxL} 与 U_{MinL} 分别为单体输出电压的最大值与最小值；$\alpha(t)$ 为母线电压调节系数，有

$$
\alpha(t) = \frac{U_L}{\sum\limits_{i=1}^{N} E_i(t)} \quad (4\text{-}10)
$$

式中，U_L 表示 t 时刻的母线电压设定值；$\displaystyle\sum_{i=1}^{N} E_i(t)$ 为 t 时刻 N 个单体的总

电压。由 $\psi_i(t)$ 和 $\alpha(t)$ 可以得到均衡过程中的单体放电电流，即

$$
\begin{bmatrix} i_1(t+1) \\ i_2(t+1) \\ \vdots \\ i_N(t+1) \end{bmatrix} = \begin{bmatrix} \psi_1(t)\alpha(t) & 0 & \cdots & 0 \\ 0 & \psi_2(t)\alpha(t) & \cdots & 0 \\ \vdots & \vdots & & \vdots \\ 0 & 0 & \cdots & \psi_N(t)\alpha(t) \end{bmatrix} \begin{bmatrix} I(t) \\ I(t) \\ \vdots \\ I(t) \end{bmatrix} \begin{bmatrix} \varphi_1^{-1}(t) & 0 & \cdots & 0 \\ 0 & \varphi_2^{-1}(t) & \cdots & 0 \\ \vdots & \vdots & & \vdots \\ 0 & 0 & \cdots & \varphi_N^{-1}(t) \end{bmatrix}
$$

$$（4\text{-}11）$$

式中，$i_i(t+1)$ 为 $t+1$ 时刻第 i 个单体的放电电流；$I(t)$ 为母线电流；$\varphi_i(t)$ 为

$$
\varphi_i(t) = E_i(t)\eta\big[E_i(t), I(t)\big] \tag{4-12}
$$

式中，$\eta\big[E_i(t), I(t)\big]$ 表示当单体电压为 $E_i(t)$、母线电流为 $I(t)$ 时，分布式控制器的平均转换效率。均衡过程中的单体实时输出电压为

$$
\begin{bmatrix} \xi_1(t+1) \\ \xi_2(t+1) \\ \vdots \\ \xi_N(t+1) \end{bmatrix} = \begin{bmatrix} \psi_1(t) & 0 & \cdots & 0 \\ 0 & \psi_2(t) & \cdots & 0 \\ \vdots & \vdots & & \vdots \\ 0 & 0 & \cdots & \psi_N(t) \end{bmatrix} \begin{bmatrix} \alpha(t) \\ \alpha(t) \\ \vdots \\ \alpha(t) \end{bmatrix} \tag{4-13}
$$

单体输出电压处于动态调整过程中，在 $t+1$ 时刻，根据式（4-8）、式（4-10）、式（4-13）可以得到 $t+1$ 时刻成组后 N 个单体的总电压为

$$
\sum_{i=1}^{N} \xi_i(t+1) = \alpha(t) \sum_{i=1}^{N} \psi_i(t) = U_\text{L} \tag{4-14}
$$

由式（4-14）可知，所提出的分布式主动均衡控制系统可以在动态均衡过程中保持母线电压稳定。

4.5.2　充电速率计算

所提出的分布式主动均衡控制系统根据单体 SOC 与平均 SOC 之差，调整充电模式下的均衡加速系数 $\alpha_i(t)$，实现对单体充电电流的动态调整。由于单体充电速率与平均 SOC 和 SOC 之差成正比，t 时刻单体 SOC 与

平均 SOC 之差在单体输出电压上线性表征为

$$\begin{bmatrix} \psi_1(t) \\ \psi_2(t) \\ \vdots \\ \psi_N(t) \end{bmatrix} = \begin{bmatrix} \alpha_1(t) & 0 & \cdots & 0 \\ 0 & \alpha_2(t) & \cdots & 0 \\ \vdots & \vdots & & \vdots \\ 0 & 0 & \cdots & \alpha_N(t) \end{bmatrix} \begin{bmatrix} \overline{SOC(t)} - SOC_1(t) \\ \overline{SOC(t)} - SOC_2(t) \\ \vdots \\ \overline{SOC(t)} - SOC_N(t) \end{bmatrix} + \begin{bmatrix} E_1(t) \\ E_2(t) \\ \vdots \\ E_N(t) \end{bmatrix} \tag{4-15}$$

式中，$SOC_i(t)$ 表示 t 时刻第 i 个单体的 SOC；$\overline{SOC(t)}$ 为 t 时刻单体的平均 SOC，$\overline{SOC(t)} = \sum\limits_{i=1}^{N} SOC_i(t)/N$；$E_i(t)$ 为 t 时刻第 i 个单体的电压，$i = 1,2,\cdots,N$；$\alpha_i(t)$ 为充电模式下第 i 个单体的均衡加速系数，当系统检测到单体 SOC 与平均 SOC 之差时，$\alpha_i(t)$ 的大小决定了均衡速度，在均衡过程中，$\alpha_i(t)$ 需要满足

$$\alpha_i(t) = \frac{E_{\text{Min}}(t)}{E_{\text{Max}}(t) - E_{\text{Min}}(t)} \tag{4-16}$$

式中，$E_{\text{Min}}(t)$ 与 $E_{\text{Max}}(t)$ 分别为 t 时刻成组的单体中电压的最小值和最大值。由 $\psi_i(t)$ 和 $\alpha_i(t)$ 可以得到单体充电电流为

$$\begin{bmatrix} i_1(t+1) \\ i_2(t+1) \\ \vdots \\ i_N(t+1) \end{bmatrix} = \begin{bmatrix} \psi_1(t) - \overline{E(t)} & 0 & \cdots & 0 \\ 0 & \psi_2(t) - \overline{E(t)} & \cdots & 0 \\ \vdots & \vdots & & \vdots \\ 0 & 0 & \cdots & \psi_N(t) - \overline{E(t)} \end{bmatrix}$$
$$\begin{bmatrix} \overline{E(t)}^{-1} & 0 & \cdots & 0 \\ 0 & \overline{E(t)}^{-1} & \cdots & 0 \\ \vdots & \vdots & & \vdots \\ 0 & 0 & \cdots & \overline{E(t)}^{-1} \end{bmatrix} + \begin{bmatrix} I & 0 & \cdots & 0 \\ 0 & I & \cdots & 0 \\ \vdots & \vdots & & \vdots \\ 0 & 0 & \cdots & I \end{bmatrix} \tag{4-17}$$

式中，$\overline{E(t)} = \sum\limits_{i=1}^{N} E_i(t)/N$；$i_i(t+1)$ 为 $t+1$ 时刻第 i 个单体的充电电流；I 为初始状态单体设定充电电流，则有

$$\begin{bmatrix} \theta_1(t+1) \\ \theta_2(t+1) \\ \vdots \\ \theta_N(t+1) \end{bmatrix} = \begin{bmatrix} \dfrac{i_1(t+1)}{I_{\text{Limit}}} & 0 & \cdots & 0 \\ 0 & \dfrac{i_2(t+1)}{I_{\text{Limit}}} & \cdots & 0 \\ \vdots & \vdots & & \vdots \\ 0 & 0 & \cdots & \dfrac{i_N(t+1)}{I_{\text{Limit}}} \end{bmatrix} \begin{bmatrix} \delta \\ \delta \\ \vdots \\ \delta \end{bmatrix} \qquad (4\text{-}18)$$

式中，I_{Limit} 为单体充电电流限值；δ 为控制周期；$\theta_i(t+1)$ 为 $t+1$ 时刻调整单体充电电流所需占空比。在均衡过程中，均衡控制系统根据均衡控制方法实时计算充电模式下的均衡加速系数，对充电电流进行动态调整，完成充电模式下的均衡控制。

4.5.3　充放电模式下的动态均衡控制方法

在动力电池组的充放电过程中，受单体性能不一致性的影响，4.5.1 节 4.5.2 节提出的方法的均衡效率较低。可以通过均衡加速系数自适应调整方法，在充放电过程中依据单体自身电量实时调整动态均衡加速系数，对充电和放电速率进行动态调整，可以提高均衡效率。

1. 充电模式下的动态均衡加速系数及充电电流计算

在充电模式下，动态均衡控制方法的基本思路是利用单体 SOC 与平均 SOC 之差，调整动态均衡加速系数 $\eta_i(t)$，从而实现对单体充电电流的动态调整。由于单体充电速率与平均 SOC 和 SOC 之差成正比，t 时刻单体 SOC 与平均 SOC 之差在单体输出电压上线性表征为

$$\begin{bmatrix} \xi_1(t) \\ \xi_2(t) \\ \vdots \\ \xi_N(t) \end{bmatrix} = \begin{bmatrix} \eta_1(t) & 0 & \cdots & 0 \\ 0 & \eta_2(t) & \cdots & 0 \\ \vdots & \vdots & & \vdots \\ 0 & 0 & \cdots & \eta_N(t) \end{bmatrix} \begin{bmatrix} SOC_1(t) - \overline{SOC(t)} \\ SOC_2(t) - \overline{SOC(t)} \\ \vdots \\ SOC_N(t) - \overline{SOC(t)} \end{bmatrix} + \begin{bmatrix} E_1(t) \\ E_2(t) \\ \vdots \\ E_N(t) \end{bmatrix} \qquad (4\text{-}19)$$

式中，$\mathrm{SOC}_i(t)$ 表示 t 时刻第 i 个单体的 SOC；$\overline{\mathrm{SOC}(t)}$ 为 t 时刻单体的平均 SOC，$\overline{\mathrm{SOC}(t)} = \sum_{i=1}^{N} \mathrm{SOC}_i(t)/N$；$E_i(t)$ 为 t 时刻第 i 个单体的电压，$i = 1, 2, \cdots, N$；$\eta_i(t)$ 为充电模式下第 i 个单体的动态均衡加速系数，当系统检测到单体 SOC 与平均 SOC 之差时，$\eta_i(t)$ 的大小决定了均衡速度，在均衡过程中，$\eta_i(t)$ 需要满足

$$\begin{bmatrix} \eta_1(t) \\ \eta_2(t) \\ \vdots \\ \eta_N(t) \end{bmatrix} = \begin{bmatrix} \dfrac{E_1(t)}{E_{\mathrm{Max}}(t) - E_{\mathrm{Min}}(t)} & 0 & \cdots & 0 \\ 0 & \dfrac{E_2(t)}{E_{\mathrm{Max}}(t) - E_{\mathrm{Min}}(t)} & \cdots & 0 \\ \vdots & \vdots & & \vdots \\ 0 & 0 & \cdots & \dfrac{E_N(t)}{E_{\mathrm{Max}}(t) - E_{\mathrm{Min}}(t)} \end{bmatrix} \quad (4\text{-}20)$$

式中，$E_{\mathrm{Min}}(t)$ 与 $E_{\mathrm{Max}}(t)$ 分别为 t 时刻成组的单体中电压的最小值和最大值。由 $\xi_i(t)$ 和 $\eta_i(t)$ 可以得到单体充电电流为

$$i_i(t+1) = \frac{\xi_i(t) - \overline{E(t)}}{\overline{E(t)}} + I_{\mathrm{set}} \quad (4\text{-}21)$$

式中，$\overline{E(t)} = \sum_{i=1}^{N} E_i(t)/N$；$i_i(t+1)$ 为 $t+1$ 时刻第 i 个单体的充电电流；I_{set} 为初始状态单体设定充电电流，则有

$$\begin{bmatrix} \chi_1(t+1) \\ \chi_2(t+1) \\ \vdots \\ \chi_N(t+1) \end{bmatrix} = \begin{bmatrix} \dfrac{i_1(t+1)}{I_{\mathrm{Limit}}} & 0 & \cdots & 0 \\ 0 & \dfrac{i_2(t+1)}{I_{\mathrm{Limit}}} & \cdots & 0 \\ \vdots & \vdots & & \vdots \\ 0 & 0 & \cdots & \dfrac{i_N(t+1)}{I_{\mathrm{Limit}}} \end{bmatrix} \begin{bmatrix} \theta \\ \theta \\ \vdots \\ \theta \end{bmatrix} \quad (4\text{-}22)$$

式中，I_{Limit} 为单体充电电流限值；θ 为控制周期；$\chi_i(t+1)$ 为 $t+1$ 时刻的 PWM 占空比。

2. 放电模式下的动态均衡加速系数及输出电压计算

在放电模式下，动态均衡控制方法的基本思路是利用单体 SOC 与平均 SOC 之差，调整动态均衡加速系数 $\eta_i(t)$，从而实现对单体输出电压的动态调整。由于单体放电速率与单体 SOC 和平均 SOC 之差成反比，t 时刻单体 SOC 与平均 SOC 之差在单体输出电压上线性表征为式（4-19）。在均衡过程中，$\eta_i(t)$ 需要满足

$$
\begin{bmatrix} \eta_1(t) \\ \eta_2(t) \\ \vdots \\ \eta_N(t) \end{bmatrix} = \begin{bmatrix} E_1(t)-U_{\text{Limit}} & 0 & \cdots & 0 \\ 0 & E_2(t)-U_{\text{Limit}} & \cdots & 0 \\ \vdots & \vdots & & \vdots \\ 0 & 0 & \cdots & E_N(t)-U_{\text{Limit}} \end{bmatrix}
$$

$$
\begin{bmatrix} \left[\overline{E(t)}-E_{\text{Min}}(t)\right]^{-1} & 0 & \cdots & 0 \\ 0 & \left[\overline{E(t)}-E_{\text{Min}}(t)\right]^{-1} & \cdots & 0 \\ \vdots & \vdots & & \vdots \\ 0 & 0 & \cdots & \left[\overline{E(t)}-E_{\text{Min}}(t)\right]^{-1} \end{bmatrix} \qquad (4\text{-}23)
$$

式中，U_{Limit} 为单体输出电压限值。动态母线电压调节系数 $\kappa(t)$ 为

$$
\kappa(t) = \frac{U_{\text{L}}}{\sum\limits_{i=1}^{N} E_i(t)} \qquad (4\text{-}24)
$$

式中，U_{L} 表示 t 时刻的母线电压设定值。在均衡过程中，单体实时输出电压为

$$
\begin{bmatrix} \psi_1(t+1) \\ \psi_2(t+1) \\ \vdots \\ \psi_N(t+1) \end{bmatrix} = \begin{bmatrix} \xi_1(t) & 0 & \cdots & 0 \\ 0 & \xi_2(t) & \cdots & 0 \\ \vdots & \vdots & & \vdots \\ 0 & 0 & \cdots & \xi_N(t) \end{bmatrix} \begin{bmatrix} \kappa(t) \\ \kappa(t) \\ \vdots \\ \kappa(t) \end{bmatrix} \qquad (4\text{-}25)
$$

单体输出电压处于动态调整过程中，$t+1$ 时刻的总电压如式（4-26）所示，可在总电压恒定的前提下实现对动力电池组的均衡管理。

$$\sum_{i=1}^{N} \psi_i(t+1) = \kappa(t)\sum_{i=1}^{N} \xi_i(t)$$

$$= \kappa(t)\sum_{i=1}^{N}\left\{\left[SOC_i(t) - \overline{SOC(t)}\right]\eta_i(t) + E_i(t)\right\} \qquad (4\text{-}26)$$

$$= \kappa(t)\sum_{i=1}^{N} E_i(t) \approx U_L$$

4.5.4 实验验证及分析

为验证所设计的动力电池组分布式主动均衡控制系统的性能，搭建实验平台进行实验，实验参数如表 4-2 所示，分布式主动均衡控制实验平台结构和照片分别如图 4-23 和图 4-24 所示，单体参数如表 4-3 所示。

表 4-2　实验参数

名称	型号	参数	数值
动力电池单体	ISR18650	标称电压	3.7 V
		标称容量	2.6 Ah
直流电子负载	DL3021	精度	1 mV、1 mA
		最大电压/电流	150 V、40 A
多通道示波器	DLM4058	带宽	500 MHz
		最大取样速率	2.5 GS/s
直流电源	SK1731SL	输出电流	0～2 A

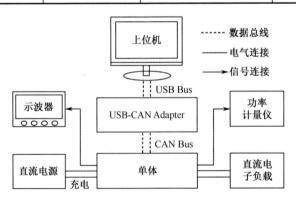

图 4-23　分布式主动均衡控制实验平台结构

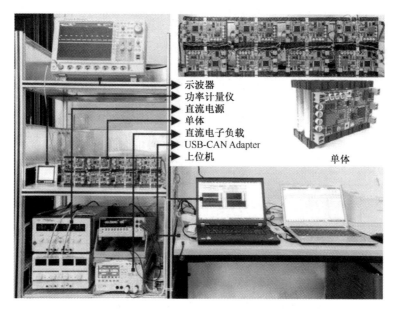

图 4-24　分布式主动均衡控制实验平台照片

表 4-3　智能单体参数

名称	参数	数值
单体	标称电压	3.7 V
	标称容量	10.4 Ah
	输出电压	2～12 V
	输出电流	0～10 A

在实验过程中，通过 ZLG USB-CAN 与智能单体进行通信，采用 ISR18650 动力电池单体，在放电均衡模式下以四并八串方式、在充电模式下以四并六串方式构成动力电池组。在放电模式下采用 DL3021 直流电子负载；在充电模式下采用 SK1731SL 直流电源。分别在充放电模式下进行均衡控制算法验证。

1. 恒阻模式下的放电均衡实验

为验证分布式主动均衡控制系统的恒阻放电均衡效果，按照以下步骤进行实验。

（1）将 8 个单体分别充电至不同的 SOC。

（2）将电子负载的阻值设为 40Ω。

（3）将母线电压设为 40V。

（4）启用电子负载数据保存模式，记录均衡过程中的母线电压、电流、功率数据。将 USB-CAN Adapter 与智能单体、上位机连接，记录电压等数据。

（5）开启加载，进行均衡实验。

恒阻放电过程中 8 个单体的输出电压如图 4-25 所示。均衡过程持续 8145s，单体输出电压极差由均衡初期的 330mV 降至均衡末期的 30mV。恒阻放电过程中 8 个单体的 SOC 如图 4-26 所示。单体 SOC 差异由 35.8% 降至 5.6%，表明单体 SOC 的一致性得到明显增强。

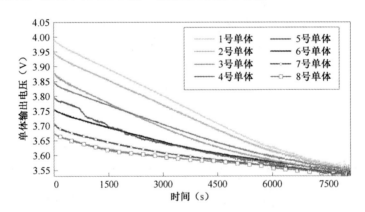

图 4-25　恒阻放电过程中 8 个单体的输出电压

恒阻放电过程中的母线电压如图 4-27 所示。在均衡过程中，母线电压实际值与设定值的最大偏差为 0.3V，表明所设计的分布式主动均衡控制系统在均衡过程中可以维持母线电压稳定。

恒阻放电过程中 8 个单体的输出电压标准差如图 4-28 所示。标准差由均衡初期的 0.1125 降至均衡末期的 0.0086，表明单体电压的一致性得到明显增强。

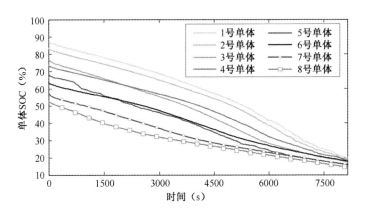

图 4-26　恒阻放电过程中 8 个单体的 SOC

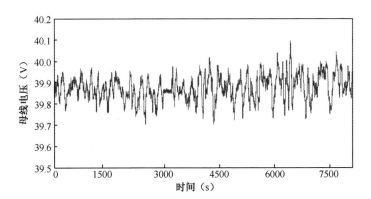

图 4-27　恒阻放电过程中的母线电压

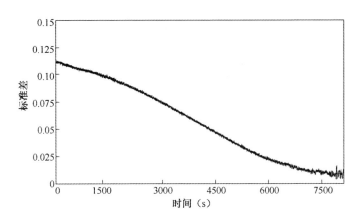

图 4-28　恒阻放电过程中 8 个单体的输出电压标准差

2. 模拟 HWFET 工况下的放电均衡实验

为验证分布式主动均衡控制系统在动态负载下的均衡效果,根据高速公路经济性测试(Highway Fuel Economy Test,HWFET)工况下的动力电池负载曲线,进行动态模拟实验,具体步骤如下。

(1)将 8 个单体分别充电至不同的 SOC。

(2)将母线电压设为 40V。

(3)设置电子负载的加载功率。

(4)启用电子负载数据保存模式,记录均衡过程中的母线电压、电流、功率数据。将 USB-CAN Adapter 与智能单体、上位机连接,记录电压等数据。

(5)开启加载,进行均衡实验。

模拟 HWFET 工况下的车速和动力电池负载功率如图 4-29 所示,其由 Advisor 车辆动力学仿真软件输出。此外,为了匹配所开发单体的最大输出功率,实际加载功率为 $P_e / 200$。

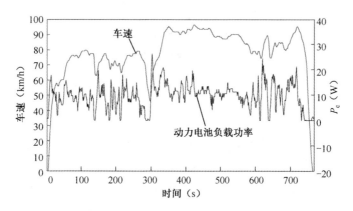

图 4-29　模拟 HWFET 工况下的车速和动力电池负载功率

模拟 HWFET 工况下的电流和功率如图 4-30 所示。单 HWFET 工况为 766 步,每步时长为 1s。均衡过程持续 8098s,HWFET 工况循环执行了约 11 次。

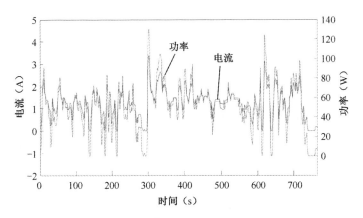

图 4-30　模拟 HWFET 工况下的电流和功率

模拟 HWFET 工况下实验过程中 8 个单体的输出电压如图 4-31 所示，单体输出电压极差由均衡初期 300mV 降至均衡末期的 40mV，表明单体 SOC 的一致性得到明显增强。

模拟 HWFET 工况下实验过程中的母线电压如图 4-32 所示。在均衡过程中，母线电压实际值与设定值的最大偏差为 0.5V，与恒阻模式相比略有增大，但是与单体直接串联时由内阻造成的电压波动相比，其仍有较大改善。

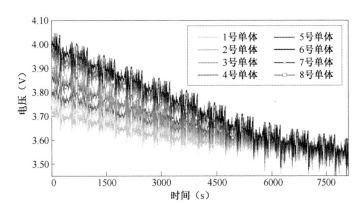

图 4-31　模拟 HWFET 工况下实验过程中 8 个单体的输出电压

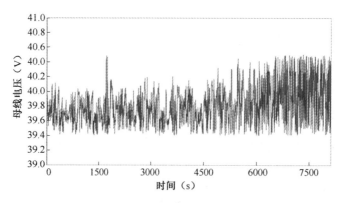

图 4-32 模拟 HWFET 工况下实验过程中的母线电压

模拟 HWFET 工况下实验过程中 8 个单体的输出电压标准差如图 4-33 所示。标准差由均衡初期的 0.101 降至均衡末期的 0.009，表明单体电压分散度越来越低，单体电压的一致性得到明显增强。

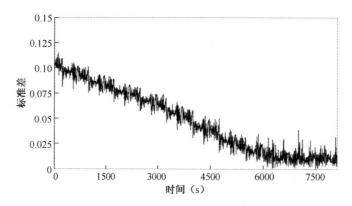

图 4-33 模拟 HWFET 工况下实验过程中 8 个单体的输出电压标准差

3. 非均衡模式下的恒流—恒压充电实验

为验证均衡控制方法在充电模式下的均衡效果，在非均衡模式下按照常规流程进行恒流—恒压充电实验，具体步骤如下。

（1）使满充的 6 个单体分别放电至不同的 SOC。

（2）将充电电流设为 0.8A、充电截止电压设为 4V、充电电压设为 24V。

（3）将 USB-CAN Adapter 与智能单体、上位机连接，记录单体输出电压、充电电流等数据。

（4）开启充电模式，进行非均衡实验。

非均衡充电过程中 6 个单体的输出电压如图 4-34 所示。单体 SOC 出现严重不均衡，单体输出电压极差由 141mV 升至 178mV，1 号单体已达到充电截止电压，停止充电，2～6 号单体处于欠充电状态。

非均衡充电过程中 6 个单体的输出电压标准差如图 4-35 所示。标准差由均衡初期的 0.047 升至均衡末期的 0.056，表明单体电压的一致性越来越差。

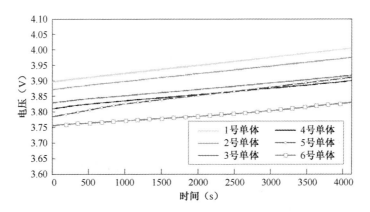

图 4-34　非均衡充电过程中 6 个单体的输出电压

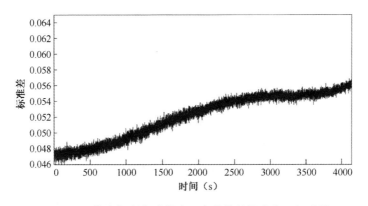

图 4-35　非均衡充电过程中 6 个单体的输出电压标准差

4. 充电模式下的均衡实验

为验证均衡控制方法在充电模式下的均衡效果，对 6 个单体进行均衡实验，具体步骤如下。

（1）使满充的 6 个单体分别放电至不同的 SOC。

（2）将初始充电电流设为 0.75A、最大充电电流设为 2A、充电截止电压设为 4V、充电电压设为 24V。

（3）将 USB-CAN Adapter 与智能单体、上位机连接，记录单体输出电压、充电电流等数据。

（4）开启充电模式，进行均衡实验。

均衡充电过程中 6 个单体的输出电压如图 4-36 所示。充电均衡过程持续 7506s，单体输出电压极差由均衡初期的 140V 降至均衡末期的 20mV，表明所提均衡控制方法能使单体一致性得到明显增强。

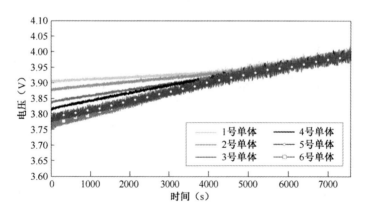

图 4-36　均衡充电过程中 6 个单体的输出电压

均衡充电过程中 6 个单体的充电电流如图 4-37 所示。在充电过程中，均衡控制系统根据均衡控制方法，动态调整单体充电电流，均衡初期 6 号单体的充电电流是 1 号单体的 4.5 倍。

均衡充电过程中 6 个单体的输出电压标准差如图 4-38 所示。标准差由均衡初期的 0.05 降至均衡末期的 0.007，表明单体电压的一致性得到明显增强。

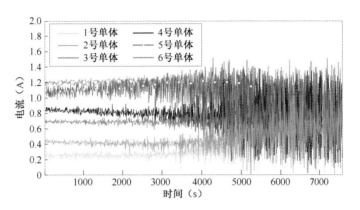

图 4-37 均衡充电过程中 6 个单体的充电电流

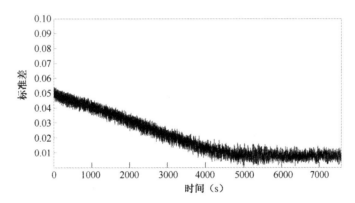

图 4-38 均衡充电过程中 6 个单体的输出电压标准差

5. 放电模式下的静态和动态均衡实验

为验证静态和动态均衡控制方法在放电模式下的均衡效果，按照以下步骤进行实验。

（1）将 6 个单体分别充电至不同的 SOC。

（2）将电子负载的阻值设为 30Ω，将母线电压设为 30V。

（3）启用电子负载数据保存模式，进行均衡实验。

静态和动态均衡放电过程中 6 个单体的输出电压如图 4-39 所示。由图 4-39（a）可知，均衡过程持续 6820s，采用静态均衡控制方法时，单体输出电压极差由均衡初期的 180mV 降至均衡末期的 30mV；由图 4-39（b）可知，均衡过程持续 5800s，采用动态均衡控制方法时，单体输出电压极差由均衡初期的 180mV 降至均衡末期的 30mV。

静态和动态均衡放电过程中 6 个单体的均衡加速系数如图 4-40 所示。

在图 4-40（a）中，6 个单体的均衡加速系数一致；在图 4-40（b）中，6 个单体的均衡加速系数各不相同，均衡加速系数随单体电压的变化而进行动态调整。

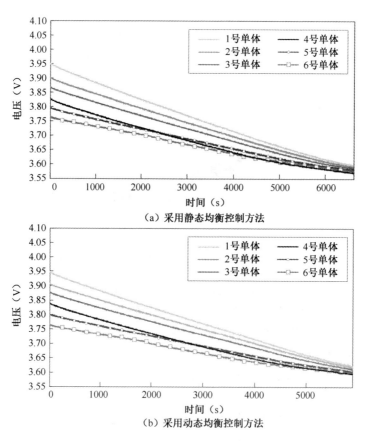

（a）采用静态均衡控制方法

（b）采用动态均衡控制方法

图 4-39　静态和动态均衡放电过程中 6 个单体的输出电压

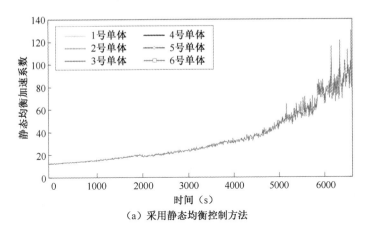

（a）采用静态均衡控制方法

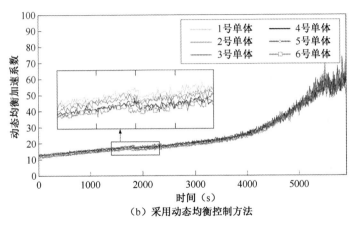

（b）采用动态均衡控制方法

图 4-40　静态和动态均衡放电过程中 6 个单体的均衡加速系数

　　静态和动态均衡放电过程中 6 个单体的输出电压极差及母线电压如图 4-41 所示。由图 4-41（a）可知，当均衡过程持续 5560s 时，单体输出电压极差降至 50mV，当均衡过程持续 6440s 时，单体输出电压极差降至 30mV。在均衡过程中母线电压实际值与设定值偏差最大为 0.2V。

　　由图 4-41（b）可知，均衡过程持续 4880s 时，单体输出电压极差降至 50mV，5640s 时单体输出电压极差降至 30mV。表明采用动态均衡控制方法可以缩短均衡时间；在均衡过程中母线电压实际值与设定值的最大偏差为 0.5V，虽然与采用静态均衡控制方法相比偏差增大，但是与单体直接串联时由内阻造成的电压波动相比，其仍有较大改善。

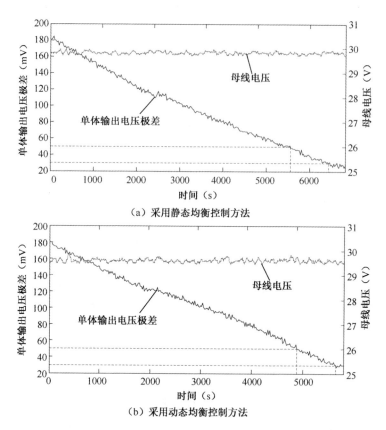

（a）采用静态均衡控制方法

（b）采用动态均衡控制方法

图 4-41　静态和动态均衡放电过程中 6 个单体的输出电压极差及母线电压

6. 充电模式下的静态和动态均衡实验

为验证静态和动态均衡控制方法在充电模式下的均衡效果，按照以下步骤进行实验。

（1）使满充的 6 个单体分别放电至不同的 SOC。

（2）将初始充电电流设为 0.75A。

（3）将充电截止电压设为 4.1V。

（4）开启充电模式，进行均衡实验。

　　静态和动态均衡充电过程中 6 个单体的输出电压如图 4-42 所示。由图 4-42（a）可知，均衡过程持续 11717s，采用静态均衡控制方法时，单体输出电压极差由均衡初期的 150mV 降至均衡末期的 50mV。由图 4-42（b）可知，均衡过程持续 7873s，采用动态均衡控制方法时，单体输出电压极差由均衡初期的 150mV 降至均衡末期的 30mV。

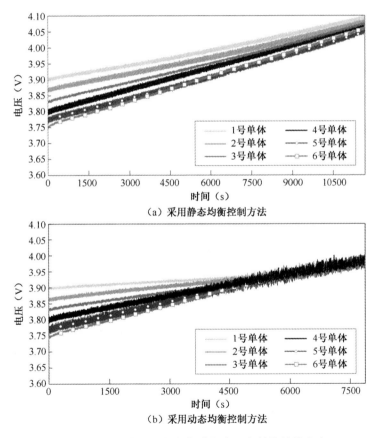

图 4-42　静态和动态均衡充电过程中 6 个单体的输出电压

　　静态和动态均衡充电过程中 6 个单体的均衡加速系数如图 4-43 所示。由图 4-43（a）可知，静态均衡加速系数为 13.3；由图 4-43（b）可知，动态均衡加速系数一直处于动态调整过程中。结合图 4-42 可知，动态均衡时间大大缩短，均衡速度提高。

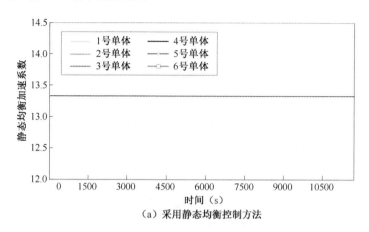

（a）采用静态均衡控制方法

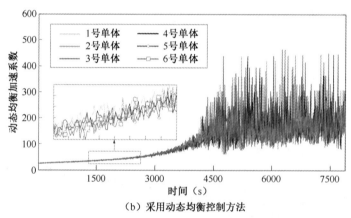

（b）采用动态均衡控制方法

图 4-43　静态和动态均衡充电过程中 6 个单体的均衡加速系数

　　静态和动态均衡充电过程中 6 个单体的输出电压极差如图 4-44 所示。由图 4-44（a）可知，当均衡过程持续 10405s 时，6 个单体输出电压极差降至 50mV；由图 4-44（b）可知，当均衡过程持续 3860s 时，6 个单体输出电压极差降至 50mV，当均衡过程持续 4600s 时，单体输出电压极差降至 30mV。表明采用动态均衡控制方法可以在缩短均衡时间的同时，有效增强单体电压的一致性。

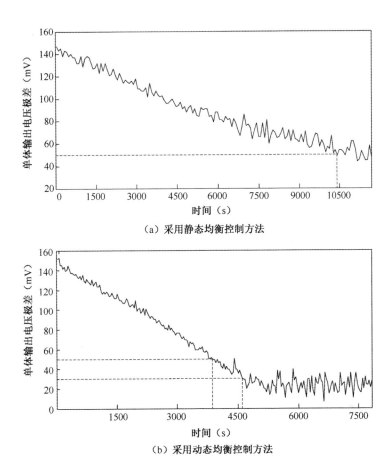

（a）采用静态均衡控制方法

（b）采用动态均衡控制方法

图 4-44　静态和动态均衡充电过程中 6 个单体的输出电压极差

4.6　本章小结

  围绕动力电池组的均衡控制问题，本章根据生产、存储和使用 3 个过程分析了单体不一致性产生原因，从内阻差异、电压差异和容量差异 3 个方面分析了单体不一致性表现，从提高设备精度、改善生产工艺、采用分选技术和采用均衡控制技术的角度分析了单体不一致性改善方法。综合分析了被动均衡控制方法和主动均衡控制方法的电路结构、工作原理及优缺点。在此基础上，针对传统均衡控制方法存在的不足，提出了"单体解耦—分布式控制器串联"的分布式主动均衡控制系统。

在放电过程中，根据单体 SOC 与平均 SOC 之差，通过调整母线电压调节系数和放电模式下的均衡加速系数，实现了对单体输出电压的动态调整；在充电过程中，根据单体 SOC 与平均 SOC 之差，通过调整充电模式下的均衡加速系数，实现了对单体充电电流的动态调整。

实验结果表明，所提出的分布式主动均衡控制系统具有以下优点。

（1）有效解决了传统主动均衡控制方法存在的无效充放电循环问题，可以避免在被动均衡过程中出现能量损耗及热管理困难等问题。

（2）在放电模式下，实现了在线主动均衡，有效增强了单体一致性，且在均衡过程中可以维持母线电压稳定，通过控制母线电压调节系数，可以满足不同负载的额定工作电压需求。

（3）在充电模式下，实现了在线主动均衡，避免了过充现象，解决了受电压最高单体的影响而导致其他单体无法达到满充状态的问题，有效提高了动力电池组的续航能力。

（4）采用均衡加速系数自适应调整方法，在实现均衡控制的前提下，有效提高了动力电池组的均衡速度。

参 考 文 献

[1] 郭光朝, 李相俊, 张亮. 单体电压不一致性对锂电池储能系统容量衰减的影响[J]. 电力建设, 2016(11):6.

[2] 黄保帅, 张巍. 基于单体一致性对动力锂电池性能的影响研究[J]. 电源技术, 2018, 42(9):1310-1311, 1320.

[3]　吴宇平, 戴晓兵, 马军旗. 锂离子电池——应用与实践[M]. 北京: 化学工业出版社, 2004.

[4]　冀承林. 动力锂离子电池一致性制造工艺研究[D]. 天津: 河北工业大学, 2017.

[5]　宰云肖, 韩建崴, 李源, 等. 金属铜对 MH-Ni 电池微短路的影响[J]. 电池工业, 2012, 17(2):78-80.

[6]　周龙, 郑岳久. 车用磷酸铁锂电池高温搁置前后的性能研究[J]. 电源技术, 42(12):32-35.

[7]　许涛, 宫璐, 方雷, 等. 锂离子电池自放电的研究进展[J]. 电池, 2016, 46(1):49-51.

[8]　刘帅帅. 基于 SOC 的电动汽车锂动力电池组主动均衡方法研究[D]. 合肥: 合肥工业大学, 2016.

[9]　陈萍, 李瑜, 张佳瑢. 放电倍率对电池配组一致性的影响研究[J]. 电源技术, 2013, 37(3):427-429.

[10]　邵玉龙. 电动汽车 BMS 关键技术研究及硬件在环测试系统构建[D]. 长春: 吉林大学, 2018.

[11]　李胜, 杨林. 碱性锌锰电池生产设备的进展和发展方向[J]. 电池, 2015, 45(4):225-227.

[12]　单毅. 锂离子电池一致性研究[D]. 上海: 上海微系统与信息技术研究所, 2008.

[13]　Dai Haifeng, Sun Zechang, et al. Technologies to Relief Un-uniformity of Power Battery Used in Electrical Vehicles[J]. Automotive Safety and Energy, 2011, 2(1):62-67.

[14]　张焕文, 王德浩. 基于非接触 IC 卡电池托盘的电池综合特性自动测试分选系统[J]. 电子工业专用设备, 2010.

[15]　姬祥. 锂动力电池组主动均衡控制系统设计[D]. 西安: 西安建筑科技大学, 2016.

[16]　焦亚田, 谢君, 汤泽波, 等. 电动汽车锂电池组高效主动均衡的研究与

测试[J]. 汽车工程, 2017, 39(8):858-863.

[17]　Pinto C, Barreras J V, Schaltz E, et al. Evaluation of Advanced Control for Li-ion Battery Balancing Systems Using Convex Optimization[J]. IEEE Transactions on Sustainable Energy, 2016, 7(4):1703-1717.

[18]　Gallardo-Lozano J, Romero-Cadaval E, Milanes-Montero M I, et al. Battery Equalization Active Methods[J]. Journal of Power Sources, 2014, 246:934-949.

[19]　Baronti F, Fantechi G, Roncella R, et al. Design of a Module Switch for Battery Pack Reconfiguration in High-Power Applications[C]//IEEE International Symposium on Industrial Electronics. IEEE, 2012:1330-1335.

[20]　Kim T, Wei Q, Qu L. A Series-Connected Self-Reconfigurable Multicell Battery Capable of Safe and Effective Charging/Discharging and Balancing Operations[C]//Applied Power Electronics Conference. IEEE, 2012.

[21]　Phung T H, Collet A, Crebier J C. An Optimized Topology for Next-to-Next Balancing of Series Connected Lithium-ion Cells[J]. IEEE Transactions on Power Electronics, 2014, 29(9):4603-4613.

[22]　Park S H, Kim T S, Park J S, et al. A New Battery Equalizer Based on Buck-Boost Topology[C]//2007 7th International Conference on Power Electronics. IEEE, 2008.

[23]　Bonfiglio C, Roessler W. A Cost Optimized Battery Management System with Active Cell Balancing for Lithium-ion Battery Stacks[C]//2009 IEEE Vehicle Power and Propulsion Conference. IEEE, 2009.

[24]　Tan K K, Feng G, Loh P C, et al. Enhanced Buck-Boost Neutral-Point-Clamped Inverters with Simple Capacitive-Voltage Balancing[J]. IEEE Transactions on Industry Applications, 2010, 46(3):1021-1033.

[25]　Thanh Hai Phung, Alexandre Collet, and Jean-Christophe Crebier. An Optimized Topology for Next-to-Next Balancing of Series-Connected Lithium-ion Cells[J]. IEEE Transactions on Industrial Electronics, 2014,

29(9):4603-4613.

[26] Zedong Zheng, Kui Wang, Lie Xu and Yong dong Li. A Hybrid Cascaded Multilevel Converter for Battery Energy Management Applied in Electric Vehicles[J]. IEEE Transactions on Industrial Electronics, 2014, 29(7):3537-3546.

[27] Frost D F, Howey D A. Completely Decentralized Active Balancing Battery Management System[J]. IEEE Transactions on Power Electronics, 2018: 729-738.

[28] Xu S, Wang J, Xu J. A Current Decoupling Parallel Control Strategy of Single-Phase Inverter with Voltage and Current Dual Closed-Loop Feedback[J]. IEEE Transactions on Industrial Electronics, 2013, 60(4): 1306-1313.

电动汽车混合储能系统

5.1 混合储能系统发展背景

电动汽车的储能系统通常需要具有高功率密度和高能量密度,以同时满足电动汽车的动力性能和续驶里程需求[1-5]。另外,电动汽车运行工况复杂多变,车载储能系统还需要能够快速响应功率需求,且具有较长的使用寿命[6]。

近年来,以锂离子电池为主的车载储能系统能量密度达到 170W·h/kg、单体能量密度达到 275W·h/kg[7]。但是,消费者对续驶里程、充电时间及电池寿命的担忧仍然是限制电动汽车发展的关键因素[8]。如何开发具有高功率密度、高能量密度、长寿命的车载储能系统是电动汽车领域的研究热点[9]。

混合储能系统将两个或多个储能装置组合,使每个储能装置的优势都能体现出来,并使其缺点能被其他储能装置补偿[10]。混合储能系统可以同时具备高能量密度和高功率密度,通过 DC/DC 变换器与负载相连,能实现功率高频分量和低频分量在功率型储能装置和能量型储能装置之间的分配[11][12]。根据能量型储能装置、功率型储能装置、DC/DC 变换器及负载之间的不同连接方式,混合储能系统的拓扑结构主要可以分为被动式拓扑、半主动拓扑和全主动拓扑 3 种结构[13]。

不同的拓扑结构具有不同的控制方法和工作特性[14]。为了合理分配能量型储能装置和功率型储能装置的输出功率,增强系统综合性能、延长系统寿命,需要对混合储能系统进行能量管理,并选择合适的控制策略[15]。混合储能系统控制策略主要包括基于规则的控制策略、基于优化的控制策略和混合控制策略[16]。目前,混合控制策略可以实现优势互补,弥补单一控制策略的不足,是混合储能系统控制策略的主要发展方向。

作为电动汽车的核心部件,车载储能系统成本约占整车的一半,且其能量密度、循环次数、充电速率、安全性等仍是影响电动汽车接受度的主要技术瓶颈。因此,提炼电动汽车混合储能系统中的共性科学问题,追踪该领域研究新结构、新方法,对掌握混合储能系统核心技术、提高自主创新能力、增强车载储能系统性能、助力汽车产业电动化战略转型具有重要意义。

需要指出的是,飞轮储能、超导磁储能、燃料电池储能、压缩空气储能等储能系统种类繁多、各有特点[17]。但结合电动汽车的实际应用,本章仅关注以化学储能电池和超级电容器为能量型储能装置和功率型储能装置的混合储能系统。

5.2　混合储能系统拓扑结构

电动汽车混合储能系统主要由能量型储能装置、功率型储能装置、双向 DC/DC 变换器和负载组成。其中,双向 DC/DC 变换器能实现电能在能量型储能装置、功率型储能装置和负载之间的传输,是混合储能系统的"能量路由器"。双向 DC/DC 变换器的结构直接决定了混合储能系统的拓扑结构,进而决定了混合储能系统的工作特性和所支持的控制方法。应用于混合储能系统的双向 DC/DC 变换器包括隔离型双向 DC/DC 变换器、非隔离型双向 DC/DC 变换器两类[18]。

5.2.1　双向 DC/DC 变换器

根据各端口之间是否实现电气隔离，可以将双向 DC/DC 变换器分为隔离型双向 DC/DC 变换器和非隔离型双向 DC/DC 变换器两类[19]。

1. 隔离型双向 DC/DC 变换器

隔离型双向 DC/DC 变换器（Isolated Bidirectional DC/DC Converter，IBDC）通常应用于以下场景：①安全性要求高或要求电气隔离；②单输入多输出；③输入和输出电压差较大。

由于需要实现电能的双向传输，典型的单端正反激式变换器、推挽式直流变换器、半桥或全桥变换器不适用于混合储能系统，改进后的双反激、双推挽、双半桥等变换器可以实现电能的双向传输，但通常应用于辅助电源等小功率场合。

目前，在工程上应用的大功率隔离型双向 DC/DC 变换器主要为双有源桥式（Dual Active Bridge，DAB）。DAB IBDC 拓扑如图 5-1 所示[20]。DAB IBDC 由全桥开关 H_1 和 H_2、直流电容 C_1 和 C_2、电感 L_1、高频变压器 T 构成。DAB IBDC 具有结构简单、鲁棒性强的优点，但是由于非谐振结构必须通过原边和副边开关管在大电流下关断来改变交流电流，因此开关管损耗大且 EMI（电磁干扰）较大。

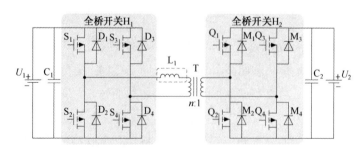

图 5-1　DAB IBDC 拓扑

针对 DAB IBDC 的不足，研究人员提出了 DAB IBDC 谐振网络，如图 5-2 所示，包括 LC 谐振网络[21]、非对称 CLLC 谐振网络[22]、对称 CLLC 谐振网络[23]、电流—电流反馈谐振网络[24]。文献[20]对各谐振网络的工作特性进行了归纳总结。

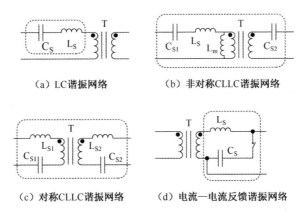

（a）LC 谐振网络　　　　　　（b）非对称 CLLC 谐振网络

（c）对称 CLLC 谐振网络　　　（d）电流—电流反馈谐振网络

图 5-2　DAB IBDC 谐振网络

为了进一步减小 DAB IBDC 的输出电压纹波、提高容错运行能力，基于典型的 DAB IBDC 拓扑，研究人员提出了不同的 DAB IBDC 变种拓扑结构，典型的为多相 DAB IBDC 拓扑。三相 DAB IBDC 拓扑如图 5-3 所示。三相和单相 DAB IBDC 的工作原理类似。不同之处在于三相 DAB IBDC 一般工作于六步相移控制模式，从而减小了输出电压纹波。此外，三相 DAB IBDC 还对高频变压器的三相漏感一致性要求较高[20]。

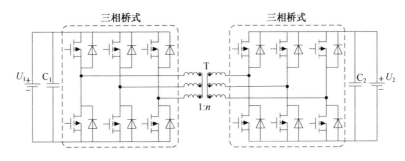

图 5-3　三相 DAB IBDC 拓扑

除了上述 IBDC 拓扑，一些学者还针对混合储能系统应用提出了新型 IBDC 拓扑。文献[25]提出了一种 Boost 型双向桥式 DC/DC 变换器，通过在双向桥式 DC/DC 变换器中引入储能电容且在两组桥臂中点处连接电感，来解决传统双向桥式 DC/DC 变换器输入输出电流断续的问题，可以利用移相控制来改变功率传输方向和输出电压幅值。Boost 型双向桥式 DC/DC 变换器拓扑如图 5-4 所示。

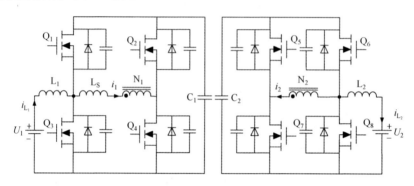

图 5-4　Boost 型双向桥式 DC/DC 变换器拓扑

文献[26]提出了一种双向软开关 DC/DC 变换器，能实现有源器件软开关及能量在端口之间的双向流动。该变换器体积小、易于控制，双向软开关 DC/DC 变换器拓扑如图 5-5 所示。

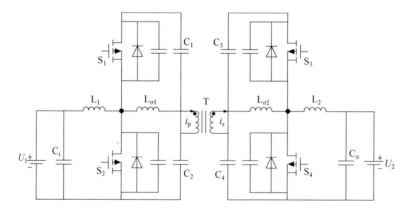

图 5-5　双向软开关 DC/DC 变换器拓扑

2. 非隔离型双向 DC/DC 变换器

非隔离型双向 DC/DC 变换器（Non-isolated Bidirectional DC/DC Converter，NBDC）不需要高频变压器，其功率器件较少，具有体积小、结构简单、效率高等优点，广泛应用于不要求输入和输出进行电气隔离的混合储能系统[27]。

同步双向降压型变换器是应用于混合储能系统的典型 NBDC。同步双向降压型变换器拓扑如图 5-6 所示，从 U_1 到 U_2，变换器相当于基础 Buck 变换器，工作于同步降压模式；从 U_2 到 U_1，变换器相当于基础 Boost 变换器，工作于升压模式。

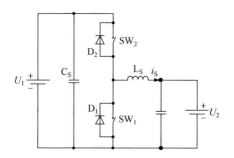

图 5-6　同步双向降压型变换器拓扑

为了减小同步双向降压型变换器的输出电压纹波、提高容错运行能力，在大功率混合储能系统应用场合，三相交错式同步双向降压型变换器将各相起始导通时间延迟，从而减小了电感体积和输出电压纹波。三相交错式同步双向降压型变换器拓扑如图 5-7 所示。典型的三相交错式同步双向降压型变换器各相起始导通时间通常依次延迟 $2\pi/3$。

当 U_1 和 U_2 的工作范围较宽，既需要双向升压，也需要双向降压时，混合储能系统通常采用同步双向升降压型变换器。同步双向升降压型变换器拓扑如图 5-8 所示。其基本工作原理与同步双向降压型变换器类似，以电能流向为横轴、电压为纵轴，可实现"四象限"电能变换[20][28]。

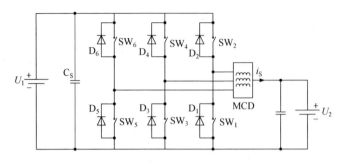

图 5-7　三相交错式同步双向降压型变换器拓扑

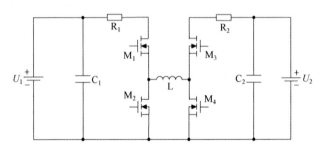

图 5-8　同步双向升降压型变换器拓扑

除了上述 NBDC 拓扑，一些学者还针对混合储能系统应用提出了新型 NBDC 拓扑。文献[19]提出了一种多工况高增益多端口 DC/DC 变换器，该变换器具有多种工作模式，能实现能量双向流动，且功率开关器件电压应力相对较低。多工况高增益多端口 DC/DC 变换器拓扑如图 5-9 所示。

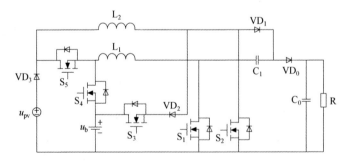

图 5-9　多工况高增益多端口 DC/DC 变换器拓扑

文献[29]提出了一种新型双向 DC/DC 变换器，该变换器能在较小的占空比下获得较大的电压增益，可以减小电流控制误差，提高系统控制精度。新型双向 DC/DC 变换器拓扑如图 5-10 所示。

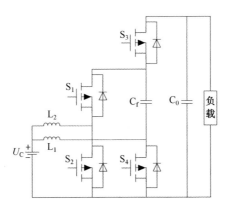

图 5-10　新型双向 DC/DC 变换器拓扑

根据混合储能系统拓扑结构，在某些应用场景下，需要 NBDC 具有 3 个或 3 个以上接口。因此，研究人员提出了以三端口变换器为代表的多端口 NBDC 拓扑。

文献[30]提出了具备高增益的非隔离型三端口变换器，三端口分别连接 U_1、U_2 和 U_3，通常 U_3 连接至负载。任意两个端口之间可以实现电压的调节和功率的流动，从而实现对负载的连续稳定供电。此外，通过引入开关电容电路，该变换器还具有高压输出能力。具备高增益的非隔离型三端口变换器拓扑如图 5-11 所示。

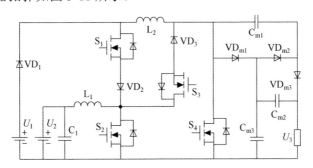

图 5-11　具备高增益的非隔离型三端口变换器拓扑

此外，文献[31]基于传统 Buck、Boost 或 Buck-Boost 电路得到了三端口变换器；文献[32]在双输入或双输出变换器的基础上增加了一条功率路径，得到了非隔离型三端口变换器。

隔离型与非隔离型双向 DC/DC 变换器的综合比较和特点分别如图 5-12 和表 5-1 所示。

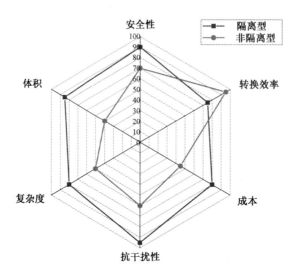

图 5-12　隔离型与非隔离型双向 DC/DC 变换器的综合比较

表 5-1　隔离型与非隔离型双向 DC/DC 变换器的特点

	优点	缺点	适用场合
隔离型	抗干扰能力强，输入输出变换比大，有电气隔离，安全性较强	转换效率低，体积较大，设计成本较高，设计复杂度高	要求电气隔离的场合；高电压、大功率、安全性要求高、单输入多输出、输入和输出电压差较大的场合
非隔离型	转换效率高，体积较小，设计成本较低，功率器件少，易于设计	抗干扰能力弱，输入输出变换比小，无电气隔离，安全性较弱	不要求电气隔离的场合

5.2.2　被动式拓扑

被动式拓扑是混合储能系统中最简单的拓扑。对于被动式拓扑来说，能量型和功率型储能装置不需要通过双向 DC/DC 变换器连接，而是直接连接在一起[33]。这种拓扑会根据能量型和功率型储能装置的内阻及输出特性来分配功率需求，且其内阻受温度和荷电状态影响较大，缺乏主动性，不能有效分配负载功率[34]。被动式拓扑如图 5-13 所示。

图 5-13　被动式拓扑

被动式拓扑成本较低，但是由于储能装置直接与系统相连，能量型和功率型储能装置的电压需要与负载电压严格匹配，否则易发生级联故障[35]。

5.2.3　半主动拓扑

半主动拓扑是对被动式拓扑的扩展，该拓扑通常采用一个双向 DC/DC 变换器，与能量型或功率型储能装置连接。与被动式拓扑相比，半主动拓扑的可控性较强[36]。当半主动拓扑应用于由动力电池与超级电容器构成的混合储能系统中时，能实现动力电池与负载的电压和电流解耦，可以减弱大电流放电及负载功率需求中的高频混沌分量对动力电池的影响[37]，文献[38]和文献[39]均采用了半主动拓扑。

两种半主动拓扑如图 5-14 所示。与双向 DC/DC 变换器连接的储能装置可以实现与直流母线电压和电流的解耦，具有较高的控制灵活度；另一个储能装置被动吸收或补充功率。图 5-14（a）和图 5-14（b）在控制上的主要区别是：前者的功率型储能装置直接与负载连接，可以直接吸收高频和峰值电流，双向 DC/DC 变换器不需要快速调整输出电流；后者的能量型储能装置直接与负载连接，为避免高频或峰值电流对能量型储能装置的寿命和使用效能造成影响，双向 DC/DC 变换器必须能快速响应负载波动[40]。

此外，图 5-14（a）的一种变形是通过在能量型储能装置和功率型储能装置之间串联一个功率二极管，构成混合二极管结构。功率二极管的存在，使能量型储能装置能够不经过双向 DC/DC 变换器而直接向功率型储能装置补充电能，提高了混合储能系统的效率[41]。

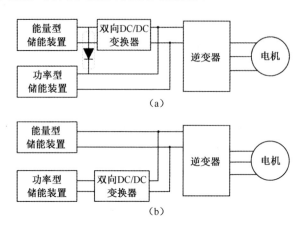

图 5-14　两种半主动拓扑

5.2.4　全主动拓扑

在半主动拓扑的基础上，全主动拓扑的两个双向 DC/DC 变换器分别控制能量型储能装置和功率型储能装置，实现了两个储能装置之间及储能装置与负载之间的电压和电流解耦，控制灵活度大幅提高[42]。全主动拓扑如图 5-15 所示。在图 5-15 中，两个双向 DC/DC 变换器也可以替换为一个多端口双向 DC/DC 变换器。

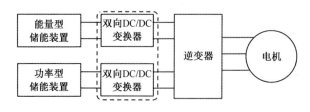

图 5-15　全主动拓扑

全主动拓扑能有效利用能量型储能装置和功率型储能装置的互补特性，同时可适配不同电压等级的储能装置[43]。但双向 DC/DC 变换器的数量增加意味着成本提高、损耗变大。

被动式拓扑、半主动拓扑和全主动拓扑的特点如表 5-2 所示。

表 5-2　被动式拓扑、半主动拓扑和全主动拓扑的特点

拓扑	优点	缺点
被动式拓扑	结构简单，成本低	功率分配取决于储能装置内阻，不可控；储能装置电压需与负载电压严格匹配；容易发生级联故障
半主动拓扑	可控性较强，成本较低，损耗较小	当功率型储能装置直接与负载连接时，直流母线电压会发生变化；当能量型储能装置直接与负载连接时，双向 DC/DC 变换器必须能快速响应负载波动
全主动拓扑	控制灵活度高，能实现两个储能装置之间及储能装置与负载之间的电压和电流解耦	体积大，成本较高，损耗较大

5.3　混合储能系统控制策略

混合储能系统的主要控制目标是延长系统寿命、提高功率响应速度和储能装置使用效能[44]。因此，考虑控制器响应时间、系统拓扑结构和控制器成本的限制，选择合适的控制策略对混合储能系统来说至关重要[45][46]。

混合储能系统控制策略可以分为基于规则的控制策略、基于优化的控制策略和混合控制策略 3 类。混合储能系统控制策略分类如图 5-16 所示。

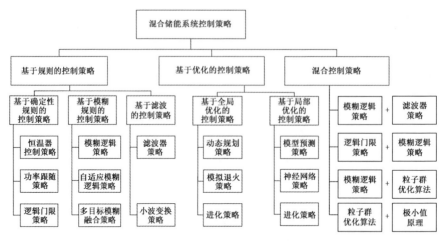

图 5-16　混合储能系统控制策略分类

5.3.1　基于规则的控制策略

基于规则的控制策略根据经验或数学模型，通过预设的控制逻辑，结合车辆运行状态输出相应控制结果，通常不需要事先了解负载特性，执行效率高[19]。基于规则的控制策略包括基于确定性规则的控制策略、基于模糊规则的控制策略和基于滤波的控制策略。

1. 基于确定性规则的控制策略

基于确定性规则的控制策略通常根据专家经验设计确定性控制策略，具有简单可靠的优点，但是难以根据负载变化实现最优控制。恒温器控制策略、功率跟随策略和逻辑门限策略都属于典型的基于确定性规则的控制策略[16]。下面对恒温器控制策略和逻辑门限策略进行介绍。

恒温器控制策略的基本思路是：当功率型储能装置的荷电状态达到上限时，能量型储能装置停止输出；当功率型储能装置的荷电状态低于下限时，能量型储能装置按预定功率输出，功率型储能装置的荷电状态在下限和上限之间波动。

逻辑门限策略以固定的阈值为门限，根据预设的规则进行控制，门限主要根据工程经验或专家知识得出。逻辑门限策略如图 5-17 所示，当电机在驱动模式下工作时，能量型储能装置负责提供主要的功率需求 P_b，超出门限的部分 P_u 由功率型储能装置提供；当电机在制动模式下工作时，能量型储能装置负责吸收主要的功率需求 P_b，超出门限的部分 P_u 由功率型储能装置吸收。

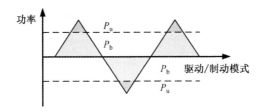

图 5-17　逻辑门限策略

为了延长锂离子电池的使用寿命，文献[47]采用速度跟随式多目标优化的逻辑门限策略，实现了系统功率需求的合理高效分配，避免了对电池的大电流冲击，能够延长使用寿命。系统功率需求和实际输出功率为

$$\begin{cases} P_r = P_{bat} + P_{uc} \\ P_o = \dfrac{P_{bat}}{\eta_{bat}\eta_{DC1}} + \dfrac{P_{uc}}{\eta_{uc}\eta_{DC2}} \end{cases} \qquad (5\text{-}1)$$

式中，P_r 为系统功率需求；P_{bat} 为电池功率需求；P_{uc} 为超级电容器功率需求；P_o 为实际输出功率；η_{bat}、η_{uc}、η_{DC1}、η_{DC2} 分别为电池、超级电容器、电池侧双向 DC/DC 变换器、超级电容器侧双向 DC/DC 变换器的工作效率。

文献[48]使用逻辑门限策略对电池功率进行限制，当功率需求超出电池极限功率时，超出部分由超级电容器提供。逻辑门限策略的功率分配如表 5-3 所示。P_{load} 为负载功率，SOC_{min} 为设定的 SOC 下限，U_{uc} 为超级电容器电压，U_{uc_min} 为超级电容器电压下限，P_{gate} 为设定的功率门限，P_{DCDC} 为 DC/DC 变换器功率。该策略可以保证电池在工作时不超过极限功率，但是电池充放电波动仍然很大，没有充分发挥超级电容器的"功率滤波"作用。

表 5-3　逻辑门限策略的功率分配

$P_{load} > 0$	$SOC < SOC_{min}$	$U_{uc} < U_{uc\_min}$	停止工作
		$U_{uc} > U_{uc\_min}$	$P_{uc} = P_{DCDC} = 0$ $P_{bat} = P_{load}$
	$SOC > SOC_{min}$	$P_{load} > P_{gate}$	$P_{uc} = P_{DCDC} = P_{load} - P_{gate}$ $P_{bat} = P_{gate}$
		$P_{load} < P_{gate}$	$P_{uc} = P_{DCDC} = 0$ $P_{bat} = P_{load}$
$P_{load} < 0$	$SOC > SOC_{max}$	$U_{uc} > U_{uc\_min}$	停止工作
		$U_{uc} < U_{uc\_min}$	$P_{uc} = P_{DCDC} = P_{load}$ $P_{bat} = 0$
	$SOC < SOC_{max}$	$P_{load} > P_{gate}$	$P_{uc} = P_{DCDC} = P_{load} + P_{gate}$ $P_{bat} = -P_{gate}$
		$P_{load} < P_{gate}$	$P_{uc} = P_{DCDC} = 0$ $P_{bat} = P_{load}$

2. 基于模糊规则的控制策略

基于模糊规则的控制策略是对基于确定性规则的控制策略的扩展，其不依赖精确的系统模型，因此特别适用于车辆等非线性时变系统[16]。基于模糊规则的控制策略包括模糊逻辑策略、自适应模糊逻辑策略和多目标模糊融合策略等。

模糊逻辑策略是基于丰富的操作经验总结得到的、用自然语言表达的控制策略，具有不依赖精确模型、对系统参数不敏感、鲁棒性强等特点[49][50]。模糊逻辑策略主要包含模糊化、模糊推理和解模糊 3 个部分[51]。首先，将输入的精确值模糊化；其次，通过模糊推理得到模糊结果；最后，通过解模糊将模糊结果转化为准确的模糊逻辑并输出。模糊逻辑策略如图 5-18 所示。

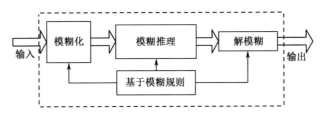

图 5-18　模糊逻辑策略

模糊逻辑策略是一种经典的控制策略,其平衡了复杂度与效率,通过模糊化、模糊推理和解模糊控制操作变量,实现了混合储能系统的功率需求分配[52]。文献[53]以整车需求功率 P_{demand}、超级电容器 SOC、汽车速度为输入,定义了包含 45 条模糊控制规则的模糊逻辑控制器,避免了高频电流波动对锂离子电池使用寿命的影响。针对混合储能系统电池承担功率过高的问题,文献[54]使用多输入单输出模糊逻辑策略,以电动汽车功率需求、锂电池荷电状态和超级电容器荷电状态为输入,根据输入输出隶属度函数及输出功率模糊分配规则得到超级电容器功率分配因子,有效实现了锂离子电池和超级电容器之间的功率分配,并与逻辑门限策略进行比较,实验结果表明:模糊逻辑策略能有效减小锂离子电池电流,其效果优于逻辑门限策略。

文献[55]提出的模糊逻辑策略可以直接给出需要由锂离子电池和超级电容器输出的功率需求,减小了锂离子电池的最大充放电电流,使电流变换更平稳,保障了电池的安全性,延长了电池的使用寿命。

3. 基于滤波的控制策略

电动汽车的功率需求可以分为低频稳态分量和高频暂态分量,低频稳态分量是汽车在常规行驶过程中产生的稳态功率,高频暂态分量则是由负荷突然变化引起的[16]。基于滤波的控制策略将负载功率需求中的高频暂态分量和低频稳态分量分离,并分别由功率型储能装置和能量型储能装置提供。该策略发挥了能量型储能装置和功率型储能装置的互补特性,避免了电池受高频功率需求的影响,延长了电池的使用寿命。基于滤波的控制策略包括滤波器策略、小波变换策略等。

传统滤波策略能减小冲击电流对锂离子电池的影响,但当车辆无驱动也无制动命令、仅依靠惯性前进时,由于滤波器相位延迟,锂离子电池会继续供能,这部分能量由超级电容器吸收,增大了系统损耗[56]。针对传统滤波策略存在的不足,文献[56]提出了改进的滤波分配策略。当需求变大时,实际功率需求绝对值大于滤波功率,此时遵循传统滤波策略;当需求变小时,实际功率需求绝对值小于等于滤波功率,此时实际功率需求全部由锂离子电池承担。改进的滤波分配策略如图 5-19 所示。

图 5-19　改进的滤波分配策略

低通滤波器虽然实现了滤波的目标,但是它会引入相移,进而使功率型储能装置吸收电池峰值电流的效果减弱[57]。为了减小相移的影响,文献[57]采用二阶滤波策略,使用二阶零极点滤波器,其传递函数为

$$G(s) = k\frac{(z_1 - s)(z_2 - s)}{(p_1 - s)(p_2 - s)} \qquad (5\text{-}2)$$

使用滤波器策略时,为了在不同工况下获得有效的功率分流结果,需要针对不同负载需求调整滤波器的截止频率等参数,工况适应性较差[39]。区别于滤波器策略,小波变换策略能对信号进行时间频率局部分析,通过伸缩平移变换进行多尺度细化,最终实现高频时间细分和低频频率细分,自动适应时频信号分析的要求,从而可以聚焦于信号的细节,实现功率分解[58]。文献[59]利用 Haar 小波实现了燃料电池、锂离子电池和超级电容器 3 种储能装置之间的功率分流。文献[60]利用 Haar 小波将功率需求分解重构为高频功率需求和低频功率需求,其中低频功率需求由锂离子电池提供,超级电容器补充车辆需求总功率与锂离子电池输出功率之差,避免了锂离子电池的大电流放电,减小了高频暂态功率需求对锂离子电池的影响,有效延长了锂离子电池的使用寿命。

5.3.2　基于优化的控制策略

基于规则的控制策略具有执行效率高、简单直观等优点，但是不能实现最优功率分配。在一段时间内，基于优化的控制策略可以通过动态调整控制量，来优化储能系统性能，其核心是典型的优化控制问题。根据优化方法的作用时间和作用对象，可以将基于优化的控制策略分为基于全局优化的控制策略和基于局部优化的控制策略。

1. 基于全局优化的控制策略

对于特定的行驶循环，利用最优控制理论，对多个储能装置的输出功率进行全局优化和动态分配，以实现系统效率的全局优化，是基于全局优化的控制策略的核心思想。通常以充放电效率最优、对寿命的影响最小及动力电池 SOC 变化最小为目标函数，预判储能装置要达到的目标状态，然后根据车辆当前的运行状态，运用某种优化方法寻找从当前状态过渡到目标状态的最佳路径，该最佳路径就是决定储能装置功率分配的目标函数。典型的目标函数为

$$
\begin{aligned}
J &= \sum_{k=0}^{N} \left\{ L\big[x(k), u(k), k \big] \Delta t + \varphi\big[x(k), N \big] \right\} \\
&= \sum_{k=0}^{N} \left\{ \big[\alpha_1 f_{\mathrm{ef}}(k) + \alpha_2 f_{\mathrm{soh}}(k) \big] + \beta\big[\mathrm{SOC}(N) - \mathrm{SOC}(0) \big]^2 \right\}
\end{aligned}
\tag{5-3}
$$

式中，$x(k)$ 和 $u(k)$ 分别为状态变量和控制变量，$f_{\mathrm{soh}}(k)$ 和 $f_{\mathrm{ef}}(k)$ 分别为 SOH 和动力电池的充放电效率；α_1 为充放电效率权重；α_2 为寿命影响权重；β 用于保证控制策略不会导致出现严重的电池损耗。

应用于混合储能系统的基于全局优化的控制策略包括动态规划策略、模拟退火策略、进化策略等。

文献[39]利用动态规划策略寻找系统最优配置，并提出多目标功率分配策略，有效抑制了电池老化；文献[61]根据车速、功率需求、超级电容器充电状态等，使用自适应动态规划算法搜索最优功率分配策略，通过排

除下一步不可能的转换状态（黑色），加快了局部最优解（灰色）的寻找过程。状态预测过程如图 5-20 所示。

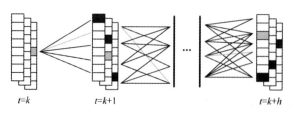

图 5-20　状态预测过程

文献[37]针对电动汽车在不同工作模式下的功率最优分配问题，提出当需要电池单独工作或电池、超级电容器升压混合工作时，利用退火算法，以双向 DC/DC 变换器最高效率点为中心进行搜索，寻找系统损耗最小点，减小了系统损耗，实现了功率需求的最优分配。

2. 基于局部优化的控制策略

基于局部优化的控制策略用瞬时成本函数代替全局成本函数，求解不同储能元件之间的最优功率分配问题，避免了对工况信息的依赖，降低了计算复杂度[62]。基于局部优化的控制策略包括模型预测策略、神经网络策略、进化策略等。

模型预测策略能够根据当前状态，结合系统模型预测未来事件，从而及时更新控制。

在锂离子电池 SOC 和放电电流 i_b 的约束下，以降低混合储能系统总体损耗率及减小直流母线电压预测值与设定值的误差为目标，以 i_b 为控制变量的模型预测策略基本思路如图 5-21 所示。

神经网络模型是为了识别和处理并行数据而开发的数学模型，网络由输入层节点、输出层节点和隐藏层节点构成。当信号输入时，先传到隐藏层节点，经过函数处理后，隐藏层节点的输出信号传到输出层节点，经过处理后给出输出结果。多层前向 BP 神经网络结构如图 5-22 所示。

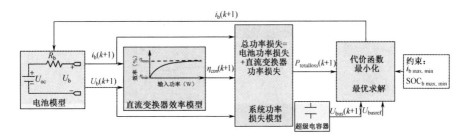

图 5-21　模型预测策略基本思路

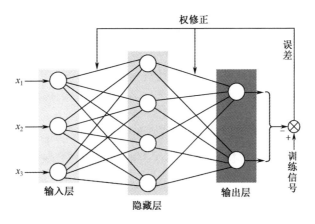

图 5-22　多层前向 BP 神经网络结构

神经网络具有较强的非线性、自适应性和泛化能力，在确保有足够网络节点的前提下，经足够的样本进行网络训练后，可以实现对真实运行工况和功率分配的非线性映射。

文献[63]利用神经网络策略，以汽车速度、加速度、负载需求电流、电池电流和超级电容器电压为输入变量，确定下一时刻的超级电容器输出电流，实现了整车功率在电池和超级电容器之间的分配，有效减小了电池峰值电流，延长了电池使用寿命。

文献[64]使用神经网络策略，以负载电流 I_{load}、负载功率 P_{load}、车速 v 和动能 E 为输入，以超级电容器的理想电流 I_{uc} 为输出，有效延长了车辆续驶里程。

神经网络策略的主要缺点是需要有足够的训练样本,且功率分配的效果取决于样本的准确度及网络的训练精度。同时,由于需要大量网络节点,该策略的计算量较大,要求控制器具有较强的运算能力,限制了其实际应用。

5.3.3 混合控制策略

上述控制策略各有优缺点,混合控制策略利用某种控制策略对另一种控制策略进行优化,以弥补其不足和更好地发挥优势。混合控制策略是近年来混合储能系统控制策略的主要研究方向。由于模糊逻辑策略具有鲁棒性强、结构简单等优点,所以在混合控制策略中有广泛应用。

文献[65]将模糊逻辑策略与滤波器策略结合,提出了一种自适应能量管理策略。该策略利用模糊逻辑建立了驾驶员意图与驾驶风格的识别模型,并利用该模型对低通滤波器时间常数τ进行在线调整,进而将功率需求分为平均功率和峰值功率,减小了动力电池放电电流峰值,延长了续驶里程。自适应能量管理策略结构框图如图 5-23 所示。

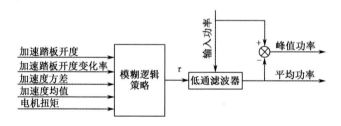

图 5-23　自适应能量管理策略结构框图

在传统的逻辑门限策略中,动力电池组输出功率门限为固定值,自适应性较差。文献[66]针对该问题,利用模糊逻辑动态调整动力电池组输出门限,设计了改进型逻辑门限策略,其负载功率需求与动力电池组功率的关系为

$$\begin{cases} P_{\text{req}} = P_{\text{d}} + P_{\text{q}} \\ P_{\text{d}} = P_{\text{req}} K_{\text{d}} \\ P_{\text{q}} = P_{\text{req}} - P_{\text{d}} = P_{\text{req}} \left(1 - K_{\text{d}}\right) \end{cases} \tag{5-4}$$

式中，P_{req} 为负载功率需求；P_{d} 为动力电池组功率；P_{q} 为启动电池组功率；K_{d} 为由模糊逻辑策略得出的动力电池组输出功率比例因子。

文献[67]利用粒子群优化算法得到合适的容量配置结果，并在此基础上建立了车辆运行损耗成本模型，以降低混合储能系统的等效经济消耗成本为优化目标，建立了目标函数，即

$$M = \int \left(P_{\text{loss}} m_{\text{e}} + C_{\text{b}} m_{\text{b}} + C_{\text{sc}} m_{\text{sc}}\right) \mathrm{d}t \tag{5-5}$$

式中，m_{e} 为单位电价；m_{b} 为混合储能系统中动力电池组价格；m_{sc} 为混合储能系统中超级电容器整组价格；C_{b} 为电池寿命损耗；C_{sc} 为超级电容器在某个时刻的损耗。利用庞特里亚金极小值原理对混合储能系统的能量管理策略进行了优化，与普通逻辑门限策略中的恒比例能量管理相比，其经济成本降低了 8% 左右。

综合考虑损耗、母线电压、电池电流等因素，文献[68]利用模糊逻辑对单一控制项权重系数进行一次优化，实现了对不同运行状态的自适应调整；再利用粒子群优化算法对评价方程进行二次优化，提高了系统效率。

5.4　本章小结

目前，围绕混合储能系统的拓扑结构和控制策略已经开展了很多研究，但混合储能系统的能量密度、循环次数、充电速率、安全性等仍然是影响电动汽车接受度的主要技术瓶颈，消费者对续驶里程、充电时间及电池寿命的担忧仍然是限制电动汽车发展的关键因素。

结合储能技术、电力电子技术等相关技术的发展趋势，对混合储能系统的发展做以下展望。

（1）高性能的储能装置是混合储能系统的"基因"，随着石墨烯、超导材料等新型材料的商业化应用，研发具有高能量密度、高功率密度、长使用寿命的安全可靠的新型储能装置是从根本上提升混合储能系统综合性能的关键。

（2）随着宽禁带半导体器件的发展，电力电子高频化趋势越来越明显。基于宽禁带半导体器件开发新型高频双向 DC/DC 变换器，可以进一步缩小变换器体积，提高效率，进而实现混合储能系统功率密度和能量密度的提高。

（3）在"双碳"目标下，对混合储能系统的要求，不应局限于运行状态下的转换效率。建立混合储能系统设计、生产、运行、报废全生命周期的成本模型和碳排放模型，实现混合储能系统设计环节的参数优化、生产环节的工艺及流程优化、运行环节的状态优化、报废环节的可循环价值优化，是混合储能系统发展的重要方向。

（4）智能、绿色、泛在是现代科技革命发展的主要特征，人工智能技术和以 5G、物联网为代表的通信技术，赋予了其他技术广阔的发展空间。可以依托 5G、物联网技术，实时获取混合储能系统的运行状态，结合车辆实时状态，采用人工智能技术，对混合储能系统的运行参数进行远程实时更新，进一步提升系统使用效能。

参 考 文 献

[1]　Zhou S, Chen Z, Huang D, et al. Model Prediction and Rule Based Energy Management Strategy for a Plug-in Hybrid Electric Vehicle with Hybrid

Energy Storage System[J]. IEEE Transactions on Power Electronics, 2021, 36(5):5926-5940.

[2] Trovo J P F, M Roux, É Ménard, et al. Energy-and Power-Split Management of Dual Energy Storage System for a Three-Wheel Electric[J]. IEEE Transactions on Vehicular Technology, 2017, 66(7):5540-5550.

[3] Yuan J, Dorn-Gomba L, Callegaro A D, et al. A Review of Bidirectional On-Board Chargers for Electric Vehicles[J]. IEEE Access, 2021, 9(1):51501-51518.

[4] Nassary M, Orabi M, Ghoneima M, et al. Single-Phase Isolated Bidirectional AC-DC Battery Charger for Electric Vehicle-Review[C]// 2019 International Conference on Innovative Trends in Computer Engineering (ITCE), 2019.

[5] Xue X D, Cheng K, Raman S R, et al. Investigation of Energy Distribution and Power Split of Hybrid Energy Storage Systems in Electric Vehicles[C]// International Symposium on Electrical Engineering, 2017.

[6] Ming T, Deng W, Jian W, et al. A Hierarchical Energy Management Strategy for Battery-Supercapacitor Hybrid Energy Storage System of Electric Vehicle[C]//2014 IEEE Transportation Electrification Conference and Expo Transportation Electrification Asia-Pacific(ITEC Asia-Pacific), 2014.

[7] 中国汽车工程学会. 节能与新能源汽车技术路线图 2.0[M]. 北京: 机械工业出版社, 2021.

[8] Hu Y, Chen C, He T, et al. Proactive Power Management Scheme for Hybrid Electric Storage System in EVs: An MPC Method[J]. IEEE Transactions on Intelligent Transportation Systems, 2019:1-12.

[9] Hatami A, Tousi M R, Bayat P, et al. Power Management Strategy for Hybrid Vehicle Using a Three-Port Bidirectional DC-DC Converter[C]//2015 23rd Iranian Conference on Electrical Engineering(ICEE), 2015.

[10] Ehsani M, Gao Y, Longo S, et al. Modern Electric, Hybrid Electric, and Fuel

Cell Vehicles[M]. CRC Press, 2018:5-17.

[11]   Ming T, Deng W, Jian W, et al. A Hierarchical Energy Management Strategy for Battery-Supercapacitor Hybrid Energy Storage System of Electric Vehicle[C]//2014 IEEE Transportation Electrification Conference and Expo, Asia-Pacific(ITEC Asia-Pacific), 2014.

[12]   Xiao J, Wang P, Setyawan L. Multilevel Energy Management System for Hybridization of Energy Storages in DC Microgrids[J]. IEEE Transactions on Smart Grid, 2016, 7(2):847-856.

[13]   Chemali E, Peindl M, Malysz P, et al. Electrochemical and Electrostatic Energy Storage and Management Systems for Electric Drive Vehicles: State-of-the-Art Review and Future Trends[J]. IEEE Journal of Emerging & Selected Topics in Power Electronics, 2016:1117-1134.

[14]   Sisakat S T, Barakati S M. Fuzzy Energy Management in Electrical Vehicles with Different Hybrid Energy Storage Topologies[C]//2015 4th Iranian Joint Congress on Fuzzy and Intelligent Systems(CFIS), 2015.

[15]   Gohari H S, Abbaszadeh K. Improving Performance and Efficiency of a Fuel-Cell Hybrid EV Using New Three-Port DC-DC Converter and Optimized Energy Management Strategy[C]//2020 11th Power Electronics, Drive Systems, and Technologies Conference(PEDSTC), 2020.

[16]   Babu T S, Vasudevan K R, Ramachandaramurthy V K, et al. A Comprehensive Review of Hybrid Energy Storage Systems: Converter Topologies, Control Strategies and Future Prospects[J]. IEEE Access, 2020, 8(1):148702-148721.

[17]   Karden E, Servé Ploumen, Fricke B, et al. Energy Storage Devices for Future Hybrid Electric Vehicles[J]. Journal of Power Sources, 2007, 168(1):2-11.

[18]   Ding S, Wu H, Yan X, et al. Topology and Control of a Family of Non-Isolated Three-Port DC-DC Converters with a Bidirectional Cell[C]//2013

Twenty-Eighth Annual IEEE Applied Power Electronics Conference and Exposition(APEC), 2013.

[19] 王辉, 陈耀, 曾庆典, 等. 一种多工况高增益多端口 DC/DC 变换器[J]. 中国电机工程学报, 2019, 39(7):2155-2166.

[20] Zhao B, Song Q, Liu W, et al. Overview of Dual-Active-Bridge Isolated Bidirectional DC-DC Converter for High-Frequency-Link Power-Conversion System[J]. IEEE Transactions on power electronics, 2014, 29(8):4091-4106.

[21] Li X, Bhat A. Analysis and Design of High-Frequency Isolated Dual-Bridge Series Resonant DC/DC Converter[J]. IEEE Transactions on power Electronics, 2010, 25(4):850-862.

[22] Chen W, Rong P, Lu Z. Snubberless Bidirectional DC-DC Converter with New CLLC Resonant Tank Featuring Minimized Switching Loss[J]. IEEE Transactions on Industrial Electronics, 2010, 57(9):3075-3086.

[23] Jung J H, Kim H S, Ryu M H, et al. Design Methodology of Bidirectional CLLC Resonant Converter for High-Frequency Isolation of DC Distribution Systems[J]. IEEE Transactions on Power Electronics, 2013, 28(4):1741-1755.

[24] Jalbrzykowski S, Bogdan A, Citko T. A Dual Full-Bridge Resonant Class-E Bidirectional DC-DC Converter[J]. IEEE Transactions on Industrial Electronics, 2011, 58(9):3879-3883.

[25] 刘福鑫, 潘子周, 阮新波. 一种 Boost 型双向桥式直流变换器的软开关分析[J]. 中国电机工程学报, 2013, 33(3):44-51, 16.

[26] Gang M, Qu W, Gang Y, et al. A Zero-Voltage-Switching Bidirectional DC-DC Converter with State Analysis and Soft-Switching-Oriented Design Consideration[J]. IEEE Transactions on Industrial Electronics, 2009, 56(6):2174-2184.

[27] Wang Y, Li Y, Song H, et al. Analysis and Design of a Non-Isolated

Bidirectional DC-DC Converter Based on CLC Network[J]. IEEE Journal of Emerging and Selected Topics in Industrial Electronics, 2021.

[28] Bacha S, Munteanu I, Bratcu A I. Power Electronic Converters Modeling and Control[J]. Advanced Textbooks in Control and Signal Processing, 2014.

[29] 王芳, 罗胜华, 吴海辉. 基于混合储能的新型双向 DC/DC 变换器控制研究[J]. 电气传动, 2019, 49(4):48-53.

[30] 刘俊峰, 胡仁俊, 曾君. 具备高增益的非隔离三端口变换器[J]. 电工技术学报, 2019, 34(3):529-538.

[31] Wu Hongfei, Xing Yan, Xia Yanbing, et al. A Family of Non-Isolated Three-Port Converters for Stand-Alone Renewable Power System[C]. Proceedings of the 37th Annual Conference of the IEEE Industrial Electronics Society, Melboume, Australia, 2011:1030-1035.

[32] 吴红飞, 夏炎冰, 邢岩. 基于双输入/双输出变换器的三端口变换器拓扑[J]. 中国电机工程学报, 2011, 31(27):45-51.

[33] Ostadi A, Kazerani M, Chen S K. Hybrid Energy Storage System (HESS) in Vehicular Applications: A Review on Interfacing Battery and Ultra-Capacitor Units[C]//Transportation Electrification Conference and Expo (ITEC), 2013.

[34] 桑丙玉, 陶以彬, 郑高, 等. 超级电容——蓄电池混合储能拓扑结构和控制策略研究[J]. 电力系统保护与控制, 2014, 42(2):1-6.

[35] 夏欢, 杨中平, 杨志鸿, 等. 基于列车运行状态的城轨超级电容储能装置控制策略[J]. 电工技术学报, 2017, 32(21):16-23.

[36] 赵坤, 王椹榕, 王德伟, 等. 车载超级电容储能系统间接电流控制策略[J]. 电工技术学报, 2011, 26(9):124-129.6.

[37] 王斌, 徐俊, 曹秉刚, 等. 采用模拟退火算法的电动汽车复合电源能量管理系统优化[J]. 西安交通大学学报, 2015, 49(8):90-96.

[38] Shen J, Dusmez S, Khaligh A. Optimization of Sizing and Battery Cycle Life in Battery/Ultracapacitor Hybrid Energy Storage Systems for Electric

Vehicle Applications[J]. IEEE Transactions on Industrial Informatics, 2014, 10(4):2112-2121.

[39] Shen J, Khaligh A. A Supervisory Energy Management Control Strategy in a Battery/Ultracapacitor Hybrid Energy Storage System[J]. IEEE Transactions on Transportation Electrification, 2015, 1(3):223-231.

[40] Bauman J, Kazerani M. An Analytical Optimization Method for Improved Fuel Cell-Battery-Ultracapacitor Powertrain[J]. IEEE Transactions on Vehicular Technology, 2009, 58(7):3186-3197.

[41] 熊瑞, 何洪文. 电动车辆复合电源系统集成管理基础[M]. 北京：化学工业出版社, 2019.

[42] Muntaser A, Elwarfalli H, Kumar J, et al. Development of Advanced Energy Storage System Using Fuzzy Control[C]//2016 IEEE National Aerospace and Electronics Conference(NAECON) and Ohio Innovation Summit(OIS), 2016.

[43] Jian C, Emadi A. A New Battery/UltraCapacitor Hybrid Energy Storage System for Electric, Hybrid, and Plug-in Hybrid Electric Vehicles[J]. IEEE Transactions on Power Electronics, 2011, 27(1):122-132.

[44] Moigne P L, Rizoug N, Mesbahi T, et al. A New Energy Management Strategy of a Battery/Supercapacitor Hybrid Energy Storage System for Electric Vehicular Applications[C]//7th IET International Conference on Power Electronics, Machines and Drives(PEMD), 2014.

[45] George S S, Badawy M O. A Modular Multi-Level Converter for Energy Management of Hybrid Storage System in Electric Vehicles[C]//2018 IEEE Transportation Electrification Conference and Expo(ITEC), 2018.

[46] Mesbahi T, Moigne P L, Bartholomes P, et al. Improved Model of Battery/Supercapacitor Hybrid Energy Storage System Based on Thermo-Electrical and Aging Behaviors[C]//7th IET International Conference on Power Electronics, Machines and Drives(PEMD), 2014.

[47] 罗玉涛, 刘秀田, 梁伟强, 等. 延长锂离子电池寿命的电动汽车复合电

源设计[J]. 华南理工大学学报（自然科学版）, 2016, 44(3):51-59.

[48] Yulong Z, Weida W, Changle X, et al. Research and Bench Test of Nonlinear Model Predictive Control-Based Power Allocation Strategy for Hybrid Energy Storage System[J]. IEEE Access, 2018, 6(1):70770-70787.

[49] Essoufi M, Hajji B, Rabhi A. Fuzzy Logic based Energy Management Strategy for Fuel Cell Hybrid Electric Vehicle[C]//2020 International Conference on Electrical and Information Technologies(ICEIT), 2020.

[50] Saib S, Hamouda Z, Marouani K. Energy Management in a Fuel Cell Hybrid Electric Vehicle Using a Fuzzy Logic Approach[C]//2017 5th International Conference on Electrical Engineering-Boumerdes(ICEE-B), 2017.

[51] S H Mahyiddin. Fuzzy Logic Energy Management System of Series Hybrid Electric Vehicle[C]//Iet Clean Energy & Technology Conference, 2018.

[52] Gujarathi P K, Shah V, Lokhande M. Fuzzy Logic Based Energy Management Strategy for Converted Parallel Plug-in Hybrid Electric Vehicle[C]//2017 IEEE 8th Control and System Graduate Research Colloquium(ICSGRC), 2017.

[53] 安小宇, 李元丰, 孙建彬, 等. 基于模糊逻辑的电动汽车双源混合储能系统能量管理策略[J]. 电力系统保护与控制, 2021, 49(16):135-142.

[54] 周美兰, 冯继峰, 张宇, 等. 纯电动客车复合储能系统功率分配控制策略研究[J]. 电工技术学报, 2019, 34(23):5001-5013.

[55] 宋绍剑, 魏泽, 刘延扬, 等. 锂电池和超级电容混合电动汽车的能量管理[J]. 控制工程, 2019, 26(12):2272-2277.

[56] 陈亚爱, 林演康, 王赛, 等. 基于滤波分配法的混合储能优化控制策略[J]. 电工技术学报, 2020, 35(19):4009-4018.

[57] Awerbuch J J, Sullivan C R. Filter-Based Power Splitting in Ultracapacitor-Battery Hybrids for Vehicular Applications[C]//2010 IEEE 12th Workshop on Control and Modeling for Power Electronics(COMPEL), 2010.

[58] Zhang L, Hu X, Wang Z, et al. Multiobjective Optimal Sizing of Hybrid

Energy Storage System for Electric Vehicles[J]. IEEE Transactions on Vehicular Technology, 2017, 67(2):1027-1035.

[59] Zhang X, Mi C C, Masrur A, et al. Wavelet-Transform-Based Power Management of Hybrid Vehicles with Multiple On-Board Energy Sources Including Fuel Cell, Battery and Ultracapacitor[J]. Journal of Power Sources, 2008, 185(2):1533-1543.

[60] 申永鹏, 孙建彬, 王延峰, 等. 电动汽车混合储能装置小波功率分流方法[J]. 中国电机工程学报, 2021, 41(13):4636-4646.

[61] Ali A M, Ganbar A, Soeffker D. Optimal Control of Multi-Source Electric Vehicles in Real Time Using Advisory Dynamic Programming[J]. IEEE Transactions on Vehicular Technology, 2019, 68(11):10394-10405.

[62] Zheng C, Li W, Liang Q. An Energy Management Strategy of Hybrid Energy Storage Systems for Electric Vehicle Applications[J]. IEEE Transactions on Sustainable Energy, 2018, 9(4):1880-1888.

[63] Shen J, Khaligh A. Design and Real-Time Controller Implementation for a Battery-Ultracapacitor Hybrid Energy Storage System[J]. IEEE Transactions on Industrial Informatics, 2016, 12(5):1910-1918.

[64] Moreno J, Ortuzar M E, Dixon J W. Energy-Management System for a Hybrid Electric Vehicle, Using Ultracapacitors and Neural Networks[J]. IEEE Transactions on Industrial Electronics, 2006, 53(2):614-623.

[65] 张骞, 武小兰, 白志峰, 等. 电动汽车混合储能系统自适应能量管理策略研究[J]. 储能科学与技术, 2020, 9(3):878-884.

[66] 王红艳, 张文倩. 改进型逻辑门限混合储能系统控制策略研究[J]. 智慧电力, 2020, 48(5):41-46.

[67] 李峰, 杨中平, 王玙, 等. 基于庞特里亚金极小值原理的混合储能有轨电车能量管理策略[J]. 电工技术学报, 2019, 34:752-759.

[68] 林泓涛, 姜久春, 贾志东, 等. 权重系数自适应调整的混合储能系统多目标模型预测控制[J]. 中国电机工程学报, 2018, 38(18):5538-5547.

第6章

电流特征对锂离子电池性能的影响

车载储能装置应具有高能量密度、高功率密度，以满足续驶里程和动力性能需求。锂离子电池具有能量密度高、使用寿命长等优点，广泛应用于电动汽车车载储能场景。在电动汽车运行过程中，功率需求频繁波动、电力电子器件高频动作及电机无功功率消耗等导致动力电池工作环境恶化。动力电池必须具备在不同倍率下的高效放电能力，以适应不同工况。因此，揭示不同电流特征对动力电池性能的影响，是进行动力电池建模、SOC 估算和电池管理系统开发的重要前提，也是提升动力电池性能、保障安全性、延长使用寿命的重要保障。

本章在分析镍钴锰酸锂离子电池、镍钴铝酸锂离子电池、磷酸铁锂离子电池、钛酸锂离子电池特性的基础上，搭建了实验平台并设计了实验流程，揭示了电流特征对动力电池可用能量和温度的影响。

6.1 锂离子电池特性分析

锂离子电池是一种二次电池，一般由正极、负极、隔膜和电解液构成，通常按正极或负极特殊材料命名。常见的锂离子电池包括镍钴锰酸锂（NCM）离子电池、镍钴铝酸锂（NCA）离子电池、磷酸铁锂（LFP）离子电池、钛酸锂（LTO）离子电池。

6.1.1　锂离子电池外特性

锂离子电池等效电路如图 6-1 所示。

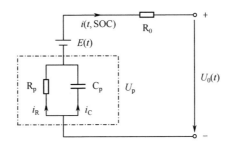

图 6-1　锂离子电池等效电路

根据基尔霍夫电压定律，锂离子电池等效电路可以描述为

$$U_0(t) = E(t) - i_R R_p - i(t, \text{SOC}) R_0 \tag{6-1}$$

式中，$U_0(t)$ 为电动势；$E(t)$ 为开路电压；R_p 为极化内阻；i_R 为流经 R_p 的电流；R_0 为欧姆内阻；$i(t, \text{SOC})$ 为开路电流。

在考虑充放电效率时，锂离子电池的荷电状态为

$$\text{SOC} = \text{SOC}_0 - \int \eta \frac{i}{Q(i)} \, dt \tag{6-2}$$

式中，$Q(i)$ 为相对当前电流 i 的电池容量；SOC_0 为初始荷电状态；η 为充放电效率。

6.1.2　4 种锂离子电池

1. 镍钴锰酸锂离子电池

在镍钴锰酸锂离子电池的三元正极材料中，Ni^{2+}、Co^{3+}、Mn^{4+} 具有不

同的作用：Ni^{2+}的作用是提高材料的体积能量密度，但其含量过大会导致锂镍混排，从而析出锂并形成可溶性物质；Co^{3+}不仅能够稳定三元体系层状结构、抑制锂镍混排，还能增强材料的导电性和倍率性能，但其缺点是较为昂贵；Mn^{4+}对材料的结构起支撑作用，可以增强材料的安全性，但其含量过高会导致材料层状结构被破坏，进而使能量密度降低[1]。

镍钴锰酸锂离子电池的特点为：①比容量高，目前可超过180mAh/g，当18650型镍钴锰酸锂离子电池的持续放电电流为5A左右时，容量可达2800mAh；②在常温和高温下具有很好的循环稳定性；③高电压平台可在2.5～4.3V循环；④循环寿命长，500次1C循环容量达到80%以上[1]。

2. 镍钴铝酸锂离子电池

典型的镍钴铝酸锂材料为$LiNi_{0.8}Co_{0.15}Al_{0.05}O_2$，该材料的可逆比容量较高，且由于铝的掺入，其结构稳定性和安全性强，从而使材料循环稳定性增强[2]。为了提高材料的性能，需要进行表面改性，尤其是对正极材料的改性。为了避免正极材料被电解液腐蚀，保证存储的稳定性，可以采用有机物包覆、氧化物包覆、氟化物包覆[3]。

镍钴铝酸锂离子电池具有高功率密度、长循环寿命，性能与镍钴锰酸锂离子电池有相似之处。其特点为：①能量密度高，实际能量密度为200～260W·h/kg；②可逆比容量高；③材料成本低；④掺铝增强材料的结构稳定性和安全性强，材料循环稳定性强。但是，其材料制备难度大、材料生产成本高、电池设计和制造难度大。

3. 磷酸铁锂离子电池

磷酸铁锂正极材料是当前的研究热点，磷酸铁锂正极材料具有正交晶系的橄榄石结构，氧原子以扭曲的六方紧密堆积方式排列[4]。目前，高温固相法、共沉淀法、溶胶凝胶法、熔岩浸渍法和水热法是合成$LiFePO_4$的主要方法。为了解决锂离子扩散系数小和磷酸铁锂正极材料导电率低等问题，目前通过掺杂、包覆、材料纳米化等方法对其性能进行改进。

通过使用纳米级磷酸盐材料，可以使磷酸铁锂离子电池具有良好的电化学性能，其优点是能量密度高、循环寿命长、支持大倍率充电、安全性强；其缺点是生产过程中的工艺问题导致电池单体存在差异，且高自放电率易引起动力电池老化，进而带来均衡问题。

磷酸铁锂离子电池的特点为：①能量密度可达 175～180W·h/kg；②安全性强，正极材料的电化学性质比较稳定，在针刺等极端情况下仍然安全；③循环寿命长，磷酸铁锂离子电池 1C 循环寿命普遍达到 2000 次以上（三元锂离子电池约 1000 次，铅酸电池约 300 次）；④安全环保，不含任何重金属及稀有金属。

4. 钛酸锂离子电池

钛酸锂离子电池的正极材料是锰酸锂或镍钴锰酸锂，其具有立方尖晶石结构，嵌锂后单位晶胞体积变化仅为 0.2%，具有较高的工作电位，使得钛酸锂在循环过程中表现出良好的结构稳定性，无固态电解质界面（SEI）膜形成，也不存在锂电镀，因此可避免体积变化对寿命的影响[4][5]。目前，钛酸锂材料制备方法包括高温固相法、微波加热法、溶胶凝胶法、水热法、模板法等。为了解决钛酸锂材料电导率低、导电性差（导致电极具有较大的电阻和较差的倍率性能）等问题，通常采用包覆改性、离子掺杂、复合等方法改善钛酸锂材料的电化学性能[6][7]。

钛酸锂离子电池的特点为：①安全性强；②循环寿命长，电池的充放电循环次数为 8000～20000 次，100% DOD 情况下的充放电循环次数可达 6000 次；③温度特性好（-30～55℃），在-30℃时可获得 80%的容量且高温条件下的热稳定性较强；④充电快，Toshiba 的 SCiB 系列电池 SOC充电到 80%，只需要 6min，充满只需要 10min。但是钛酸锂离子电池较为昂贵，额定电压仅为 2.4V，比能量小。

6.1.3　锂离子电池的性能参数

4种锂离子电池的综合性能和具体参数分别如图6-2和表6-1所示。

4种锂离子电池的SOC-OCV特性曲线如图6-3所示。

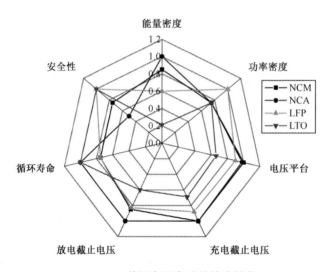

图6-2　4种锂离子电池的综合性能

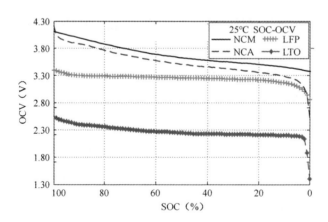

图6-3　4种锂离子电池的SOC-OCV特性曲线

表 6-1　4 种锂离子电池的具体参数

参数	NCM	NCA	LFP	LTO
电压标称值（V）	3.70	3.60	3.30	2.40
工作范围（V）	3.0～4.2	3.0～4.2	2.5～3.65	1.8～2.85
能量密度（W·h/kg）	150～220	200～260	80～180	50～80
充电截止电压（V）	4.20	4.20	3.65	2.85
放电截止电压（V）	2.50	3.00	2.50	1.80
循环寿命（次）	1000～2000	500～1000	1000～2000	3000～7000
热失控典型值（℃）	210	150	270	171[8]

6.2　实验装置及实验流程

6.2.1　实验装置

为验证电流特征对锂离子电池可用能量及温升的影响，搭建实验平台。实验设备包括 ARBIN LBT21084 电池测试系统、恒温箱、隔热箱等。锂离子电池采用 2 个并联的 18650 单体，实验采用的锂离子电池型号及相关参数如表 6-2 所示。

表 6-2　实验采用的锂离子电池型号及相关参数

材料	品牌与型号	容量（mAh）	内阻（mΩ）	放电倍率（C）	额定电压（V）
NCM	力神 18650	2500	15～18	5	3.7
NCA	松下 18650	3400	23	2.9	3.7
LFP	索尼 18650	1100	18	30	3.2
LTO	中顺 18650	1500	—	10	2.4

ARBIN LBT21084 电池测试系统结构和照片分别如图 6-4 和图 6-5 所示。

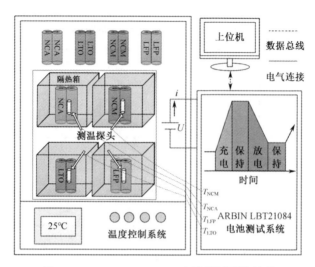

图 6-4　ARBIN LBT21084 电池测试系统结构

图 6-5　ARBIN LBT21084 电池测试系统照片

6.2.2　恒流、阶跃电流放电对可用能量的影响实验

该实验的目的是揭示恒温条件下恒流、阶跃电流放电对电池可用能量的影响，具体步骤如下。

（1）将恒温箱温度设为 25℃。

（2）将 4 种测试电池置于恒温箱中并静置 1h。

（3）将 4 种电池以恒流（0.5C）恒压充电至充电截止电压（NCM 为 4.20V、NCA 为 4.20V、LFP 为 3.65V、LTO 为 2.85V）后静置 1h。

（4）将 4 种电池以 0.6C 恒流、0.6C 阶跃电流（一个周期内的平均值为 0.6C）放电至放电截止电压（NCM 为 2.75V、NCA 为 2.50V、LFP 为 2.50V、LTO 为 1.20V），记录电压、可用能量、温度等数据。

镍钴锰酸锂离子电池放电的 SOC 与电压的关系曲线如图 6-6 所示，该电池在 0.6C 恒流工况下达到标称能量的 98.41%（17.899W·h），在 0.6C 阶跃电流工况下为 96.40%（17.580W·h），前者的可用能量约比后者高 1.81%。

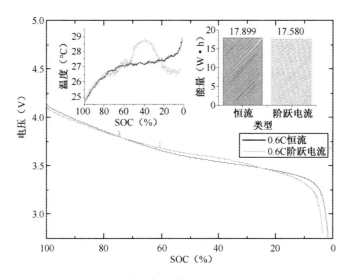

图 6-6　镍钴锰酸锂离子电池放电的 SOC 与电压的关系曲线

镍钴铝酸锂离子电池放电的 SOC 与电压的关系曲线如图 6-7 所示，该电池在 0.6C 恒流工况下达到标称能量的 91.11%（21.705W·h），在 0.6C 阶跃电流工况下为 92.70%（21.828W·h），后者的可用能量约比前者高 0.57%，且两者在 25℃恒温环境下的温升基本一致。

磷酸铁锂离子电池放电的 SOC 与电压的关系曲线如图 6-8 所示，该电池在 0.6C 恒流工况下达到标称能量的 90.81%（6.336W·h），在

0.6C 阶跃电流工况下为 89.20%（6.190W·h），前者的可用能量约比后者高 2.36%。

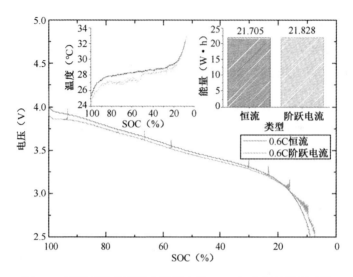

图 6-7　镍钴铝酸锂离子电池放电的 SOC 与电压的关系曲线

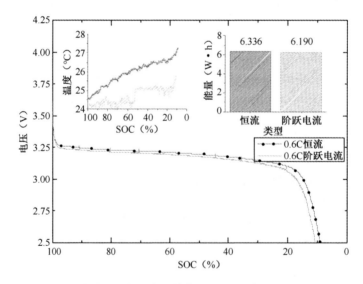

图 6-8　磷酸铁锂离子电池放电的 SOC 与电压的关系曲线

钛酸锂离子电池放电的 SOC 与电压的关系曲线如图 6-9 所示，该电池在 0.6C 恒流工况下达到标称能量的 100.10%（6.987W·h），在

0.6C 阶跃电流工况下为 100.16%（7.109W·h），后者的可用能量约比前者高 1.75%。

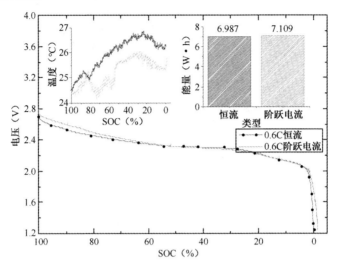

图 6-9　钛酸锂离子电池放电的 SOC 与电压的关系曲线

6.2.3　不同倍率恒流放电对可用能量的影响实验

该实验的目的是揭示恒温条件下不同倍率恒流放电对可用能量的影响，具体步骤如下。

（1）将恒温箱温度设为 25℃。

（2）将 4 种测试电池置于恒温箱中并静置 1h。

（3）将 4 种电池以恒流（0.5C）恒压充电至充电截止电压（NCM 为 4.20V、NCA 为 4.20V、LFP 为 3.65V、LTO 为 2.85V）后静置 1h。

（4）将 4 种电池以 0.2C、0.4C、0.6C、0.8C 恒流放电至放电截止电压，记录电压、可用能量、温度等数据。

镍钴锰酸锂离子电池在不同倍率下放电的 SOC 与电压的关系曲线如图 6-10 所示。在 SOC 相同的情况下，放电倍率越大，锂离子电池电压越低、温升越高、可用能量越小，0.8C 下的可用能量约为 0.2C 下的 93.94%。

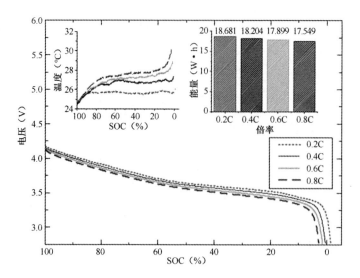

图 6-10　镍钴锰酸锂离子电池在不同倍率下放电的 SOC 与电压的关系曲线

　　镍钴铝酸锂离子电池在不同倍率下放电的 SOC 与电压的关系曲线如图 6-11 所示。在 SOC 相同的情况下，放电倍率越大，锂离子电池电压越低、温升越高、可用能量越小，0.8C 下的可用能量仅为 0.2C 下的 92.70%。

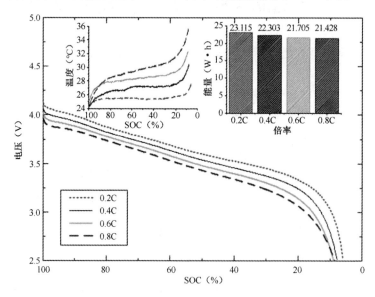

图 6-11　镍钴铝酸锂离子电池在不同倍率下放电的 SOC 与电压的关系曲线

　　磷酸铁锂离子电池在不同倍率下放电的 SOC 与电压的关系曲线如

图 6-12 所示。在 SOC 相同的情况下，放电倍率越大，锂离子电池电压越低、温升越高、可用能量越小，0.8C 下的可用能量仅为 0.2C 下的 91.40%。

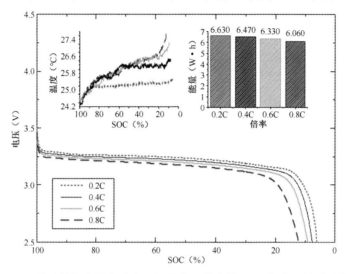

图 6-12　磷酸铁锂离子电池在不同倍率下放电的 SOC 与电压的关系曲线

钛酸锂离子电池在不同倍率下放电的 SOC 与电压的关系曲线如图 6-13 所示。在 SOC 相同的情况下，放电倍率越大，锂离子电池电压越低、温升越高、可用能量越小，0.8C 下的可用能量约为 0.2C 下的 95.96%。

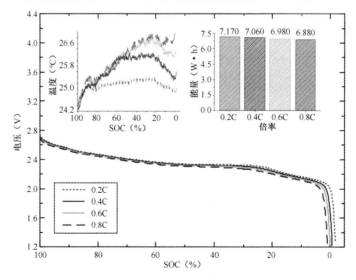

图 6-13　钛酸锂离子电池在不同倍率下放电的 SOC 与电压的关系曲线

6.2.4 平均电流相等的不同周期放电对可用能量的影响实验

该实验的目的是揭示恒温条件下平均电流相等的不同周期放电对可用能量的影响，具体步骤如下。

（1）将恒温箱温度设为 25℃。

（2）将 4 种测试电池置于恒温箱中并静置 1h。

（3）将 4 种电池以恒流（0.5C）恒压充电至充电截止电压后静置 1h。

（4）在平均电流相等的不同周期（1s、4s 和 16s）下，将 4 种电池以 0.6C 恒流放电至放电截止电压，记录电压、可用能量、温度等数据。

镍钴锰酸锂离子电池在不同周期下放电的 SOC 与电压的关系曲线如图 6-14 所示，周期越长，可用能量越大。

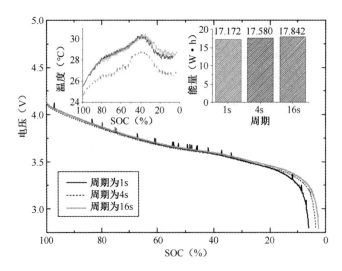

图 6-14 镍钴锰酸锂离子电池在不同周期下放电的 SOC 与电压的关系曲线

镍钴铝酸锂离子电池在不同周期下放电的 SOC 与电压的关系曲线如图 6-15 所示，可用能量受周期影响不明显。

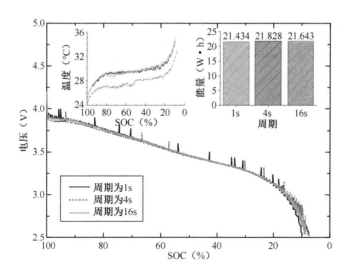

图 6-15　镍钴铝酸锂离子电池在不同周期下放电的 SOC 与电压的关系曲线

　　磷酸铁锂离子电池在不同周期下放电的 SOC 与电压的关系曲线如图 6-16 所示，当周期为 4s 时，可用能量最小。

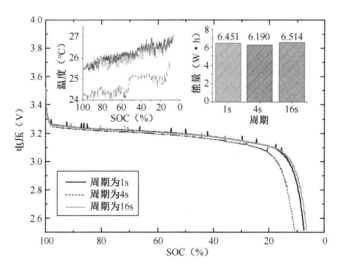

图 6-16　磷酸铁锂离子电池在不同周期下放电的 SOC 与电压的关系曲线

　　钛酸锂离子电池在不同周期下放电的 SOC 与电压的关系曲线如图 6-17 所示，在不同周期下，可用能量相差不大。

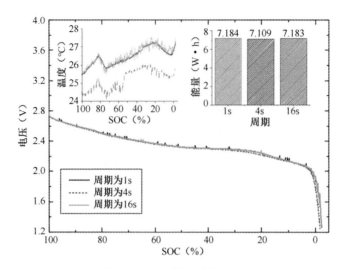

图 6-17　钛酸锂离子电池在不同周期下放电的 SOC 与电压的关系曲线

6.2.5　不同温度放电对可用能量的影响实验

该实验的目的是揭示不同温度放电对可用能量的影响,具体步骤如下。

(1)将恒温箱温度分别设为-15℃、0℃、15℃、25℃、30℃。

(2)将 4 种测试电池置于恒温箱中并静置 1h。

(3)将 4 种电池以恒流(0.5C)恒压充电至充电截止电压后静置 1h。

(4)将 4 种电池以 0.6C 恒流放电至放电截止电压,记录电压、可用能量等数据。

镍钴锰酸锂离子电池在不同温度下放电的 SOC 与电压的关系曲线如图 6-18 所示,温度高时可用能量较大,随着温度降低,可用能量明显减小,当温度为-15℃时,可用能量约为 30℃时的 73.69%。

镍钴铝酸锂离子电池在不同温度下放电的 SOC 与电压的关系曲线如图 6-19 所示,温度高时可用能量较大,随着温度降低,可用能量明显减小,当温度为-15℃时,可用能量约为 30℃时的 65.40%。

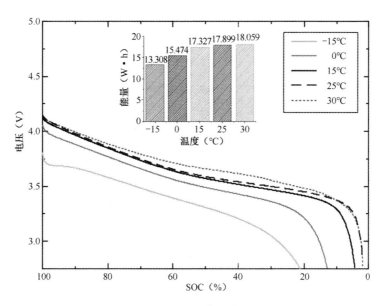

图 6-18　镍钴锰酸锂离子电池在不同温度下放电的 SOC 与电压的关系曲线

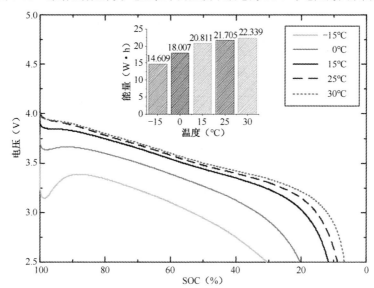

图 6-19　镍钴铝酸锂离子电池在不同温度下放电的 SOC 与电压的关系曲线

　　磷酸铁锂离子电池在不同温度下放电的 SOC 与电压的关系曲线如图 6-20 所示，温度高时可用能量较大，随着温度降低，可用能量明显减小，当温度为-15℃时，可用能量约为 30℃时的 42.52%。

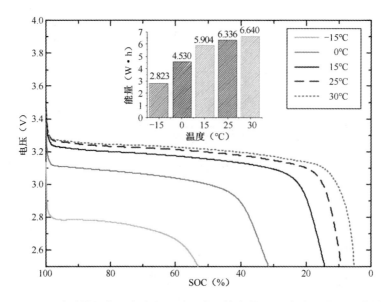

图 6-20　磷酸铁锂离子电池在不同温度下放电的 SOC 与电压的关系曲线

　　钛酸锂离子电池在不同温度下放电的 SOC 与电压的关系曲线如图 6-21 所示，温度高时可用能量较大，随着温度降低，可用能量明显减小，当温度为-15℃时，可用能量约为 30℃时的 75.57%。

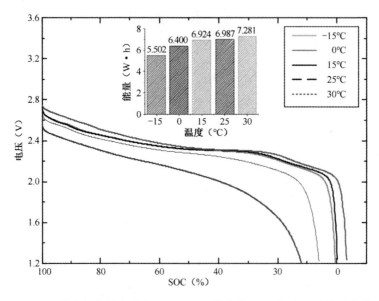

图 6-21　钛酸锂离子电池在不同温度下放电的 SOC 与电压的关系曲线

6.2.6 恒流、阶跃电流放电对电池温升的影响实验

该实验的目的是揭示恒流、阶跃电流放电对温升的影响，具体步骤如下。

（1）将恒温箱温度设为25℃。

（2）将4种测试电池置于恒温箱中并静置1h。

（3）将4种电池以恒流（0.5C）恒压充电至充电截止电压后静置1h（置于隔热箱中，将测温探头安装在电池组中心位置）。

（4）将4种电池以0.6C恒流、0.6C阶跃电流（一个周期内的平均值为0.6C）放电至放电截止电压，记录电压、可用能量、温度等数据。

镍钴锰酸锂离子电池在恒流和阶跃电流下放电的SOC与电压的关系曲线如图6-22所示，该电池在0.6C恒流、0.6C阶跃电流工况下的可用能量分别为18.250W·h、18.066W·h，恒流放电时的温升略高于阶跃电流放电。

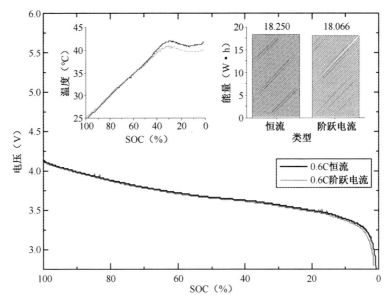

图6-22 镍钴锰酸锂离子电池在恒流和阶跃电流下放电的SOC与电压的关系曲线

镍钴铝酸锂离子电池在恒流和阶跃电流下放电的 SOC 与电压的关系曲线如图 6-23 所示,该电池在 0.6C 恒流、0.6C 阶跃电流工况下的可用能量分别为 22.961W·h、22.791W·h,阶跃电流放电时的温升高于恒流放电。

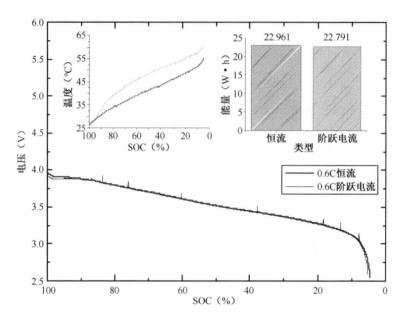

图 6-23 镍钴铝酸锂离子电池在恒流和阶跃电流下放电的 SOC 与电压的关系曲线

磷酸铁锂离子电池在恒流和阶跃电流下放电的 SOC 与电压的关系曲线如图 6-24 所示,该电池在 0.6C 恒流、0.6C 阶跃电流工况下的可用能量分别为 6.621W·h、6.625W·h,阶跃电流放电时的温升略高于恒流放电。

钛酸锂离子电池在恒流和阶跃电流下放电的 SOC 与电压的关系曲线如图 6-25 所示,该电池在 0.6C 恒流、0.6C 阶跃电流工况下的可用能量分别为 7.362W·h、7.309W·h,在放电过程中,阶跃电流放电时的温升略高于恒流放电,最终温度基本一致。

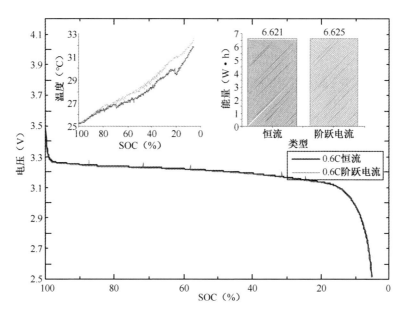

图 6-24 磷酸铁锂离子电池在恒流和阶跃电流下放电的 SOC 与电压的关系曲线

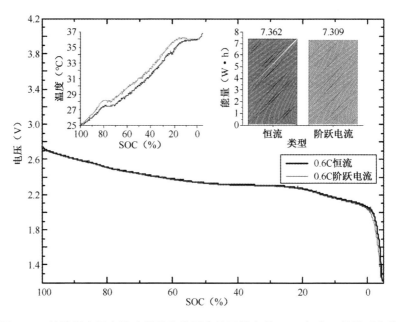

图 6-25 钛酸锂离子电池在恒流和阶跃电流下放电的 SOC 与电压的关系曲线

6.3 实验结果分析

6.3.1 恒流、阶跃电流放电对可用能量的影响

4 种锂离子电池的恒流、阶跃电流放电结果如表 6-3 所示，在不考虑电流特征对电池寿命的影响的前提下，4 种锂离子电池的表现略有差异：镍钴锰酸锂离子电池、磷酸铁锂离子电池在 0.6C 恒流工况下的可用能量较大，分别比 0.6C 阶跃电流工况下高 1.81% 和 2.36%；镍钴铝酸锂离子电池、钛酸锂离子电池在 0.6C 阶跃电流工况下的可用能量较大，分别比 0.6C 恒流工况下高 0.57% 和 1.75%。综上所述，磷酸铁锂离子电池受到的影响最大，镍钴铝酸锂离子电池受到的影响最小。

表 6-3 4 种锂离子电池的恒流、阶跃电流放电结果

电池种类	恒流放电	阶跃电流放电
镍钴锰酸锂离子电池	98.41%（17.899W·h）	96.40%（17.580W·h）
镍钴铝酸锂离子电池	91.11%（21.705W·h）	92.70%（21.828W·h）
磷酸铁锂离子电池	90.81%（6.336W·h）	89.20%（6.190W·h）
钛酸锂离子电池	100.10%（6.987W·h）	100.16%（7.109W·h）

6.3.2 不同倍率恒流放电对可用能量的影响

4 种锂离子电池的不同倍率放电结果如表 6-4 所示，锂离子电池放电电流越大，压降越大，可用能量更小，温升越高。磷酸铁锂离子电池受倍率影响最大，其在 0.8C 下的可用能量仅为 0.2C 下的 91.40%。

表6-4 4种锂离子电池的不同倍率放电结果

倍率	镍钴锰酸锂离子电池（W·h）	镍钴铝酸锂离子电池（W·h）	磷酸铁锂离子电池（W·h）	钛酸锂离子电池（W·h）
0.2C	18.681	23.115	6.630	7.170
0.4C	18.204	22.303	6.470	7.060
0.6C	17.899	21.705	6.330	6.980
0.8C	17.549	21.428	6.060	6.880

6.3.3 平均电流相等的不同周期放电对可用能量的影响

4种锂离子电池的不同周期放电结果如表6-5所示，周期越长，镍钴锰酸锂离子电池的可用能量越大（恒流时可达18.250W·h），周期为1s时，可用能量仅为恒流时的94.10%。镍钴铝酸锂离子电池与钛酸锂离子电池在周期影响下的可用能量差异不超过2%，磷酸铁锂离子电池在周期影响下的可用能量差异不超过5%。

表6-5 4种锂离子电池的不同周期放电结果

电池类型	周期为1s	周期为4s	周期为16s
镍钴锰酸锂离子电池（W·h）	17.172	17.580	17.842
镍钴铝酸锂离子电池（W·h）	21.434	21.828	21.643
磷酸铁锂离子电池（W·h）	6.451	6.190	6.514
钛酸锂离子电池（W·h）	7.184	7.109	7.183

6.3.4 不同温度放电对可用能量的影响

4种锂离子电池的不同温度放电结果如表6-6所示，温度变化影响锂离子电池内部的活性物质利用率，由前面的结果可知，温度对可用容量的影响较大。随着温度的下降，4种锂离子电池的电压降低，当温度低于15℃时，电压下降明显。钛酸锂离子电池的温度特性较好，-15℃时的可用能量依然可以达到 30℃时的 75.57%。由实验数据可知，4 种锂离子电池温度特性由好至差的顺序为：钛酸锂离子电池、镍钴锰酸锂离子电池、镍钴铝酸锂离子电池、磷酸铁锂离子电池。

表 6-6　4 种锂离子电池的不同温度放电结果

温度（℃）	镍钴锰酸锂离子电池（W·h）	镍钴铝酸锂离子电池（W·h）	磷酸铁锂离子电池（W·h）	钛酸锂离子电池（W·h）
-15	13.308	14.609	2.823	5.502
0	15.474	18.007	4.530	6.400
15	17.327	20.811	5.904	6.924
25	17.899	21.705	6.336	6.987
30	18.059	22.339	6.640	7.281

6.3.5　恒流、阶跃电流放电对电池温升的影响

4 种锂离子电池在恒流、阶跃电流下放电的能量和最终温度如表 6-7 所示，4 种锂离子电池的最终温度差异较大，但各电池的恒流放电与阶跃电流放电温升差异较小。镍钴铝酸锂离子电池在 0.6C 阶跃电流工况下的温升较高，其他 3 种电池在 2 种工况下的温升十分接近。

表 6-7　4 种锂离子电池在恒流、阶跃电流下放电的能量和最终温度

电池种类	0.6C 恒流	0.6C 阶跃电流
镍钴锰酸锂离子电池	18.250W·h 41.94℃	18.066W·h 40.23℃
镍钴铝酸锂离子电池	22.961W·h 55.34℃	22.791W·h 59.95℃
磷酸铁锂离子电池	6.621W·h 31.85℃	6.625W·h 32.58℃
钛酸锂离子电池	7.362W·h 36.80℃	7.309W·h 36.72℃

6.4　本章小结

本章以镍钴锰酸锂离子电池、镍钴铝酸锂离子电池、磷酸铁锂离子电池和钛酸锂离子电池为对象，通过实验揭示了电流特征对 4 种锂离子电池可用能量、温升等的影响。

（1）采用不同放电工况（恒流、阶跃电流放电）对磷酸铁锂离子电池可用能量的影响最大，对镍钴铝酸锂离子电池的影响最小。

（2）放电倍率是影响锂离子电池可用能量的重要因素。放电电流越大，电池内阻分压越多，导致其温度升高。在温度为 25℃时，0.8C 恒流工况下镍钴锰酸锂离子电池、镍钴铝酸锂离子电池、磷酸铁锂离子电池和钛酸锂离子电池的可用能量分别为 0.2C 恒流工况下的 93.94%、92.70%、91.40% 和 95.96%。

（3）周期对 4 种锂离子电池的影响有明显差异。周期越长，镍钴锰酸锂离子电池的可用能量越大，周期为 1s 时，可用能量仅为恒流时的 94.10%。镍钴铝酸锂离子电池与钛酸锂离子电池在周期影响下的可用能量差异不超过 2%，磷酸铁锂离子电池在周期影响下的可用能量差异不超过 5%。

（4）温度也是影响锂离子电池可用能量的重要因素，当温度低于 15℃时，4 种锂离子电池的电压明显降低。磷酸铁锂电池在 -15℃时的可用容量仅为 30℃时的 42.52%。4 种锂离子电池温度特性由好至差的顺序为：钛酸锂离子电池、镍钴锰酸锂离子电池、镍钴铝酸锂离子电池、磷酸铁锂离子电池。

（5）4 种锂离子电池的最终温度差异较大，但各电池的恒流放电与阶跃电流放电温升差异较小。镍钴铝酸锂离子电池在 0.6C 阶跃电流工况下的温升较高，其他 3 种电池在 2 种工况下的温升十分接近。

参 考 文 献

[1] 严亮, 吴层, 段建国. 镍钴锰酸锂正极材料的结构及电化学特征[J]. 广州化工, 2017, 45(7):3-4, 29.

[2] 智福鹏, 王娟辉, 郝亚莉, 等. $LiNi_{0.94}Co_{0.04}Al_{0.02}O_2$ 正极材料制备及其电化学性能研究[J]. 热加工工艺, 2019, 48(18):49-54.

[3] 邹连荣, 田娟. 高能量密度锂离子动力电池正极材料镍钴铝酸锂技术发展[J]. 通信电源技术, 2016, 33(6):199-200, 202.

[4] 封志芳, 肖勇, 邹利华. 磷酸铁锂制备方法研究进展[J]. 江西化工, 2019(1):42-46.

[5] 李旺, 刘佳丽. 钛酸锂材料的制备及电极配方研究[J]. 钢铁钒钛, 2019, 40(2):50-54.

[6] 高琛, 黄碧雄, 严晓, 等. 钛酸锂离子动力电池低温特性研[J]. 上海工程技术大学学报, 2019, 33(1):21-25.

[7] 沈江, 张文斌, 全小红, 等. 钛酸锂离子动力电池荷电状态的试验研究[J]. 新技术新工艺, 2014(1):102-105.

[8] 张明杰, 杨凯, 段舒宁, 等. 高能量密度镍钴铝酸锂/钛酸锂电池体系的热稳定性研究[J]. 高电压技术, 2017, 43(7):2221-2228.

混合储能系统三端口功率变换器设计

多端口功率变换器是实现能量型储能装置、功率型储能装置和负载之间能量流动的关键设备。针对电动汽车混合储能系统的功率分流问题，本章基于多工况三端口变换器结构，开发了集成能量型储能装置端口、功率型储能装置端口、负载端口的三端口功率变换器，提出了能量型储能装置采用电流闭环控制、功率型储能装置采用电压闭环控制的控制系统。

首先，本章分析了三端口功率变换器的结构和工作模式，建立了状态空间模型，分析了功率电路占空比—电感电流传递函数、占空比—输入电流传递函数和占空比—输出电压传递函数；其次，设计了电流闭环控制器和电压闭环控制器，在保证母线电压稳定的前提下，实现了输出功率在功率型储能装置和能量型储能装置之间的精确分配；最后，通过实验验证了三端口功率变换器的电压、电流控制精度及效率等关键性能指标。

7.1 三端口功率变换器的结构和工作模式

7.1.1 结构

所提出的电动汽车混合储能系统三端口功率变换器结构如图 7-1 所示。能量型储能装置采用电流闭环控制，功率型储能装置采用电压闭环控制。在保证母线电压稳定的前提下，该变换器实现了功率在功率型储能装置和能量型储能装置之间的精确分配，且具有结构简单、成本低、可靠性高、效率高等优点，符合电动汽车高可靠性、长续驶里程、轻量化、高功率密度的发展理念[1]。

该变换器具有以下功能：①在任意两个端口之间可以实现能量的双向流动；②采用双电感结构，实现了储能装置之间、储能装置与负载之间的解耦；③多工况运行，包括双输入单输出模式、再生制动模式、单输入单输出模式、单输入双输出模式等。

由图 7-1 可知，电流闭环控制器采用单闭环结构实现对输出电流的精确控制；电压闭环控制器在电流闭环控制器的基础上，通过外加电压闭环控制，构成双闭环结构，以保证直流母线电压稳定。在该结构中，功率型储能装置对应双闭环控制系统，保证输出电压稳定；能量型储能装置对应电流闭环控制系统，提供稳定的电流分量。

因为功率型储能装置可以保证输出电压 U_o 稳定，所以只要控制能量型储能装置输出电流 I_{bat}，就可以实现对输出功率 P_{bat} 的控制（$P_{bat}=U_oI_{bat}$）。因此，该结构中的 a 部分用于维持输出直流母线电压稳定，b 部分实现能量型储能装置功率的精确输出。该结构包含双电感，在相同的输出功率下，与单电感结构相比，双电感结构中各电感的电流较小[2-5]。由电感元件的电压电流关系（$u = L\,di/dt$）可知，MOSFET 关断时产生的感应电动势较低，因此双电感结构降低了开关器件的电压，减小了电流应力。

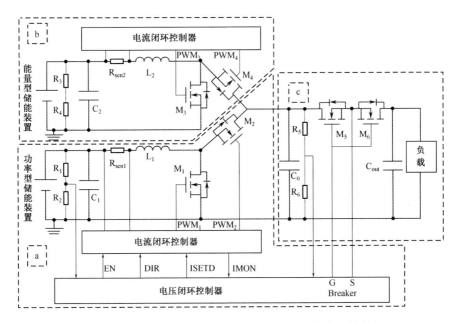

图 7-1　电动汽车混合储能系统三端口功率变换器结构

7.1.2　工作模式

与双向 DC/DC 变换器相比，三端口功率变换器有多种工作模式，且在不同工作模式下的功率流向不同。三端口功率变换器的运行模式如图 7-2 所示，该变换器可以实现图 7-2 中任意两个端口之间的电能双向变换，能够满足电动汽车在行驶、充电、再生制动等工况下的功率变换需求。

三端口功率变换器在 4 种工作模式下的等效电路如图 7-3 所示。

（1）当电动汽车急加速或高速巡航时，负载需求功率 P_{load} 较大，能量型储能装置的最大功率无法满足负载需求。此时，功率型储能装置与能量型储能装置共同向负载供能，三端口功率变换器工作在双输入单输出（Double-Input Single-Out，DISO）模式，DISO 模式如图 7-3（a）所示。

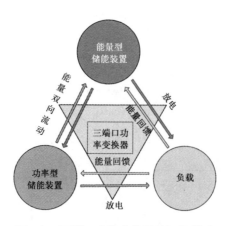

图 7-2　三端口功率变换器的运行模式

（2）当电动汽车再生制动时，电动机作为发电机运行，将动能转化为电能。此时，三端口功率变换器工作在再生制动（Regenerative Braking）模式，将再生制动回馈能量存储在能量型储能装置与功率型储能装置中，满足 $P_{load}=P_{bat}+P_{uc}$，Regenerative Braking 模式如图 7-3（b）所示。

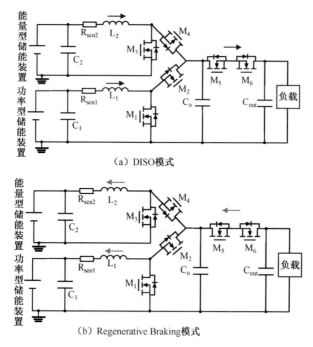

（a）DISO 模式

（b）Regenerative Braking 模式

图 7-3　三端口功率变换器在 4 种工作模式下的等效电路

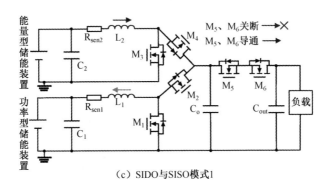

（c）SIDO与SISO模式1

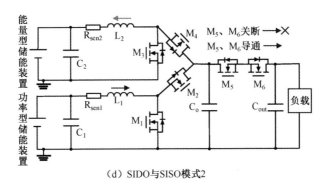

（d）SIDO与SISO模式2

图 7-3　三端口功率变换器在 4 种工作模式下的等效电路（续）

（3）当功率型储能装置的 SOC 较低时，三端口功率变换器工作在单输入双输出（Single-Input Double-Out，SIDO）或单输入单输出（Single-Input Single-Out，SISO）模式，以对功率型储能装置充电，SIDO 与 SISO 模式 1 如图 7-3（c）所示。

（4）当电动汽车驻车后，为了减小功率型储能装置的自放电，可以将功率型储能装置中的电能转移至能量型储能装置。此时，三端口功率变换器工作在单输入双输出（Single-Input Double-Out，SIDO）或单输入单输出（Single-Input Single-Out，SISO）模式，SIDO 与 SISO 模式 2 如图 7-3（d）所示。

7.2　状态空间模型及传递函数

开关变换器是一个高阶、非线性、时变的开关电路系统，通过使用状态空间平均法，可以将其动态过程转换为等效的线性时不变电路系统，进而采用线性系统理论对其进行分析与设计。

为了简化三端口功率变换器的分析复杂度，可以将工作在 DISO 模式的三端口功率变换器等效为将能量型储能装置与功率型储能装置并联的运行模式，因此仅需对两者之一进行分析。功率型储能装置在 Boost 运行模式下可以等效为两个导通子电路，具体如下。

7.2.1　导通子电路

导通子电路 1（M_1 导通、M_2 关断）如图 7-4 所示，电压源可以等效为理想电压源与电阻的串联，电感和电容都包含寄生电阻。

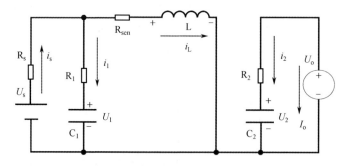

图 7-4　导通子电路 1（M_1 导通、M_2 关断）

根据 KVL 和 KCL 列出状态空间方程，导通子电路 1 的功率级动态特性的状态方程和输出方程为

$$\begin{cases} \dot{x} = A_{on}x + B_{on}u_i \\ y = C_{on}x + E_{on}u_i \end{cases} \tag{7-1}$$

式中，$x = [U_2 \quad U_1 \quad i_L]^T$、$u_i = [I_o \quad U_s]^T$、$y = [i_s \quad i_L \quad U_o]^T$；$U_2$ 为电容 C_2 的电压；U_1 为电容 C_1 的电压；i_L 为电感电流；I_o 为负载电流；U_s 为输入电压；i_s 为输入电流；U_o 为输出电压；$[A_{on} \quad B_{on} \quad C_{on} \quad E_{on}]$ 为导通子电路 1 的系数矩阵。

导通子电路 2（M_1 关断、M_2 导通）如图 7-5 所示。

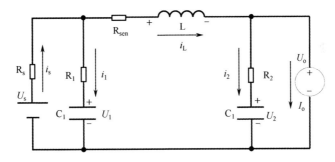

图 7-5　导通子电路 2（M_1 关断、M_2 导通）

导通子电路 2 的功率级动态特性的状态方程和输出方程为

$$\begin{cases} \dot{x} = A_{off}x + B_{off}u_i \\ y = C_{off}x + E_{off}u_i \end{cases} \tag{7-2}$$

式中，$[A_{off} \quad B_{off} \quad C_{off} \quad E_{off}]$ 为导通子电路 2 的系数矩阵。

7.2.2　状态空间模型

功率变换器工作时开关管处于高速导通与关断状态，因此大多数变量是时变的。为便于处理，将两个状态方程合并，即

$$\begin{cases} \bar{\dot{x}} = \left[A_{on}\bar{d} + A_{off}(1-\bar{d}) \right] \bar{x} + \left[B_{on}\bar{d} + B_{off}(1-\bar{d}) \right] \bar{u}_i \\ \bar{y} = \left[C_{on}\bar{d} + C_{off}(1-\bar{d}) \right] \bar{x} + \left[E_{on}\bar{d} + E_{off}(1-\bar{d}) \right] \bar{u}_i \end{cases} \tag{7-3}$$

在稳态工作点附近引入扰动量，即

$$\begin{cases} \bar{d} = D + \hat{d} \\ \bar{x} = X + \hat{x} \\ \bar{u}_i = U_i + \hat{u}_i \\ \bar{y} = Y + \hat{y} \end{cases} \tag{7-4}$$

式中，$\bar{d}$ 为平均占空比；D 为稳态占空比；$\hat{d}$ 为占空比扰动量；$\bar{x}$ 为平均状态变量；X 为稳态状态变量；$\hat{x}$ 为状态变量扰动量；$\bar{u}_i$ 为平均输入变量；U_i 为稳态输入量；$\hat{u}_i$ 为输入变量扰动量；$\bar{y}$ 为平均输出变量；Y 为稳态输出变量；$\hat{y}$ 为输出变量扰动量。

假设状态变量、占空比和输入变量都受小扰动影响，小信号模型和稳态模型可以分离，将非线性函数展开为泰勒级数，仅保留一次项，并假设状态方程和输出方程的唯一扰动量是占空比，引入扰动量的小信号模型为

$$\begin{cases} \dot{\hat{x}} = A\hat{x} + \left[\left(A_{on} - A_{off} \right)\bar{X} + \left(B_{on} - B_{off} \right)\bar{U}_i \right]\hat{d} \\ \hat{y} = C\hat{x} + \left[\left(C_{on} - C_{off} \right)\bar{X} + \left(E_{on} - E_{off} \right)\bar{U}_i \right]\hat{d} \end{cases} \tag{7-5}$$

式中，$A = A_{on}\bar{d} + A_{off}\left(1 - \bar{d} \right)$，$C = C_{on}\bar{d} + C_{off}\left(1 - \bar{d} \right)$。

通过拉普拉斯变换得到

$$\begin{cases} \dfrac{\hat{x}(s)}{\hat{d}(s)} = (sI - A)^{-1}\left[\left(A_{on} - A_{off} \right)\bar{X} + \left(B_{on} - B_{off} \right)\bar{U}_i \right] \\ \hat{y}(s) = C\hat{x}(s) + \left[\left(C_{on} - C_{off} \right)\bar{X} + \left(E_{on} - E_{off} \right)\bar{U}_i \right]\hat{d} \end{cases} \tag{7-6}$$

7.2.3　传递函数

1. 占空比—电感电流传递函数

根据式（7-1）和式（7-2）可得，前馈矩阵 $E_{on} = E_{off} = \begin{bmatrix} 0 & 0 \end{bmatrix}$，观测矩阵 $C_{on} = C_{off} = \begin{bmatrix} 0 & 0 & 1 \end{bmatrix}$。

令矩阵 $H = \left(A_{on} - A_{off} \right)\bar{X} + \left(B_{on} - B_{off} \right)\bar{U}_i$，可以得到

$$\frac{\hat{i}_{\mathrm{L}}(s)}{\hat{d}(s)} = \boldsymbol{C}\frac{\hat{\boldsymbol{X}}(s)}{d(s)} = \boldsymbol{C}\left[(s\boldsymbol{I} - \boldsymbol{A})^{-1}\boldsymbol{H}\right] \tag{7-7}$$

2. 占空比—输入电流传递函数

根据式（7-1）和式（7-2）可得，前馈矩阵 $\boldsymbol{E}_{\mathrm{on}} = \boldsymbol{E}_{\mathrm{off}} = \begin{bmatrix} 0 & R_1/(R_1 + R_{\mathrm{s}}) \end{bmatrix}$，观测矩阵 $\boldsymbol{C}_{\mathrm{on}} = \boldsymbol{C}_{\mathrm{off}} = \begin{bmatrix} 0 & -1/(R_1 + R_{\mathrm{s}}) & R_1/(R_1 + R_{\mathrm{s}}) \end{bmatrix}$，可以得到

$$\frac{\hat{i}_{\mathrm{s}}(s)}{\hat{d}(s)} = \boldsymbol{C}\frac{\hat{\boldsymbol{X}}(s)}{\hat{d}(s)} = \boldsymbol{C}\left[(s\boldsymbol{I} - \boldsymbol{A})^{-1}\boldsymbol{H}\right] \tag{7-8}$$

3. 占空比—输出电压传递函数

根据式（7-1）和式（7-2）可得，前馈矩阵 $\boldsymbol{E}_1 = \boldsymbol{E}_2 = \begin{bmatrix} -R_2 & 0 \end{bmatrix}$，观测矩阵 $\boldsymbol{C}_{\mathrm{on}} = \begin{bmatrix} 1 & 0 & 0 \end{bmatrix}$，$\boldsymbol{C}_{\mathrm{off}} = \begin{bmatrix} 1 & 0 & R_2 \end{bmatrix}$，可以得到

$$\frac{\hat{U}_{\mathrm{o}}(s)}{\hat{d}(s)} = \boldsymbol{C}\frac{\hat{\boldsymbol{X}}(s)}{\hat{d}(s)} = \boldsymbol{C}\left[(s\boldsymbol{I} - \boldsymbol{A})^{-1}\boldsymbol{H}\right] + (\boldsymbol{C}_{\mathrm{on}} - \boldsymbol{C}_{\mathrm{off}})\overline{\boldsymbol{X}} \tag{7-9}$$

三端口功率变换器参数如表 7-1 所示。当采用表 7-1 中的参数时，传递函数伯德图如图 7-6 所示。同理，可对 Buck 运行模式进行分析。

表 7-1　三端口功率变换器参数

元件	参数	型号
电感 L_1	L_1=4.7 μH	SER2915L-472KL
电感 L_2	L_2=4.7 μH	SER2915L-472KL
电容 C_1	C_1=1408 μF	EEEFK1K330P CS1J221M-CRI13
电容 C_2	C_2=1408 μF	EEEFK1K330P CS1J221M-CRI13
电容 C_o	C_o= 1584 μF	EEEFK1K330P
M_1、M_2、M_3、M_4、M_5、M_6	100 V、130 A	RU1H130S

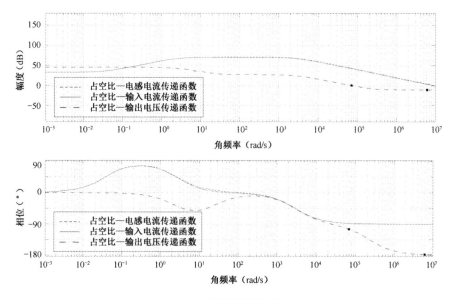

图 7-6　传递函数伯德图

7.3　闭环控制系统设计

闭环控制系统设计采用 TI 公司的 LM5170-Q1 多相双向电流控制器，所设计的多工况三端口功率变换器控制系统结构如图 7-7 所示。其中，a 为模拟电流闭环控制器，包含 PWM 发生器、Buck/Boost 模式控制器等；b 为电流闭环控制器模拟补偿网络；电压闭环控制器采用 c 中的模拟补偿网络，并实现数字化。

7.3.1　电流闭环控制器设计

由图 7-7 可知，放大器输出电压扰动量 $\hat{u}_{\mathrm{com}}$ 与电感电流扰动量 $\hat{i}_{\mathrm{L}}$ 的传递函数为

$$H(s) = \frac{\hat{i}_{\mathrm{L}}}{\hat{U}_{\mathrm{com}}} = \frac{1}{K_{\mathrm{ramp}}(sL + R_{\mathrm{sen}} + R_{\mathrm{d}})} \tag{7-10}$$

式中，L 为电感量；R_{sen} 为电流检测电阻的阻值；R_{d} 为电流路径等效阻值；K_{ramp} 为斜波发生器系数，$K_{\mathrm{ramp}} = 0.104$。

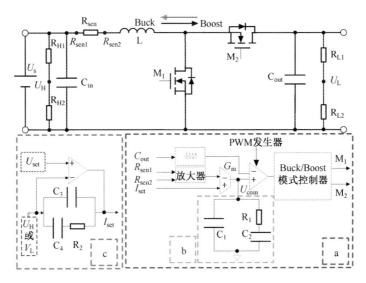

图 7-7　多工况三端口功率变换器控制系统结构

该传递函数是一阶的，Type-II 补偿器可以保证电流环在升压或降压模式下的动态性能。

设跨导放大器的输出阻抗为 Z_{GM}，则电感到跨导放大器的增益为

$$G(s) = \frac{\hat{U}_{\mathrm{com}}}{\hat{i}_{\mathrm{L}}} = 50 R_{\mathrm{sen}} G_{\mathrm{m}} \left[Z_{\mathrm{GM}} \| Z_{\mathrm{com}}(s) \right] \tag{7-11}$$

式中，系数 50 为电流检测放大器增益；G_{m} 为跨导放大器的跨导，这里 $G_{\mathrm{m}} = 1\mathrm{mA/V}$；$Z_{\mathrm{com}}(s)$ 为 U_{com} 处补偿网络的等效阻抗，$Z_{\mathrm{com}}(s)$ 为

$$Z_{\mathrm{com}}(s) = \frac{1}{C_1 + C_2} \frac{R_1 C_2 s + 1}{s \left[1 + R_1 C_1 C_2 s / (C_1 + C_2) \right]} \tag{7-12}$$

通常 $Z_{\mathrm{GM}} \gg Z_{\mathrm{com}}$、$C_2 \gg C_1$，且电流闭环控制器模拟补偿网络的频率通常为数千赫兹。因此，可以忽略 Z_{GM} 的影响，得到

$$G(s) = \frac{\hat{U}_{\text{com}}}{\hat{i}_{\text{L}}} = \frac{50 R_{\text{sen}} G_{\text{m}}}{C_2} \frac{1 + s R_1 C_2}{s \left(1 + s R_1 \dfrac{C_1 C_2}{C_1 + C_2}\right)} \tag{7-13}$$

电流环增益为 $H(s)$ 与 $G(s)$ 的积，即

$$G_{\text{inner}}(s) = H(s)G(s) \tag{7-14}$$

为保证电流环增益在交越频率 $f_{\text{c\_current}}$ 处有足够的相位和增益裕度，令补偿零点 f_{z} 位于极点 f_{p2} 处，极点 f_{p3} 位于比 $f_{\text{c\_current}}$ 高约 20 倍的位置，以抑制高频噪声；在 $f_{\text{c\_current}}$ 处，令开环增益 G_{inner} 为 1，即 $|H(2i\pi f_{\text{c\_current}}) G(2i\pi f_{\text{c\_current}})| = 1$，可以得到电流闭环控制器模拟补偿网络参数为

$$\begin{cases} R_1 = \dfrac{1}{50 R_{\text{sen}} G_{\text{m}} \, |H(2i\pi f_{\text{c\_current}})|} \\[4mm] C_2 = \dfrac{L_{\text{m}}}{(R_{\text{sen}} + R_{\text{s}}) \, R_1} \\[4mm] C_1 = \dfrac{C_2}{100} \end{cases} \tag{7-15}$$

7.3.2　电压闭环控制器设计

为了保证变换器的稳定性，需要对电压闭环控制器回路进行频率补偿，对于 Buck 模式控制器补偿网络，令

$$\begin{cases} f_{\text{c\_volt}} = \dfrac{f_{\text{c\_current}}}{5} \\[4mm] f_{\text{z\_volt}} = \dfrac{f_{\text{c\_volt}}}{10} \\[4mm] f_{\text{p}} = \dfrac{3 f_{\text{sw}}}{4} \end{cases} \tag{7-16}$$

式中，$f_{\text{c\_volt}}$ 为电压控制回路交越频率；$f_{\text{c\_current}}$ 为电流控制回路交越频率；f_{sw} 为开关频率；f_{p} 为极点频率。

对于 Boost 模式控制器补偿网络，令

$$
\begin{cases}
f_{\text{c\_volt}} = \min\left(\dfrac{f_{\text{c\_current}}}{5}, \dfrac{f_{\text{z\_r}}}{5}\right) \\[3mm]
f_{\text{z\_volt}} = \dfrac{f_{\text{c\_volt}}}{10} \\[3mm]
f_{\text{p}} = \dfrac{f_{\text{sw}}}{2}
\end{cases}
\tag{7-17}
$$

式中，$f_{\text{z\_r}}$ 为右半平面零点频率。

电压闭环控制器的数字化如图 7-8 所示。

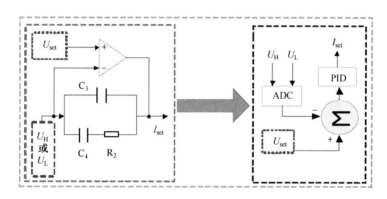

图 7-8　电压闭环控制器的数字化

为了实现离散化数字补偿，必须通过双线性变换将模拟域的极点和零点转换到数字域，即

$$
\begin{cases}
\omega_{\text{cp0}} = \dfrac{1}{R_{\text{L1}} C_1} \\[3mm]
\omega_{\text{cz1}} = \dfrac{1}{R_2 C_4} \\[3mm]
\omega_{\text{cp1}} = \dfrac{1}{R_2 C_3}
\end{cases}
\tag{7-18}
$$

通过式（7-19），对模拟补偿器的传递函数进行转换。

$$s \leftarrow \frac{2z-1}{Tz+1} \tag{7-19}$$

式中，T 为采样周期，$T=20.48\mu s$。将式（7-19）代入 Type-II 补偿器传递函数，可以得到离散时间补偿器传递函数，即

$$H_C[z] = \frac{\omega_{cp0}}{\frac{2z-1}{Tz+1}} \frac{1+\frac{\frac{2z-1}{Tz+1}}{\omega_{cz1}}}{1+\frac{\frac{2z-1}{Tz+1}}{\omega_{cp1}}} \tag{7-20}$$

将式（7-20）描述为标准离散双极点双零点函数，即

$$H_C[z] = \frac{B_2 + B_1 z + B_0 z^2}{-A_2 - A_1 z + z^2} \tag{7-21}$$

式中

$$\begin{cases} B_0 = \dfrac{T\omega_{cp0}\omega_{cp1}\left(2+T\omega_{cz1}\right)}{2\left(2+T\omega_{cp1}\right)\omega_{cz1}} \\[3mm] B_1 = \dfrac{T^2\omega_{cp0}\omega_{cp1}}{2+T\omega_{cp1}} \\[3mm] B_2 = \dfrac{T\omega_{cp0}\omega_{cp1}\left(-2+T\omega_{cz1}\right)}{2\left(2+T\omega_{cp1}\right)\omega_{cz1}} \\[3mm] A_1 = \dfrac{4}{2+T\omega_{cp1}} \\[3mm] A_2 = \dfrac{-2+T\omega_{cp1}}{2+T\omega_{cp1}} \end{cases} \tag{7-22}$$

式（7-21）的分子和分母分别乘以 z^{-2}，得到

$$H_C[z] = \frac{y[z]}{x[z]} = \frac{B_2 z^{-2} + B_1 z^{-1} + B_0}{-A_2 z^{-2} - A_1 z^{-1} + 1} \tag{7-23}$$

根据式（7-23）可以得到供微处理器计算应用的差分方程，即

$$\begin{cases} y[z]\left(-A_2 z^{-2}-A_2 z^{-1}+1\right)=x[z]\left(B_2 z^{-2}+B_1 z^{-1}+B_0\right) \\ -A_2 y[n-2]-A_1 y[n-1]+y[n]=B_2 x[n-2]+B_1 x[n-1]+B_0 x[n] \quad （7\text{-}24） \\ y[n]=B_2 x[n-2]+B_1 x[n-1]+B_0 x[n]+A_2 y[n-2]+A_1 y[n-1] \end{cases}$$

7.4 实验过程及结果

7.4.1 实验装置

实验平台如图 7-9 所示。实验参数如表 7-2 所示。

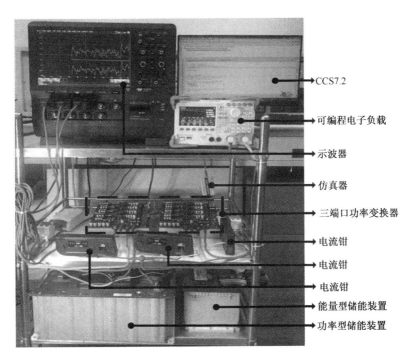

图 7-9 实验平台

表 7-2　实验参数

设备	参数	值
可编程电子负载	额定电压	150 V
	额定电流	40 A
	额定功率	200 W
Maxwell 超级电容器	额定电压	48 V
	额定电流	1.9 kA
	容量	165 F
VARTA 蓄电池	电压	12 V
	容量	80 Ah
三端口功率变换器	最大功率	1 kW
	高压侧输入电压	20~55 V
	高压侧额定电流	20 A
	低压侧输入电压	6~20 V
	MOSFET 开关频率	100 kHz

7.4.2　模拟 HWFET 工况实验

模拟 HWFET 工况进行实验，该循环工况共 766s[6]，实验步骤如下。

（1）根据模拟 HWFET 工况的车辆状态计算车辆需求功率，将需求功率导入可编程电子负载 DL3021。

（2）将直流母线电压设为 40V，能量型储能装置以 9.93A 恒流输出。

（3）使用电流钳分别测量负载电流、三端口功率变换器中电压闭环控制器和电流闭环控制器的输出电流，并测量电池、超级电容器和负载的电压。

（4）启动可编程电子负载，记录模拟 HWFET 工况实验数据，如图 7-10 所示。

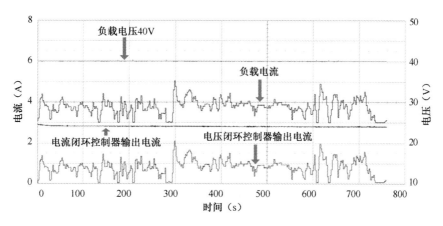

图 7-10 模拟 HWFET 工况实验数据

模拟 HWFET 工况共 383 步，每步持续 2s，共 766s。电流闭环控制器以恒功率提供负载需求低频分量；电压闭环控制器跟随负载实时功率需求做出快速响应，并维持负载电压为 40V。可编程电子负载记录了三端口功率变换器输出电压，模拟 HWFET 工况输出电压如图 7-11 所示。由图 7-11 可知，模拟 HWFET 工况输出电压最大误差仅为 0.157%。

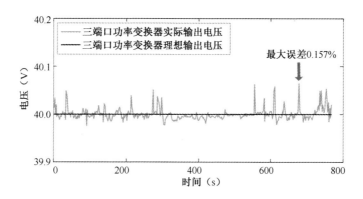

图 7-11 模拟 HWFET 工况输出电压

在模拟 HWFET 工况下，400s 内的功率型储能装置电压和电流如图 7-12 所示。由图 7-12 可知，由于容量有限，功率型储能装置的电压明显下降，但是电压闭环控制器能根据负载功率需求进行调节，始终保持输出电压为 40V。

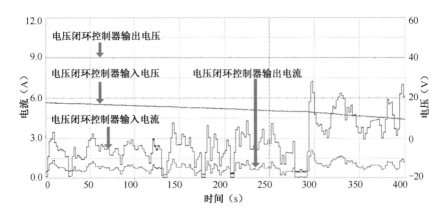

图 7-12　功率型储能装置电压和电流

在模拟 HWFET 工况下，400s 内的能量型储能装置电压和电流如图 7-13 所示。由图 7-13 可知，能量型储能装置输出电压为 12.40～12.83V，电流闭环控制器输入电流即能量型储能装置输出电流为 9.92～9.95A（设定值为 9.93A，最大误差为 0.2%）。由此可知，三端口功率变换器中的电流闭环控制器实现了精确的功率输出。

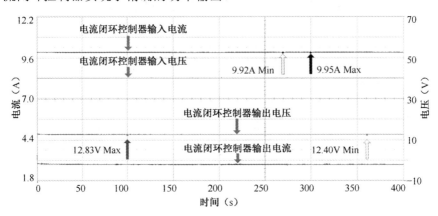

图 7-13　能量型储能装置电压和电流

7.4.3　阶跃负载实验

为了进一步验证所设计的三端口功率变换器在阶跃负载下的性能，设计以下两个实验。

（1）将可编程电子负载设为变化的阶跃负载，并在运行中将能量型储能装置由放电状态转换为充电状态；使用示波器电流钳分别测量负载电流、三端口功率变换器中电压闭环控制器和电流闭环控制器的输出电流，并测量负载电压。

（2）将可编程电子负载的突加功率设为 180W，测量三端口功率变换器输出电压及输出电流。

阶跃负载实验结果如图 7-14 所示。0～19s 电压闭环控制器与电流闭环控制器根据负载变化共同提供负载功率；20～50s 功率型储能装置在向阶跃负载提供能量的同时，还向能量型储能装置充电。在过渡时，三端口功率变换器输出电压未出现明显变化，负载电压维持在 40V。

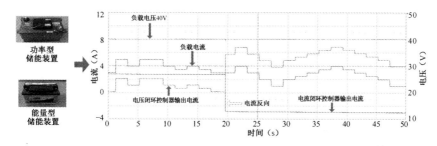

图 7-14　阶跃负载实验结果

阶跃负载实验电压波动如图 7-15 所示。由图 7-15 可知，三端口功率变换器受阶跃负载影响，下冲电压谷值为 39.5V，在动态调整过程中，超调电压为 0.1V，输出电流未出现明显超调，最后系统进入稳态。三端口功率变换器过渡时间约为 30ms，电压超调量为 0.25%。

7.4.4　三端口功率变换器效率实验

为了验证三端口功率变换器在模拟 HWFET 工况下的效率，设计以下实验。

（1）根据模拟 HWFET 工况的车辆状态计算需求功率，将需求功率导入可编程电子负载 DL3021。

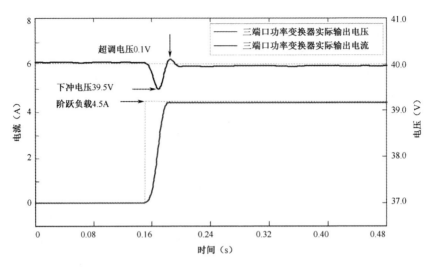

图 7-15　阶跃负载实验电压波动

（2）将直流母线电压设为 40V，能量型储能装置以低频稳态分量输出，功率型储能装置输出功率需求高频成分。

（3）使用示波器电压探头和电流钳分别测量三端口功率变换器的电压与电流。

（4）启动可编程电子负载，记录实验数据，三端口功率变换器效率实验数据如图 7-16 所示。

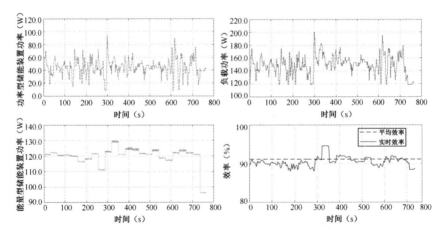

图 7-16　三端口功率变换器效率实验数据

由图 7-16 可知，在模拟 HWFET 工况下，三端口功率变换器的平均效率约为 91%，最高效率约为 95%。

7.5　本章小结

理论分析和实验结果表明，针对电动汽车多工况运行状态所提出的三端口功率变换器具有以下特征。

（1）能够实现电能在功率型储能装置、能量型储能装置和负载之间的传输，可以有效满足电动汽车在行驶、充电和再生制动等工况下的运行要求。

（2）在模拟 HWFET 工况实验中，三端口功率变换器中电压闭环控制器输出电压和电流闭环控制器输出电流精度分别达到 0.157% 和 0.2%；在阶跃负载实验中，电压超调量为 0.25%，实现了输出功率在功率型储能装置与能量型储能装置之间的精确分配；三端口功率变换器在模拟 HWFET 工况下的平均效率约为 91%，最高效率约为 95%。

参 考 文 献

[1]　申永鹏, 孙建彬, 杨小亮, 等. 电动汽车混合储能装置三端口功率变换器设计[J]. 电源学报, 2022, 20(2):76-87.

[2]　Zhou Z, Wu H, Xing Y, et al. A Non-Isolated Three-Port Converter for Stand-Alone Renewable Power System[C]//IECON 2012-38th Annual Conference on IEEE Industrial Electronics Society. IEEE, 2012.

[3]　Wu H, Xing Y, Xia Y, et al. A Family of Non-Isolated Three-Port Converters

for Stand-Aalone Renewable Power System[C]//Conference of the IEEE Industrial Electronics Society. IEEE, 2011.

[4] Santhosh T K, NatarajanK, Govindaraju C. Synthesis and Implementation of a Multi-Port DC/DC Converter for Hybrid Electric Vehicles[J]. Journal of Power Electronics, 2015, 15(5):1178-1189.

[5] Danyali S, Hosseini S H, Gharehpetian G B. New Extendable Single-Stage Multi-Input DC-DC/AC Boost Converter[J]. IEEE Transactions on Power Electronics, 2014, 29(2):775-788.

[6] 刘永刚, 李杰, 秦大同, 等. 基于多工况优化算法的混合电动汽车参数优化[J]. 机械工程学报, 2017, 53(16):61-69.

第8章

混合储能系统的小波功率分流方法

车辆电气传动系统（如 DC/DC 变换器和电机控制器）通常由工作频率为 20kHz～50kHz 的绝缘栅双极型晶体管（IGBT）和场效应晶体管（MOSFET）等电力电子器件构成，电力电子器件高频开关动作使车辆直流高压母线产生大量高频谐波，因此车辆在运行中的功率需求包含高频、混沌分量等[1-3]。本章在分析 Haar 小波基本理论的基础上，提出了基于 Haar 小波变换的功率分流方法。通过对高速公路经济性测试（Highway Fuel Economy Test，HWFET）工况数据进行四阶 Haar 小波分解，实现了车辆功率需求中高频、混沌分量的分解，并将其重构后分配至超级电容器和锂离子动力电池。本章还搭建了实验平台，验证了所提出的小波功率分流方法在降低能量型储能装置高频功率需求分量及峰值功率等方面的有效性。

此外，本章采用 sym3 小波变换，对模拟 HWFET 工况下的分流效果进行了验证，并在锂离子动力电池输出功率、混合储能系统输出电压精度等方面与 Haar 小波进行了对比。

8.1　系统结构

电动汽车的小波功率分流系统如图 8-1 所示。如何基于第 7 章的三端口功率变换器,将工作在加速模式的电动汽车功率需求中的高频暂态分量和稳态分量分解,并分配至超级电容器和锂离子动力电池,是所提出的小波功率分流方法需要解决的关键问题。

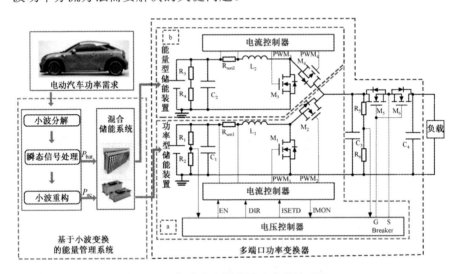

图 8-1　电动汽车的小波功率分流系统

当车辆工作在加速模式时,锂离子动力电池和超级电容器根据功率分流算法调节功率流。此时负载电压 U_o、超级电容器输出电流 i_1 和锂离子动力电池输出电流 i_2 可以表示为

$$
\begin{cases}
U_o = U_{uc}\dfrac{1}{1-D_{M_1}} = U_{bat}\dfrac{1}{1-D_{M_3}} \\[2ex]
i_1 = \dfrac{1}{L_1}\int\left[u_{uc}(t)-u_o(t)\left(1-D_{M_1}\right)\right]\mathrm{d}t \\[2ex]
i_2 = \dfrac{1}{L_2}\int\left[u_{bat}(t)-u_o(t)\left(1-D_{M_3}\right)\right]\mathrm{d}t
\end{cases}
\tag{8-1}
$$

式中，U_{uc} 和 $u_{uc}(t)$ 分别为超级电容器电压恒定值和瞬时值；U_{bat} 和 $u_{bat}(t)$ 分别为锂离子动力电池电压恒定值和瞬时值；D_{M_1} 为 M_1 的占空比；D_{M_3} 为 M_3 的占空比。

在混合储能系统中，超级电容器充当功率型储能装置，其对应的多端口功率变换器主电路工作在电压闭环控制模式；锂离子动力电池充当能量型储能装置，其对应的多端口功率变换器工作在电流控制模式。系统工作时，仅能主动控制锂离子动力电池输出电流 i_2，超级电容器输出电流 i_1 由负载功率决定。

8.2　基于 Haar 小波变换的功率分流方法

8.2.1　Haar 小波基本理论

Haar 尺度函数 $\phi(x)$ 和 Haar 小波函数 $\psi(x)$ 如图 8-2 所示，它们可以生成一系列函数，用于分解或重构目标信号。因此，$\phi(x)$ 被称为"父小波"，$\psi(x)$ 被称为"母小波"[4][5]。

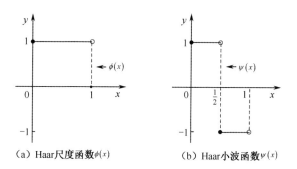

（a）Haar尺度函数$\phi(x)$　　　　（b）Haar小波函数$\psi(x)$

图 8-2　Haar 尺度函数 $\phi(x)$ 和 Haar 小波函数 $\psi(x)$

1. Haar 尺度函数

Haar 尺度函数如图 8-2（a）所示，$\phi(x)$ 为

$$\phi(x) = \begin{cases} 1, & x \in [0,1) \\ 0, & 其他 \end{cases} \tag{8-2}$$

$\phi(x-k)$ 表示 $\phi(x)$ 向右平移 k 个单位，$k \in \mathbf{Z}$。令 V_0 是形如式（8-3）的函数空间，V_0 是所有不连续点在整数处的分段常量函数组成的空间。

$$\sum_{k \in \mathbf{Z}} m_k \phi(x-k), \quad m_k \in \mathbf{R} \tag{8-3}$$

因为 k 是有限的，所以它为紧支撑集。类似地，令 V_j 是形如式（8-4）的函数空间，显然，V_j 是紧支撑的分段常量函数空间，它的断点为 $\left\{ \cdots, -1^j, -\dfrac{1}{2}^j, 0, \dfrac{1}{2}^j, 1, \dfrac{3}{2}^j, \cdots \right\}$，其中 j 是非负整数。

$$\sum_{k \in \mathbf{Z}} m_k \phi(2^j x - k), \quad m_k \in \mathbf{R} \tag{8-4}$$

可以看出，V_0 的全部函数包含在 V_1 中，V_0 是 V_1 的子集，即 $V_0 \subset V_1$。同理，可以得到 $V_1 \subset V_2$、$V_2 \subset V_3$ 等，即

$$V_i \subset V_t, \quad i < t \text{ 且 } i, t \in \mathbf{Z} \tag{8-5}$$

函数空间 V_j 能描述分辨率为 2^{-j} 的所有相关信息，并且随着 j 的增大，区间会被分解得越来越细。

在函数空间 V_0 中，$\phi(x-k)$ 有一个在 L^2 上的单位范数，即

$$\left\| \phi(x-k) \right\|_{L^2}^2 = \int_{-\infty}^{\infty} \phi(x-k)^2 \mathrm{d}x = \int_k^{k+1} \phi(x-k)^2 \mathrm{d}x = 1 \tag{8-6}$$

如果 k_1 不等于 k_2，则有

$$\left\langle \phi(x-k_1), \phi(x-k_2) \right\rangle_{L^2} = \int_{-\infty}^{\infty} \phi(x-k_1) \phi(x-k_2) \mathrm{d}x = 0 \tag{8-7}$$

式中，$k_1, k_2 \in \mathbf{Z}$ 且 $k_1 \neq k_2$。因此，函数集 $\left\{ \phi(x-k), k \in \mathbf{Z} \right\}$ 是 V_0 的正交基，如图 8-3 所示。更一般的定义为：函数集 $\left\{ 2^{j/2} \phi(2^j x - k), k \in \mathbf{Z} \right\}$ 是 V_j 的标准正交基，这是 Haar 尺度函数最重要的性质[4][5]。

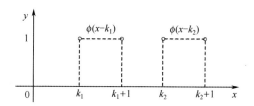

图 8-3　函数集 $\{\phi(x-k),\ k \in \mathbf{Z}\}$ 是 V_0 的正交基

2. Haar 小波函数

Haar 小波函数如图 8-2（b）所示，$\psi(x)$ 为

$$\psi(x) = \phi(2x) - \phi(2x-1) \tag{8-8}$$

由 V_j 的基本性质和式（8-8）可知，Haar 小波函数 $\psi(x)$ 具有以下性质。

（1）$\psi(x)$ 属于 V_1，且可以用式（8-9）表示，只有有限个 n_l 非零。

（2）$\int \psi(x)\phi(x-k)\mathrm{d}x = 0,\ k \in \mathbf{Z}$，因此 $\psi(x)$ 正交于 V_0。

$$\psi(x) = \sum_{l \in \mathbf{Z}} n_l \phi(2x-1),\ n_l \in \mathbf{R} \tag{8-9}$$

令 W_j 是形如式（8-10）的函数空间。

$$\sum_{k \in \mathbf{Z}} n_k \psi(2^j x - k),\ n_k \in \mathbf{R} \tag{8-10}$$

可以证明，W_j 是 V_{j+1} 中 V_j 的正交补，即

$$V_{j+1} = W_j \oplus V_j \tag{8-11}$$

根据式（8-11），对于任意的 V_j，通过连续分解，最终可以定义为

$$V_j = W_{j-1} \oplus W_{j-2} \oplus \cdots \oplus W_0 \oplus V_0 \tag{8-12}$$

对于任意特定的函数 $f(x) \in V_j$，可以将其分解为

$$f(x) = w_{j-1}(x) + w_{j-2}(x) + \cdots + w_0(x) + f_0(x) \tag{8-13}$$

式中，$f_0 \in V_0$，$w_0 \in W_0$ 且 $w_s \in W_s$，$0 \leqslant s \leqslant j-1$。

根据上述分析，可以将 Haar 小波基本理论描述为：实函数空间 $L^2(\mathbf{R})$ 可以被分解为无限个正交和的形式，即

$$L^2(\mathbf{R}) = V_0 \oplus W_0 \oplus W_1 \oplus W_2 \oplus \cdots \tag{8-14}$$

$L^2(\mathbf{R})$ 中的实函数 $f(x)$ 可以写为

$$f(x) = f_0(x) + \sum_{j=0}^{\infty} w_j(x) \tag{8-15}$$

3. Haar 小波分解

对于给定的离散信号 $f_N(x)$，有

$$f_N(x) = \sum_{k \in \mathbf{Z}} m_k^N \phi(2^N x - k), \quad 0 \leqslant k \leqslant (2^N - 1) \tag{8-16}$$

式中，2^N 是 $f_N(x)$ 的序列长度，$m_k^N = f_N(k/2^N)$。由于 $f_N(x) \in V_N$，可以将 $f_N(x)$ 分解为

$$\begin{aligned}
f_N(x) &= w_{N-1}(x) + f_{N-1}(x) \\
&= \sum_{k \in \mathbf{Z}} n_k^{N-1} \varphi(2^{N-1} x - k) + \sum_{k \in \mathbf{Z}} m_k^{N-1} \phi(2^{N-1} x - k)
\end{aligned} \tag{8-17}$$

式中

$$\begin{cases}
m_k^{N-1} = \dfrac{1}{2}\left(m_{2k}^{N-1} + m_{2k+1}^{N-1}\right) \\[2mm]
n_k^{N-1} = \dfrac{1}{2}\left(n_{2k}^{N-1} - n_{2k+1}^{N-1}\right)
\end{cases} \tag{8-18}$$

Haar 小波分解如图 8-4 所示，将 N 替换为 $N-1$ 则 $f_{N-1}(x)$ 可以被分解为 $w_{N-2}(x)$ 和 $f_{N-2}(x)$。重复上述过程，直至 $N-N$，得到

$$f_N(x) = w_{N-1}(x) + w_{N-2}(x) + \cdots + w_0(x) + f_0(x) \tag{8-19}$$

Haar 小波分解可以采用离散滤波器实现，以提高分解速度[2]。双通道分解矩阵可以表示为

$$\boldsymbol{H}(z) = \begin{bmatrix} H_1(z) \\ H_0(z) \end{bmatrix} = \frac{1}{2}\begin{bmatrix} 1 - z^{-1} \\ 1 + z^{-1} \end{bmatrix} \tag{8-20}$$

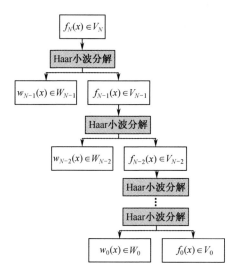

图 8-4　Haar 小波分解

4. Haar 小波重构

Haar 小波重构是 Haar 小波分解的逆运算。通过 Haar 小波重构，可以根据 $\phi(2^j x - l) \in V_j$ 重构分解后的信号。

对于给定的 $f_N(x)$，可以通过 Haar 小波重构将其重构为

$$f'_N(x) = \sum_{l \in \mathbf{Z}} m_l^{N'} \phi(2^N x - k), \quad 0 \leqslant l \leqslant (2^N - 1) \tag{8-21}$$

式中，$N' = 1, 2, \cdots, N$；$m_l^{N'}$ 为

$$m_l^{N'} = \begin{cases} m_l^{N'-1} + n_k^{N'-1}, & l = 2k \\ m_l^{N'-1} - n_k^{N'-1}, & l = 2k+1 \end{cases} \tag{8-22}$$

类似地，双通道重构矩阵可以表示为

$$\boldsymbol{G}(z) = \begin{bmatrix} G_1(z) \\ G_0(z) \end{bmatrix} = \begin{bmatrix} 1 + z^{-1} \\ 1 - z^{-1} \end{bmatrix} \tag{8-23}$$

8.2.2　Haar 小波功率分流方法

Haar 小波变换能够将信号分解为具有不同频率的分量。根据该特性，可以将整车功率需求分解为具有不同频率的分量。然后通过重构，将低频功率需求分配至具有高能量密度的锂离子动力电池，将高频功率需求分配至具有高功率密度的超级电容器，从而尽可能地提高混合储能系统的效率。

HWFET 工况车速曲线及典型功率需求曲线如图 8-5 所示，P_e 表示功率需求。

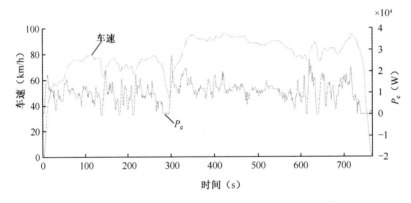

图 8-5　HWFET 工况车速曲线及典型功率需求曲线

Haar 小波功率分流方法必须考虑小波分解阶数，使其满足计算量和系统频率要求，但是目前关于小波分解阶数无固定标准。对于电动汽车混合储能系统，最关键的问题是抑制车辆对锂离子动力电池的高频功率需求，防止高频大电流放电使锂离子动力电池的循环寿命衰减过程加快。

Haar 小波分解阶数可以通过以下方式确定：对于时间域连续信号 $P_{load}=P_e(t)$，$0<t<t_{max}$。假设 f_{sample} 大于奈奎斯特采样频率且 $f_{sample}=\kappa/t_{max}$，则离散信号 $P'_{load}=h(n)$ 包含 κ 个样本。根据 Haar 小波变换原理，如果希望锂离子动力电池的负载电流调整频率 f_{adj} 小于调节频率 ρ，则 Haar 小波分解阶数 θ 应满足

$$\frac{\kappa}{2^{\theta}} \leqslant \rho t_{\max} \tag{8-24}$$

即

$$\theta \geqslant \log_2 \frac{\kappa}{\rho t_{\max}} \tag{8-25}$$

HWFET 工况循环周期 $t_{\max}$=766s，假设期望离散信号包含 κ=383 个样本，则采样频率为 0.5Hz。根据锂离子动力电池和所采用的多端口 DC/DC 变换器特性，设锂离子动力电池输出电流的期望调节周期为 32s，则 ρ=0.03125 Hz，根据式（8-25）得到

$$\theta \geqslant \log_2 \frac{383}{0.03125 \times 766} = 4 \tag{8-26}$$

因此，Haar 小波分解阶数的最小值为 4。

四阶 Haar 小波分解与重构如图 8-6 所示。

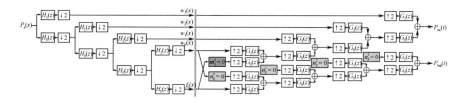

图 8-6　四阶 Haar 小波分解与重构

在 Haar 小波分解过程中，$f_3(x)$、$f_2(x)$、$f_1(x)$ 和 $f_0(x)$ 如图 8-7 所示，$w_3(x)$、$w_2(x)$、$w_1(x)$ 和 $w_0(x)$ 如图 8-8 所示。

$f_0(x)$ 为分解的低频分量，所以将其作为锂离子动力电池功率需求分量。高频分量 $w_3(x)$、$w_2(x)$、$w_1(x)$、$w_0(x)$ 重构为 P_{uc}，分配至超级电容器，即

$$\begin{cases} P_{\mathrm{bat}} = f_0(x) \\ P_{\mathrm{uc}} = w_0(x) + w_1(x) + w_2(x) + w_3(x) \end{cases} \tag{8-27}$$

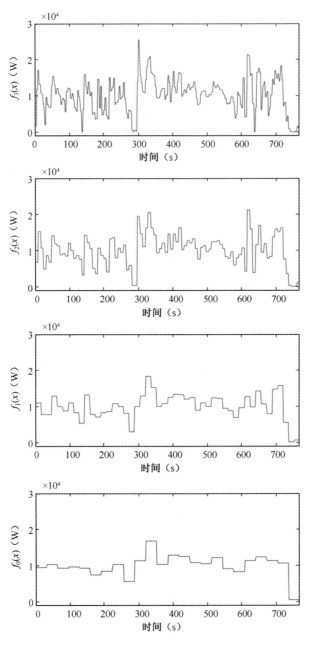

图 8-7 $f_3(x)$、$f_2(x)$、$f_1(x)$ 和 $f_0(x)$

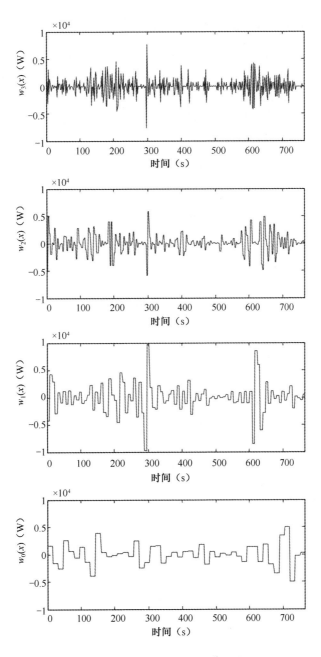

图 8-8　$w_3(x)$、$w_2(x)$、$w_1(x)$和 $w_0(x)$

重构后的 P_{uc} 如图 8-9 所示。

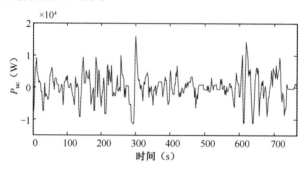

图 8-9 重构后的 P_{uc}

重构误差如图 8-10 所示。由图 8-10 可知，重构误差不超过 $1.5×10^{-11}$ W，满足电动汽车混合储能系统的精度要求。

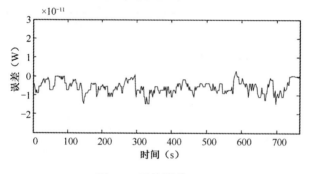

图 8-10 重构误差

车辆运行时，整车需求功率由锂离子动力电池和超级电容器共同提供，即 $P_e(x)=P_{bat}(x)+P_{uc}(x)$。多端口功率变换器将 P_{bat} 分配给锂离子动力电池。超级电容器及对应的功率电路维持负载电压 U_o 的稳定。锂离子动力电池输出功率通过多端口功率变换器电流对其输出电流 I_{bat} 的闭环控制实现，即 $P_{bat}=U_oI_{bat}$。工作在电压闭环控制模式下的超级电容器补充整车功率需求与锂离子动力电池输出功率之差。

8.3　实验过程及结果

8.3.1　实验装置

为了验证所提出的电动汽车混合储能系统小波功率分流方法的有效性，搭建了实验平台。能量型储能装置采用三元锂离子电池，功率型储能装置采用超级电容器。实验装置如图 8-11 所示，实验参数如表 8-1 所示，实验平台如图 8-12 所示。

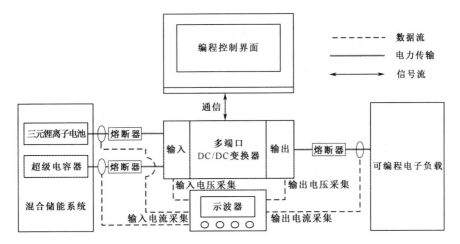

图 8-11　实验装置

表 8-1　实验参数

设备名称	参数	值
可编程电子负载	额定功率	200 W
	额定电压	150 V
	额定电流	40 A
Maxwell 超级电容器	额定电压	48 V
	额定容量	165 F

续表

设备名称	参数	值
三元锂离子电池	额定电压	12 V
	额定容量	54 Ah
多端口 DC/DC 变换器	额定功率	1 kW
	高压侧电压	20～55 V
	低压侧电压	6～20 V
示波器 TELEDYNE MDA805A		

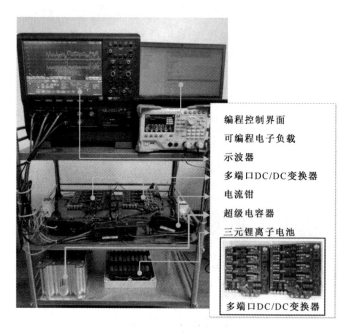

图 8-12　实验平台

8.3.2　Haar 小波功率分流实验结果

为验证多端口功率变换器在 HWFET 工况下的功率分流效果，设计实验流程如下。

（1）将 HWFET 工况下的一个循环周期内的整车功率需求等比例缩

小，以匹配可编程电子负载的最大功率。并将缩小后的模拟 HWFET 工况整车功率需求数据 $P'_e(x)$ 导入可编程电子负载 DL3021。

（2）设输出端直流母线电压为 40V，三元锂离子电池、超级电容器、可编程电子负载与多端口功率变换器连接。

（3）分别测量三元锂离子电池、超级电容器、可编程电子负载的电压和电流。

（4）启动可编程电子负载，记录模拟 HWFET 工况下的实验数据，如图 8-13 所示。

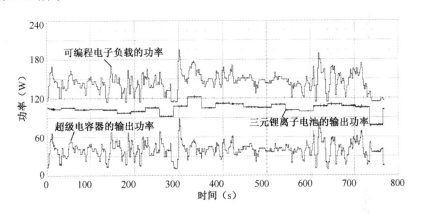

图 8-13　模拟 HWFET 工况下的实验数据

模拟 HWFET 工况共 383 步，每步持续 2s，共 766s。三元锂离子电池提供模拟 HWFET 工况下功率需求的低频分量并将频率降为原始功率需求 $P'_e(x)$ 的频率的 1/16，三元锂离子电池输出功率变化 24 次（每个状态持续 32s）。超级电容器跟随负载实时功率需求做出快速响应，提供高频分量。在实验过程中，可编程电子负载的峰值功率为 200W，三元锂离子电池的最大输出功率仅为 120W。

三元锂离子电池的电压与电流如图 8-14 所示。电流随输出功率变化 24 次。电压随输出功率变化而出现小幅波动，受限于电池容量，其电压整体呈现下降趋势。

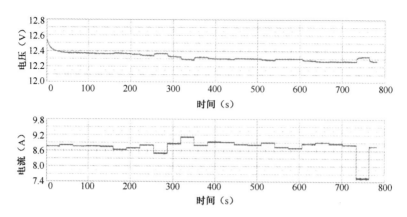

图 8-14　三元锂离子电池的电压与电流

超级电容器的电流如图 8-15 所示，超级电容器提供了模拟 HWFET 工况下的高频分量，避免高频负载对三元锂离子电池造成损害。

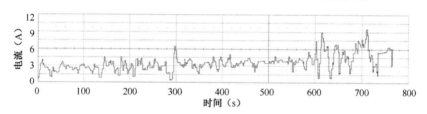

图 8-15　超级电容器的电流

可编程电子负载的电压与电流如图 8-16 所示。由图 8-16 可知，可编程电子负载的电压稳定度较高，电流根据模拟 HWFET 工况下的功率需求变化。

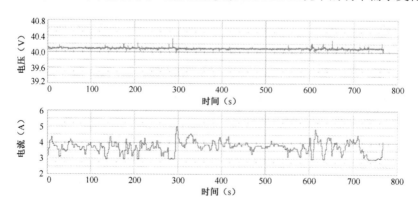

图 8-16　可编程电子负载的电压与电流

多端口功率变换器的输出电压如图 8-17 所示，多端口功率变换器有较好的电压控制效果，最大误差为 0.16%。

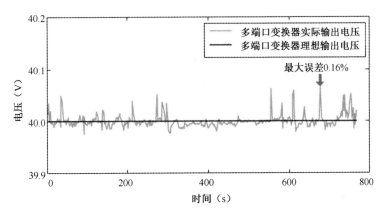

图 8-17　多端口功率变换器的输出电压

8.4　基于 Symlets 小波变换的混合储能系统能量管理方法

8.4.1　Symlets 小波及 sym3 小波功率分流方法

Haar 小波是 Daubechies 小波系中最简单的小波，它依赖简单的 Haar 尺度函数 $\varphi(x)$ 和 Haar 小波函数 $\psi(x)$，且分解算法易于计算。由于采用的 Haar 尺度函数 $\varphi(x)$ 和 Haar 小波函数 $\psi(x)$ 均不连续，因此 Haar 小波的缺点是仅能为连续变化的信号提供粗略的近似[5][6]。

Stephane Mallat 提出了多分辨率分析理论，通过采用连续的尺度函数和小波函数，实现了信号的连续分解[7-10]。多分辨率分析可以通过采用不同的小波基函数实现，常见的小波基函数有 Daubechies 小波、Symlets 小波、Coiflet 小波、Biorthogonal 小波、Meyer 小波、MexicanHat 小波等[10]。

Symlets 小波函数是 Ingrid Daubechies 提出的近似对称的小波函数，Symlets 小波是对 Daubechies 小波的一种改进。Symlets 小波通常表示为 symN（N=2, 3,···, 8）。symN 的支撑范围为 2N-1，消失矩为 N，同时具备较好的正则性。尽管 Symlets 小波在连续性、支集长度、滤波器长度等方面与 Daubechies 小波相近，但是 Symlets 小波具有更好的对称性，可以在一定程度上减弱信号分解和重构时的相位失真[10][11]。sym3 的尺度函数 $\varphi(x)$ 和小波函数 $\psi(x)$ 如图 8-18 所示。

由小波基函数生成的小波函数系表示为

$$\psi_{a,b}(x) = |a|^{-\frac{1}{2}} \psi\left(\frac{x-b}{a}\right) \qquad (8-28)$$

根据多分辨率分析，令 L_2 表示由所有平方可积函数组成的空间，则任意的 $f(x) \subset L^2$ 都允许 $\psi_{a,b}(x)$ 进行连续小波变换，且其在 $\psi_{a,b}(x)$ 上的分量可以表示为

$$\text{CWT}_{\psi}\left[f(x)(a,b)\right] = \int_{-\infty}^{\infty} f(x) \overline{\psi_{a,b}(x)} \, dx \qquad (8-29)$$

进一步地，对参数 a 和 b 进行展开，可以得到任意时刻、任意精度的频谱。此外，为了减小计算量，可以参照傅里叶级数，进行离散小波变换[12]。

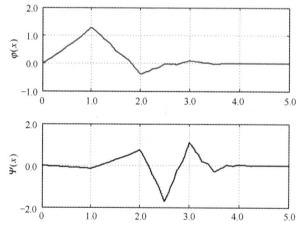

图 8-18　sym3 的尺度函数 $\varphi(x)$ 和小波函数 $\psi(x)$

当采用 sym3 进行小波分解时，假设锂离子动力电池输出电流的期望调节周期为 16s，则 $\rho=0.0625\,\mathrm{Hz}$，根据式（8-25）可以得到

$$\theta \geqslant \log_2 \frac{383}{0.0625 \times 766} = 3 \tag{8-30}$$

因此，令 sym3 小波分解阶数 $\theta=3$。具体分解及重构过程与 Haar 小波一致。

模拟 HWFET 工况下负载功率需求 $P_e'(x)$ 的 sym3 小波分解结果如图 8-19 所示，包含 3 个高频分量 $w_2(x)$、$w_1(x)$、$w_0(x)$ 和 1 个低频分量 $f_0(x)$。分解过程为

$$\begin{aligned} P_e'(x) &= w_2(x) + f_2(x) \\ &= w_2(x) + w_1(x) + f_1(x) \\ &= w_2(x) + w_1(x) + w_0(x) + f_0(x) \end{aligned} \tag{8-31}$$

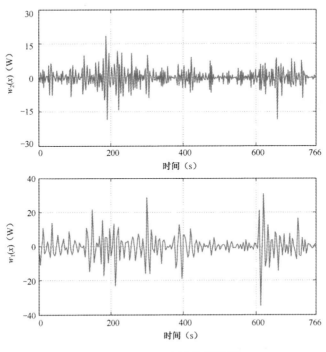

图 8-19　sym3 小波分解结果

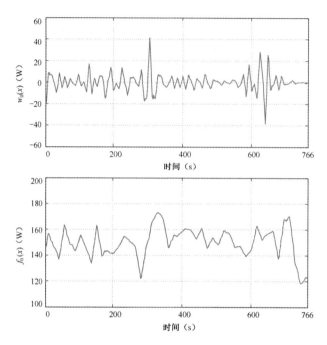

图 8-19　sym3 小波分解结果（续）

根据式（8-32），高频分量 $w_2(x)$、$w_1(x)$、$w_0(x)$ 被重构为 P_{uc} 并分配至超级电容器，sym3 重构后的 P_{uc} 如图 8-20 所示。

$$\begin{cases} P_{bat} = f_0(x) \\ P_{uc} = w_2(x) + w_1(x) + w_0(x) \end{cases} \tag{8-32}$$

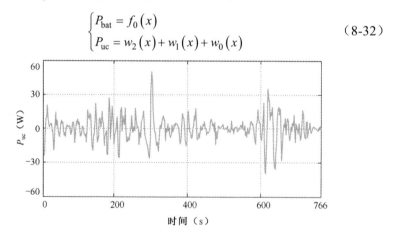

图 8-20　sym3 重构后的 P_{uc}

对比图 8-7 和图 8-19 中的 $f_0(x)$ 可知，sym3 小波分解得到的功率需求是连续变化的，简化了多端口功率变换器的瞬态工作过程。

8.4.2　实验结果分析

这里采用的实验装置与 8.3.1 节一致。在实验的初始阶段，锂离子动力电池已充满（充至 100%SOC），超级电容器充至 18V，将变换器的输出电压设为 40V。

将模拟 HWFET 工况下整车功率需求数据导入可编程电子负载 DL3021，并将图 8-19 中的 $f_0(x)$ 和图 8-20 中的 P_{uc} 分别分配至锂离子动力电池和超级电容器。

测量负载功率及超级电容器和锂离子动力电池的输出功率，如图 8-21 所示。由图 8-21（c）可知，锂离子动力电池的输出功率仅包含稳态分量。模拟 HWFET 工况下功率需求的低频分量由锂离子动力电池提供，超级电容器对负载实时功率需求做出快速响应，并吸收高频扰动。

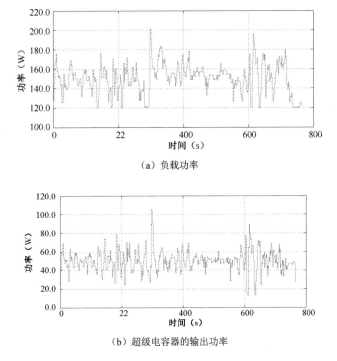

（a）负载功率

（b）超级电容器的输出功率

图 8-21　负载功率及超级电容器和锂离子动力电池的输出功率

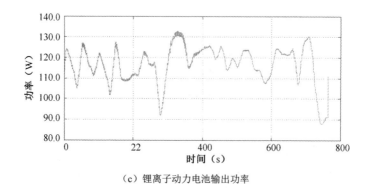

（c）锂离子动力电池输出功率

图 8-21 负载功率及超级电容器和锂离子动力电池的输出功率（续）

锂离子动力电池的实际电压和电流如图 8-22 所示。锂离子动力电池的最大电流约为 14.2A，由于电池内阻分压，其电压随电流波动且波动方向相反。

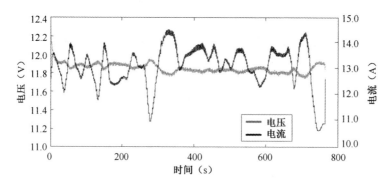

图 8-22 锂离子动力电池的实际电压和电流

混合储能系统的电压和电流如图 8-23 所示。虽然锂离子动力电池的电压随电流波动，但是在实验过程中，混合储能系统电压仍有良好的稳定性，且实际电压与理想电压的偏差不超过 0.25%。

采用四阶 Haar 和 sym3 小波功率分流方法时的锂离子动力电池输出功率比较如图 8-24 所示，由图 8-24 可知，采用 sym3 小波功率分流方法时，锂离子动力电池的功率需求变化更平稳，且幅值较低，可以避免锂离子动力电池出现大电流放电。

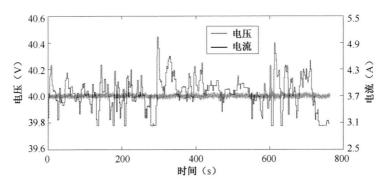

图 8-23　混合储能系统的电压和电流

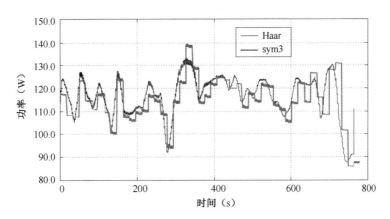

图 8-24　采用四阶 Haar 和 sym3 小波功率分流方法时的

锂离子动力电池输出功率比较

采用四阶 Haar 和 sym3 小波功率分流方法时的混合储能系统输出电压精度比较如图 8-25 所示。混合储能系统采用 Haar 和 sym3 小波功率分流方法时的输出电压与理论电压基本一致，但采用 Haar 小波功率分流方法时，由于电流突变，电压出现了较大波动。采用 sym3 小波功率分流方法时，混合储能系统输出电压最大偏差比采用 Haar 小波功率分流方法时小 51.8%。

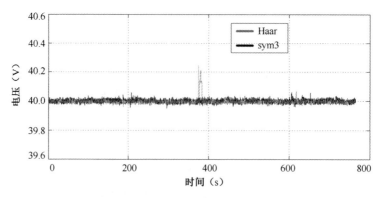

图 8-25　采用四阶 Haar 和 sym3 小波功率分流方法时的
混合储能系统输出电压精度比较

8.5　本章小结

针对电动汽车锂离子动力电池承受高频功率需求导致的循环寿命缩短问题，本章基于第 7 章中的三端口功率变换器，在分析 Haar 小波基本理论的基础上，提出了 Haar 及 sym3 小波功率分流方法，根据理论分析与实验数据，得到以下结论。

（1）Haar 小波功率分流方法可以将模拟 HWFET 工况下的锂离子动力电池高频功率需求降至原始工况频率的1/16，有效减小了高频功率需求对锂离子动力电池的损害及大功率放电对锂离子动力电池的损害。

（2）与 Haar 小波功率分流方法相比，sym3 小波功率分流方法可以使锂离子动力电池的输出功率降低，且平稳变化。采用 sym3 小波功率分流方法时，混合储能系统输出电压最大偏差比采用 Haar 小波功率分流方法时小 51.8%。

参 考 文 献

[1]   Shen Y, Zheng Z, Wang Q, et al. DC Bus Current Sensed Space Vector Pulse Width Modulation for Three-Phase Inverter[J]. IEEE Transactions on Transportation Electrification, 2020, 7(2):815-824.

[2]   Zhang X, Mi C C, Masrur A, et al. Wavelet-Transform-Based Power Management of Hybrid Vehicles with Multiple On-Board Energy Sources Including Fuel Cell, Battery and Ultracapacitor[J]. Journal of Power Sources, 2008, 185(2):1533-1543.

[3]   Akar F, Tavlasoglu Y, Vural B. An Energy Management Strategy for a Concept Battery/Ultracapacitor Electric Vehicle with Improved Battery Life[J]. IEEE Transactions on Transportation Electrification, 2016, 3(1): 191-200.

[4]   Liu C L. A Tutorial of the Wavelet Transform[J]. Work, 2010.

[5]   孙延奎. 小波分析及其工程应用[M]. 北京：机械工业出版社, 2009.

[6]   刘明才. 小波分析及其应用（第 2 版）[M]. 北京：清华大学出版社, 2005.

[7]   Boggess A, Narcowich F J. A First Course in Wavelets with Fourier Analysis[M]. State of New Jersey: John Wiley & Sons, 2015.

[8]   Mallat S. A Theory for Multi-Resolution Approximation: The Wavelet Approximation[J]. IEEE Trans. PAMI, 1989, 11:674-693.

[9]   Mallat S G. A Theory for Multiresolution Signal Decomposition: The Wavelet Representation[J]. IEEE Transactions on Pattern Analysis & Machine Intelligence, 1989, 11(4).

[10]   Mallat S. A Wavelet Tour of Signal Processing[M]. Elsevier, 1999.

[11] 葛哲学, 沙威. 小波分析理论与 MATLAB R2007 实现[M]. 北京：电子工业出版社, 2007.

[12] 高志, 余啸海. Matlab 小波分析工具箱原理与应用[M]. 北京：国防工业出版社, 2004.